'중요한'
뉴스

푸른솔

중요한 뉴스 – 텔레비전과 여론

2015년 12월 17일 초판 인쇄
2015년 12월 30일 초판 발행

저자 / 샨토 아이엔가, 도널드 R. 킨더
역자 / 안병규
발행자 / 박흥주
영업부 / 장상진
관리부 / 이수경
발행처 / 도서출판 푸른솔
편집부 / 715-2493
영업부 / 704-2571~2
팩스 / 3273-4649
디자인 / 여백 커뮤니케이션
주소 / 서울시 마포구 삼개로 20 근신빌딩 별관 302
등록번호 / 제 1-825

값 / 25,000원

ISBN: 978-89-93596-58-8(93330)

NEWS THAT MATTERS: Television and American Opinion,
Updated Edition
by Shanto Iyengar and Donald R. Kinder

NEWS THAT MATTERS

Television and American Opinion

'중요한' 뉴스

텔레비전과 여론

산토 아이엔가, 도널드 R. 킨더 지음

안병규 옮김

푸른솔

차례

역자
서문

　본서는 1979년에 시작해 1987년에 끝난, 무려 8년여에 걸쳐 완성된 텔레비전 뉴스의 영향력에 관한 방대한 연구서이다. 연구는 기존에 주장된 바 있는 텔레비전 뉴스의 '의제설정' 이론과 그것의 2차적 효과인 '점화' 이론을 실험적인 방법을 통해 입증하는 데 초점을 맞추고 있다. 이를 위해 연구자들은 모두 14번의 실험을 하는데, 그것은 6일 동안 매일 조작된 뉴스 프로그램을 보여주고 이의 효과를 측정한 시퀀셜(sequential) 실험과 단 한 번의 뉴스 프로그램 시청 효과를 측정한 어셈블러지(assemblage) 실험 등 두 가지 방식으로 진행된다. 그리고 필요할 경우에는 텔레비전 뉴스의 내용과 여론조사 결과를 시간의 흐름에 따라 비교·분석하는 종단분석도 함께 시도한다.

    방법론적 다원주의를 채택하고 있는 본 연구는 무엇보다도 기존에 제시된 미디어의 의제설정 이론을, 그리고 그것의 후속 효과인 점화 효과 가설을 새롭게 제시하고 이를 실험을 통해 증명했다는 데 의의가 있다고 하겠다. 사실 '미디어의 주목을 받는 이슈는 국민에게도 중요한 이슈가 된다'는 의제설정에 대한 개념이나 연구는 이전에도 있었다. 하지만 그것은 개념에 관한 언급이나 국민 설문조사와 뉴스 미디어의 내용을 상호 비교·분석하는 수준에 그쳤다. 이를테면, 버나드 코헨(Bernard Cohen)은 "언론은 종종 사람들이 어떻게 생각하는지를 전달하는 데는 그렇게 성공적이지 않지만, 무엇에 관해 생각해야 하는지를 전달하는 데는 대단히 성공적이다"라고 언급했는데, 이것은 뉴스 미디어의 의제설정 개념을 명확하게 드러낸 사례라고 하겠다. 또 맥콤스와 쇼(MaCombs & Shaw)는 채플 힐(Chapel Hill) 연구와 샬로트(Charlotte) 연구를 통해 1968년과 1972년의 대통령 선거에서의 의제설정 과정을 각각 탐구했는데, 이는 설문조사와 뉴스 미디어의 내용을 상호 비교·분석한 대표적인 연구에 속한다고 하겠다. 그러나 본서의 저자들은 여기에 만족하지 않고 한 걸음 더 나아가 실험 참가자를 모으고 조작된 뉴스 프로그램을 보여준 후 그런 조작이 야기하는 효과를 측정한 실험적인 방식을 택했다. 그리고 이를 통해 실제로 의제설정 효과가 있는지를 증명하고자 했다. 그 결과 뉴스 미디어로부터 국민에게 이슈의 중요성이 전이되고 있다는 사실과, 그것이 어떻게 전이되는지와 관련된 메커니즘을 보다 분명히 밝혀낼 수 있었다.

본 연구의 또 하나의 의미는 점화 효과에 대한 가설을 처음으로 제시하고 이를 검증했다는 데 있다. 점화 효과란 '뉴스 미디어가 어떤 의제에 대해서는 관심을 유도하는 반면, 어떤 의제에 대해서는 무관심하게 대응함으로써 정부나 대통령, 정책, 그리고 공직 후보자에 대한 국민의 판단 기준에 영향을 미친다'는 것이다. 이는 의제설정의 2차 효과, 즉 의제설정의 정치적 효과라고 할 수 있다. 이를 위해 저자들은 의회의 의원 선거와 대통령 선거에서 텔레비전 뉴스가 갖는 점화 효과의 크기를 의제설정에서와 마찬가지로 실제 실험을 통해 측정하고 밝혀냄으로써 의제설정의 후속 효과로서의 점화 효과가 갖는 정치적 의미를 보다 분명히 밝혀주었다.

본서 각 장에 대한 간략한 요약은 1장에 이미 자세히 기술되어 있기 때문에 생략하기로 한다. 다만 덧붙인다면, 본서의 원래 초판은 1987년에 발간되었고, 이번에 번역된 원서는 2010년에 발간된 개정판이라는 사실이다. 그 사이 25년이란 세월이 흘렀고, 미디어의 지형에는 이전과는 비교할 수 없을 정도의 엄청난 변화가 있었다. 특히 디지털 기술의 도입과 함께 미디어 수가 폭발적으로 증가했는데, 이런 미디어 빅뱅 현상은 다양한 뉴미디어를 만들어내며 뉴스의 생산과 유통, 소비를 다각화, 파편화 시켰다. 그 결과 신문이나 텔레비전과 같은 기존 미디어의 영향력은 크게 줄어들게 되었다. 그렇다면 텔레비전 뉴스의 의제설정과 점화 효과를 밝힌 1987년의 연구가 미디어 빅뱅을 경험하고 있는 오늘날의 지형에서도 여전히 유효하다고 할 수 있는가? 이와 관련해 저자들은 초판에 없던 새 에필로그를 추가하고 거기에서 정치 커뮤니케이션 분야에서의 의제설정과 점화 관련

연구의 증가, 또 방법석인 측면에서의 실험 연구의 증가 등을 지적하며 여전히 유효하다는 추론적인 답변을 내놓는다.

매스 커뮤니케이션 효과 연구에서 차지하는 의미 이외에 마지막으로 반드시 짚고 넘어가고 싶은 본서의 장점은 실험 연구에 관한 설명을 본문이나 혹은 주를 통해 자세히 덧붙이고 있다는 점이다. 실험에 대한 공고, 실험 참가자 모집 및 배정, 실험 전 설문 조사, 뉴스 프로그램의 조작 과정, 설문 내용, 실험 후 설문 조사, 조사 결과에 대한 통계적 분석, 그리고 그에 대한 해석에 이르기까지 실험 연구의 전 과정에 대해 본서는 자세히 기술하고 있는데, 이는 텔레비전과 같은 올드미디어든 혹은 인터넷이나 SNS와 같은 뉴미디어든, 이들 뉴스 미디어의 효과를 실험적으로 연구하고자 하는 학도들에게는 여전히 많은 시사점을 줄 수 있다고 믿는다.

본서를 번역하는 데 많은 어려움이 있었다. 특히 저자들의 커뮤니케이션 이론에서부터 인지과학, 그리고 통계학에 이르기까지의 방대한 지식을 제대로 이해하고 번역하는 일은 매우 어려운 일이었다. 혹 잘못된 번역이 있다면 그것은 오로지 역자의 협량한 지식에 그 원인이 있음을 분명히 하고자 한다. 비록 여러 가지로 부족한 부분이 있긴 하지만 이 책이 커뮤니케이션, 특히 정치 커뮤니케이션을 연구하는 학도, 학자 그리고 뉴스 미디어에 관심을 가지고 있는 모든 독자들에게 조금이라도 도움이 될 수 있기를 기대해 본다. 본서의 필요성에 공감하고 기꺼이 출판을 맡아 준 도서출판

푸른솔의 박흥주 대표님, 책의 표지와 본문의 그림 및 표 작성에 도움을 준 여백커뮤니케이션의 디자인팀, 그리고 음으로 양으로 가장 많은 도움을 주었던 나의 가족에게도 감사의 말씀을 드린다.

2015년 겨울

김해 신어산 자락에서

안병규

개정판
서문

미 공화국 초기에는 공적 사안에 대한 정보를 얻기가 어려웠다. 많은 뉴스가 만들어지지도 않았고, 혹 뉴스가 퍼져나갈 때에도 속도는 느렸다. 이제 그런 시절은 지났다. 오늘날 우리는 정보의 바다에서 허우적거리고 있다. 거기에는 정치란 무엇인가, 무슨 문제에 관심을 쏟아야 하는가, 또 다양한 정치 기관과 선출된 공직자들은 무슨 일을 하고 있는가와 관련된 온갖 주장과 가르침, 소식 등으로 넘쳐난다. 도대체 무슨 효과가 있다고 그럴까?

놀랍게도 조셉 클래퍼(Joseph Klapper)는 1960년 자신의 유명한 저작 〈매스 커뮤니케이션 효과 The Effects of Mass Communication〉를 통해 그 효과가 그렇게 큰 것은 아니라고 답했다. 당시 가용한 모든 증거를 면밀히 검토했던 클래퍼는 "매스 커뮤니케이션은 변화(change)보다는 강화(reinforcement)의 요인으로 훨씬 더 자주 기능한다"는 결론을 내렸다

(15). 이후 "최소 효과(minimal effects)"는 상식이 되었다.

　이제는 〈중요한 뉴스〉란 책으로 버젓이 출판되어 있지만 약 30년 전만 해도 본 연구에 대한 아이디어는 머릿속의 단순한 구상에 불과했다. 당시 우리는 매스 커뮤니케이션에 대한 클래퍼의 결론을 학생들에게 가르쳐야 한다는 의무감은 있었지만 뭔가 꺼림칙한 느낌은 지울 수가 없었다. 우리는 그런 전통적인 견해가 매스 커뮤니케이션의 영향력을 과소평가하고 있는 것은 아닌지 의심했다. 그것은 두 가지 이유에서 그랬다. 첫째, 클래퍼가 검토한 연구는 주로 관찰 연구였다는 점이었다. 물론 관찰 연구는 그 나름의 장점이 있다. 하지만 거기에는 실험이 제공하는 정확성이나 통제성은 부족하다. 따라서 우리는 실험을 통해 정치 커뮤니케이션 현상을 검토하고 싶어졌다. 둘째, 클래퍼 시기의 커뮤니케이션 연구자들은 인간의 판단(judgment)과 선택(choice)에 관한 보다 정교한 심리학 이론을 접할 기회가 없었다는 점이었다. 클래퍼는 알지 못했지만 그가 〈매스 커뮤니케이션 효과〉를 최종 손질하는 동안, 심리학에서는 혁명이 진행 중이었다. 그 혁명은 주로 허버트 사이먼(Herbert Simon), 다니엘 카네만(Daniel Kahneman), 아모스 트버스키(Amos Tversky) 등에 의해 주도되었다. 우리 연구를 비롯한 커뮤니케이션 연구에서의 "새로운 관점"의 대부분은 바로 이들이 주도한 지난 반세기 동안의 인지 과학(cognitive science)의 누적된 업적에 의해 영감을 받았다. 이런 심리학 전반의 이론적 기초는 사이먼의 제한된 합리성(bounded rationality)이었다. 그 주장의 핵심은 "인간의 사고력은 자신을 둘러싼 환경의 복잡성에 비해 너무나 미약하다. 그런 복잡성과 불확실성을 마주한 인간은 이를 최적화(optimize)할 능력이 없기 때문에 최소한의 필요조건의 충족에 만족(satisfice)하게 된다. 즉, 자신이 처한 문제의 해결책이나 행동에 대해 '그 정도면 됐어'라고 생각하게 된다"는 것이었다(Simon 1979, 3).

우리는 우리 예측의 현실 가능성을 보다 분명히 해 주는 이 연구에 의존하면서 텔레비전과 여론 사이의 관계를 검토하는 일련의 실험을 수행해 나갔다. 그 결과 우리는 종래의 생각과는 반대로 텔레비전 뉴스가 여론에 큰 영향을 미친다는 것, 즉 뉴스는 중요하다는 것을 발견했다. 적어도 1987년 당시에는 그렇다고 우리는 주장했다.

우리가 하는 작업은 좀 특이하다. 우리는 아이디어를 논문으로 만들고, 논문을 책으로 만든다. 그런 뒤 세상에 내 보낸다. 하지만 늘 그렇듯 거기에서 그것들은 빨리 그리고 조용히 사라진다. 도대체 이들은 다 어디로 가는가? 아마도 사람들이 알지 못하는 학술지에 실리거나 먼지투성이인 도서관 선반으로 옮겨질 것이다. 그리고 대체로는 아무도 찾지 않고 읽지 않는 도서가 되어 남은 시간을 보낼 것이다. 하지만 우리는 모든 사람이 그것을 경험하는 것은 아니라고 생각한다. 그리고 다행한 일이지만 우리가 경험한 것도 그것이 전부는 아니었다. 증거는 바로 여러분 손에 들린 책이다. 우리가 집필한 이 작은 책은 그동안 놀라운 생명력을 보여주었다. 거의 4반세기가 되는 동안 인쇄는 거듭되었고, 몇 년 전 미 정치학회(American Political Science Association)와 미 여론조사연구협회(American Association for Public Opinion Research)의 상을 수상한 이후로는 어떻게 보면 더 강력한 생명력을 얻고 있는 것처럼 보이기까지 한다. 저자보다 긴 생명력을 지닐 모든 조짐을 보여주고 있다고나 할까.

하지만 25년 전으로 돌아가면, 앨 고어(Al Gore)에게 인터넷은 막연한 생각에 불과했다. 당시 버락 오바마(Barack Obama)는 하버드에서 헌법을 공부하는 중이었는데, 만약 상황이 순조로웠다면 〈Law Review〉의 편집장이 되었을 것이다. 그리고 폭스 뉴스(Fox News)는 아직 전국 방송 현장에 그 모습을 드러내지 않았다. 아무리 신중하게 말해도 그 이후로 많은 변화가 있었음은 부인할 수가 없다. 따라서 우리의 25년 전 연구가 현재의 커뮤니케이션과 정치에 대해 도대체 무엇을 말해 줄 수 있는가라는 질문은 매우 타당해 보인다.

물론 그것이 타당한 질문인 것은 맞지만 그렇다고 쉽게 답할 수 있는 것은 아니다. 이에 대한 우리의 부분적이며 추론적인 답변은 책 뒤에 새롭게 추가된 에필로그에 제시되어 있다. 우리는 우리의 조사 작업을 착수할 수 있게 해주고, 그 결과를 본서에 제시할 수 있게 해준 시카고 대학 출판부의 오랜 편집장이자 친구인 존 트리네스키(John Tryneski)에게 감사의 말을 전하고 싶다. 마지막으로 우리는 21세기라는 새로운 정보, 커뮤니케이션, 정치의 세계에서도 텔레비전에 대한 우리의 연구 결과와 해석이 나름의 의미를 지니고 있다는 것, 그리고 그 의미를 제대로 전달했기를 바란다.

산토 아이엔가 | 캘리포니아 주 팔로알토

도널드 킨더 | 미시간 주 앤아버

2009년 12월

감사의
말

이 책은 1979년 예일 대학교에서 처음 시작되었다가 스토니브룩(Stony Brook)의 아이엔가와 팔로알토(Palo Alto)의 킨더가 워드 프로세스의 기적 덕분에 약 5분전에 마친 오랜 기간의 공동 연구물이다. 이렇게 먼 길을 지나오는 동안 우리는 많은 빚을 졌다.

처음에 우리는 실험적 방법을 통해 텔레비전의 정치적 효과를 유용하게 연구할 수 있다는 생각에 완전히 수긍하지는 못했다. 그때 로버트 아벨슨(Robert Abelson)과 윌리엄 맥과이어(William McGuire)는 감사하게도 자신감과 용기를 북돋아 주었다. 그때 이후로 많은 분들이 조언을 해 주었다. 대부분은 우리에게 통찰력을 제공하는 것이었고, 그 중 일부는 연구에 활용되었다. 누구보다도 먼저 감사의 말을 전하고 싶은 사람들이 있다. 바로 에디 골든버그(Edie Goldenberg), 마이클 맥쿠엔(Michael MacKuen), 워렌 밀러(Warren Miller), 벤자민 페이지(Benjamin Page), 엘렌 롭(Ellen

Robb), 그리고 자넷 와이스(Janet Weiss) 등인데, 이들은 빨간 펜을 들고 직접 초본을 꼼꼼히 검토해 주었다. 이들의 상세하고 사려 깊은 지적은 본서의 질을 향상시켜 주었을 뿐만 아니라, 우리가 우리 자신의 연구를 좀 더 잘 이해할 수 있도록 해 주었다. 언젠가 이런 은혜를 갚을 날이 오길 기대해 본다.

우리에게는 또 재능이 뛰어난 대학원생 조교라는 축복이 있었다. 예일대학의 마크 피터스(Mark Peters)와 로이 베어(Roy Behr)는 우리의 실험을 성공적으로 잘 진행해 주었을 뿐만 아니라 텔레비전과 정치에 대한 우리의 생각에도 많은 도움을 주었다. 특히 우리는 자신의 박사 학위 논문의 일부를 사용하도록 허락해 준 베어에게 고마움을 전하고 싶다. 한편, 미시간 대학의 존 크로스닉(Jon Krosnick)은 끊임없는 질문으로 우리의 연구의 질을 높여주었는데, 그는 우리 연구의 지칠 줄 모르는 분석가였고 훈수꾼이었다. 얼마 되지 않아 결국 그는 우리의 동료가 되었다.

실험을 진행하고자 했던 우리에게 정교한 시청각 시설과 장비는 반드시 필요한 것이었다. 여기에 도움을 준 분은 예일 대학 텔레비전 스튜디오 책임자였던 고(故) 프랭크 덴다스(Frank Dendas)였다. 그는 기꺼이 자신의 시간과 전문성을 발휘해 우리 실험을 도와주었고, 훌륭한 스튜디오 시설도 사용할 수 있게 허락해 주었다. 또 당시 예일 대학교 학부생이었던 로렌스 그리포(Lawrence Grippo)는 우리에게 필요한 보도물을 능숙하게 "편집해" 주었고, 넘쳐나는 비디오테이프를 꼼꼼하게 기록했으며, 실험이 진행되는 동안에도 능숙한 솜씨로 많은 도움을 주었다. 우리는 또 우리 연구에 참여하기로 결정한 뉴헤븐(New Haven)과 앤아버(Ann Arbor)의 참가자들에게도 감사의 말을 전하고 싶다. 이분들의 도움이 없었다면 이 책은 완성될 수 없었을 것이다. 한편, 예일 대학의 데이비드 메이휴(David Mayhew)는 정치학과 학과장으로서 어떻게 하면 필요한 자료를 찾을 수 있는지에 대해 많은 조언을 해 주었다. 마찬가지로 우리는 늘 쾌활하고 능숙하게 방송 원본의 원고를 찾아 준비해 준 미시간 대학 정치연구센터의 낸시 브레넌(Nancy Brennan)과 스토니브룩 정치학과의 에스텔 크리거(Estelle Krieger)에게도 감사의 말을 전한다.

수년에 걸친 연구비는 미 국립과학재단(National Science Foundation)의 정치학 프로그램으로부터 지원을 받았다(Grants SES 80-12581, 81-21306, 82-08714). 우리의 제안이 재단의 지원을 받을 수 있도록 도움을 준 정치학 프로그램 책임자인 제럴드 라이트(Gerald Wright)와 프랭크 시올리(Frank Scioli)에게 감사의 말을 전한다. 우리는 또 아이엔가에 대한 박사 후 과정 장학금의 형태로 미 국립보건원(National Institutes of Health)으로부터, 그리고 예일 대학교의 블록 펀드(Block Fund)로부터 추가적인 지원을 받았다. 한편, 우리가 제시한 국민 설문조사 자료 대부분은 미국의 최대 사회과학 데이터 보관소인 ICPSR(Inter-University Consortium for Political and Social Research)을 통해 입수되었다. 이 자료의 수집은 원래 미시간 대학 사회연구소의 정치연구센터(Center for Political Studies, CPS)에 의해 이루어졌다. 하지만 본서에 제시되어 있는 분석이나 해석은 CPS나 ICPSR, 혹은 여타의 어느 누구와도 관련이 없다. 만약 그것과 관련해 잘못된 부분이 있다면 그것은 오로지 공동 연구를 진행했던 우리 자신이 책임을 져야 할 것이다.

마지막으로 우리는 아내와 아이들에게 감사의 말을 전하고 싶다. 엘렌과 닉힐, 자넷과 벤자민, 이들이 없었다면 우리는 본 프로젝트를 좀 더 일

찍 마칠 수는 있었겠지만, 바로 그것으로 인해 우리의 건강은 믿기 어려울
정도로 망가졌을 것이다.

1
근원적인
힘?

특별한 일이 없는 평일 저녁이면 약 5천만 명의 미국인들은 텔레비전 주변에 모여 세 주요 네트워크(three major networks) 중 하나에 채널을 맞추고 전국 뉴스를 시청한다. 미국인들은 일반적으로 텔레비전이 신문이나 라디오, 잡지와 비교해, 공적 사안(public affairs)을 가장 현명하고, 완벽하며, 또 불편부당하게 보도한다고 믿는다. 이들 매체 사이의 신뢰도 차이는 상당히 커서 전국적인 선거에 출마하는 후보나 쟁점이 되고 있는 이슈와 관련해서도 텔레비전이 가장 쉽고 명확하게 설명한다고 믿는다(Bower 1985). 요컨대, 미국인들은 텔레비전 뉴스를 신뢰하고, 권위가 있다고 여기며(어쩌면 그것은 부분적으로 그들이 텔레비전을 보고 있다는 사실 자체로부터 기인한 것일 수 있다), 그 결과 헌틀리(Huntley)나 크롱카이트(Cronkite), 브로코(Brokaw)와 같은 앵커를 그들 자신의 안방으로 흔쾌히 받아들여 왔다고 하겠다.

시청자에 대한 광범위한 도달능력과 높은 신뢰도를 감안하면, 텔레비전 뉴스는 확실히 미국인들의 여론 형성에 심대한 영향을 미칠 수 있는 잠재력을 지니고 있다고 할 수 있다. 그러나 텔레비전 뉴스가 그런 잠재력을 실제로 구현하고 있는지는 여전히 중요한, 때로는 격렬한 논쟁적 주제가 되고 있다. 실제로 이와 관련된 연구 결과를 보면, 좀 더 일반적으로는 매스미디어, 좀 더 구체적으로는 텔레비전 뉴스의 힘이란 국민의 기존 믿음이나 의견을 단순히 강화시키거나 보강하는 데 그칠 뿐이라는 결론이 더 많았다.[1] 예를 들면, 패터슨과 맥클루어(Patterson & McClure 1976)는 대통령 선거에 대한 텔레비전 뉴스 보도가 사실상 정치적 영향력을 행사하지 못했다고 결론을 내렸다. 이들은 네트워크 뉴스가 유권자가 직면한 선택의 문제와 관련해 아무런 정보를 제공하지 못했다고 분석했다. 그렇다면 그 이유는 무엇인가? 패터슨과 맥클루어는 그것을 다음과 같이 설명했다. "저녁 뉴스는 너무 짧아 현대 정치가 지닌 복잡성을 충분히 설명할 수 없고, 또 너무 시각적이어서 대부분의 사건을 효율적으로 제시할 수 없으며, 지나치게 오락 지향적이어서 유권자가 알아야 할 것들을 제대로 전달할 수도 없다. 따라서 대부분의 네트워크 뉴스는 그렇게 교육적이지도 않고 그렇게 강력한 커뮤니케이터도 아니다"(1976, 90).

우리는 이런 비판의 대부분에 동의한다. 그렇다, 텔레비전 뉴스는 짧다. 또 현대 정치의 복잡성을 지나치게 단순화시킨다. 시각적인 것 역시 부정할 수 없다. 그리고 염치없이 오락 프로그램을 흉내 내기도 한다. 또 우리는 밤마다 뉴스를 구성하는 일련의 기사에 대해 통상적으로 시청자가 별다른 관심 없이 간헐적으로 관심을 보인다는 사실에 대해서도 알고 있다(Kinder & Sears 1985, 660-64).

그럼에도 불구하고 우리는 "네트워크 뉴스는 그렇게 교육적이지도 또 그렇게 강력하지도 않은 커뮤니케이터"라는 패터슨과 맥클루어의 결론은 상당히 잘못되었다고 생각한다. 따라서 본 연구에서는 텔레비전 뉴스가 실제로는 타의 추종을 불허하는 교육자라는 것, 그리고 정치에 대한 미국 국민의 관념에 텔레비전 뉴스가 압도적으로 영향을 미친다는 것, 다시 말해 텔레비전 뉴스는 결코 무시할 수 없는 중요한 뉴스라는 것을 증명해 보려고 한다.

우리의 주장은 미국인들이 자신의 직접적인 경험과는 꽤나 거리가 먼 다양한 의제에 대해서도 의견을 피력한다는 사실에 대한 관찰과 함께 시작한다. 미국인들이 일차적으로 관심을 갖는 부분은 생계비를 벌거나 가족을 부양하는 것, 또 친구를 만나고 사귀는 것과 같은 직접적인 사생활인 것은 분명하다. 하지만 동시에 이들은 엄청난 연방 정부의 재정 적자가 경제에 위협이 되는지, 또 남미에서 벌어지고 있는 전쟁이 국가 안보를 위협하는지도 판단한다. 그렇다고 이들이 그런 판단을 내릴 때 자신의 직접적인 경험을 통해 도움을 받는 것도 아니다. 다시 말해, 미국인들은 스스로 경제 분석을 수행하지도, 또 니카라과(Nicaragua)의 국경선을 직접 가보지도 않은 채 판단을 내린다는 것이다. 평범한 미국인의 경우 대체로 정치라는 거대한 사건에 참여할 기회가 거의 없기 때문에 그런 판단을 내리기 위해서는 반드시 다른 사람이 제공하는 정보와 분석-오늘날에는 매스미디어가 제공하는 정보와 분석-에 의존해야만 한다.

이런 의존성은 국민의 생각에 영향을 미칠 수 있는 거대한 힘을 미디어에 부여한다. 코헨(Cohen)은 이점을 적절히 잘 지적했는데, 비록 신문을 염두에 둔 것이긴 했지만 그의 주장은 텔레비전 뉴스에도 똑같이 적용될 수 있다.

신문은 정보나 의견의 단순한 전달자 이상이다. 그것은 사람들이 어떻게 생각할 것인가(what to think)를 전달하는 데는 대체로 성공적이지 않으나 사람들이 무엇에 대해 생각할 것인가(what to think about)를 전달하는 데는 놀라울 정도로 성공적이다. 따라서 이로 미루어 본다면 세상은 서로 다른 사람들에게 다르게 보이게 마련인데, 그런 차이는 개인적 관심사뿐 아니라 자신들이 읽는 신문사의 기자, 편집자, 발행인 등이 그려주는 지도(map)의 차이 때문이라고 할 수 있다. 어쩌면 지도라는 개념은 너무 제한적일 수 있다. 그것은 그 말이 언론에 의해 전달되는 총체적인 정치 현상의 범위를 시사해 주지 않기 때문이다. 좀 더 적절하게 말하면, 그것은 장소와 유명인, 상황과 사건들이 포함된 지도책(atlas)이라고 할 수 있다. 즉, 당일 할당된 문제와 관련해 사람들이 가지고 있는 다양한 생각을 토론해 볼 수 있을 정도로 그것은 정책 가능성과 대안, 그리고 다양한 선택지를 포함하고 있는 지도책이라는 것이다. 편집자는 사람들이 읽고 싶어 하는 것을 단순히 인쇄하고 있을 뿐이라고 생각할 수 있다. 하지만 실제로 그렇게 함으로써 그는 사람들의 관심을 유도하고 다음 파도가 해안가를 찰싹거리며 밀려올 때까지 그들이 무엇에 대해 생각하고 말해야 할지(what they will be thinking about, and talking about)를 강력하게 규정한다(1963, 13).

지난 반세기가 지나는 동안 의제설정(agenda-setting)은 진지한 논문의 주제가 되어왔지만,[2] 그 주제에 관한 경험적 연구는 수적으로 그

23

다지 많지 않았고 눈에 띄지도 않았다. 국민이 무엇을 중요하다고 생각할 것인가, 이를 결정할 수 있는 강력한 힘이 언론사에게 있다는 리프먼(Lippmann 1920, 1922, 1925)의 애초의 경고에도 불구하고 그것은 연구에 직접적인 영향을 미치지는 못했다. 40년이 지난 후 클래퍼(Klapper)의 매스 커뮤니케이션 효과에 관한 백과사전식 연구 결과가 나왔을 때에도 그 요약본은 의제설정과 관련해 단 2쪽만을 할애했을 뿐이다. 게다가 그 논의마저도 "그것은 흔하게 관찰되는 문제"라거나 혹은 "일부 연구자는 믿고 있다"와 같은 실망스런 어구로 채워졌다(1960, 104-5). 비록 지난 10년 동안 의제설정에 관한 연구가 매우 빠른 속도로 증가한 것은 사실이지만 불행히도 지금까지의 연구 결과는 이렇다 할 성과를 내놓지 못하고 있다.[3] 의제설정이란 아이디어를 내놓은 주창자들조차 연구의 파편적이고 체계적이지 못한 상황을 인정하고 있다(예를 들면, McCombs 1981). 의제설정이란 하나의 적절한 비유(metaphor)일 수는 있으나 이론(theory)은 아니라는 것이다.

미디어 효과에 관한 이러한 이론 부재는 민주주의의 작동 방식에 관한 우리의 이해를 심각하게 제한해 왔다. 어떤 민주 정부든 그것의 건전성과 생명력은 부분적으로 일반 시민의 분별력에 의존한다. 따라서 실제 학술 잡지나 신문의 의견란에 등장하는 미국의 정치 상황에 대한 논평에는 국민이 합리적이다 혹은 아니다, 또는 미국 시민은 영리하다 혹은 어리석다와 같은 규범적 주장이 등장하기도 한다. 하지만 일반적으로 그런 주장은 사회 전체로 유포되는 정치 정보의 확산 과정에 대해, 또 매스커뮤니케이션 조직을 한편으로 하면서 평범한 시민의 정치적 분별력을 다른 한편으로 하는, 이들 둘 사이의 복잡한 관계에 대해 전혀 고려하고 있지 않다고 할 수 있다. 리프먼이 "자기 주변의 관련 실상을 제대로 이해할 수 없는 시민은 불가피하게 선동과 프로파간다의 희생자가 된다. 오직 자유로운 정보 접근이 불가능한 곳에서만 돌팔이, 사기꾼, 맹목적 애국자, 테러리스트가 창궐할 수 있다"라고 기술했을 때 이런 관계의 정치적 중요성을 과장하고 있는 것은 아니었다고 할 수 있다(1920, 54-55). 따라서 만약 우리가 미국의 정치 체제가 얼마나 잘 작동하고 있는지 이해하고 평가하고자 한다면, 공적 사안에 대한 정보가 미국 사회 전체로 어떻게 유포되어 나가는지에 대한 이론을 정립하는 것은 반드시 필요한 일이라고 하겠다.

우리는 이 책에서 텔레비전 뉴스가 평범한 미국 시민의 정치적 사고에 어떻게 영향을 미치는지를 이해하기 위한 노력의 일환으로 먼저 그 이론을 제시하면서 시작한다. 비록 전부 다는 아니지만 우리는 주로 실험을 통해 얻은 지식을 검증하고 다듬어 나가는데, 그런 실험 방법은 미디어 연구자들이 대체로 무시해 온 강력한 탐구 방법이다. 14번 이루어진 실험에서 우리는 보통 사람들이 시청하는 텔레비전 뉴스를 의도적으로 눈에 띄지 않게 바꾸었다. 그 결과 서로 다른 실험 조건에 배정된 사람들은 약간씩 다른 정치권의 모습을 보게 된다. 나중에 보겠지만 그런 차이는 매우 중요한 요소로 작용한다. 우리의 실험 절차가 흔한 것은 아니어서 우리는 2장에서 그것에 대해 충분한 설명을 제공한다. 거기에서 우리는 실험을 통해 얻고자 하는 바를 명확히 규정하고, 실험적 방법이 텔레비전 뉴스 연구에 특별한 장점이 있다는 점을 강조한다. 그런 후 연구에 사용된 구체적인 실험 설계에 대해 기술한다.

3장은 의제설정에 관한 일련의 실험을 통해 도출된 결과를 제시한다. 그리고 중요한 시점에서는 국민여론조사 분석에서 도출된 보완적 증거를 가지고 그 결과를 보충한다. 종합적인 결과는 뉴스 미디어가 없다면 결코 경험할 수 없는 정치적 상황에 대해 그것은 국민들에게 매우 설득력 있는 설명을 제공한다는 리프먼의 원래 의혹을 증명해 보여준다. 특히 우리의 연구 결과는 어떤 문제를 국가의 가장 중요한 문제로 여길 것인가에 대한 시청자의 생각에 텔레비전 뉴스가 강력한 영향을 미치고 있다는 사실을 보여준다. 물가 상승, 실업, 에너지 부족, 무기 제한 등 다양한 국가적 이슈의 경우, 네트워크 뉴스 목록에서 먼저 높은 우선순위를 차지하게 되면 국민적 이슈에서도 결국은 높은 우선순위를 차지하게 된다는 것을 증명한다.

4장은 의제설정 효과를 강화시킬 수 있는 뉴스 보도의 특성에 대해 검토한다. 우리는 단순히 기사가 차지하는 위치 때문에 머리기사(lead stories)가 더 영향력이 있을 것이라는 가정을 하고, 저녁 뉴스의 앞부분을 장식하는 기사와 방송 중간에 등장하는 기사를 비교한다. 그리고 실제로 머리기사가 더 영향력이 있다는 것을 보여준다. 우리는 또 네트워크가 많은 사람들의 이목을 집중시키는 국가적 문제를 묘사하기 위해 흔히 활용하는 극적인 개인 묘사가 특별한 영향력을 행사하는지도 검토한다. 결과는 그런 영향력이 실제로는 존재하지 않는다는 것을 보여준다.

5장은 국가적 문제에 대한 텔레비전의 묘사가 시청자의 개인적 상황과 어떻게 상호작용하는지를 검토한다. 무엇보다도 인종 차별, 실업, 사회 안전망의 붕괴 위험성 등은 국가적 문제이기도 하지만 일부 미국인들에게는 압도적인 개인적 문제이기도 하다. 그런 문제에 대한 직접적인 경험은 텔레비전 뉴스가 제공하는 대리 경험보다 더 중요한 영향을 미치는가? 결과는 그렇지 않다는 것을 보여준다. 6장은 의제설정에 더(more) 혹은 덜(less) 취약하게 만드는 시청자의 몇몇 특성들에 대해 살펴본다. 이를 위해 우리는 고학력자와 저학력자, 당원과 무당층, 정치 개입자와 정치 무관심자를 비교하고, 누가 더 의제설정에 많은 영향을 받는지를 밝힌다.

7장부터 11장까지는 의제설정보다 더 은밀하고 어쩌면 더 중요할 수도 있는 텔레비전 힘의 발현방식인 "점화(priming)"에 대해 탐구한다. 점화는 사람들이 현직 대통령의 국정 수행 혹은 대통령 후보 공약과 같은 복잡한 정치적 사안을 평가할 때 자신이 알고 있는 모든 것을 고려하지 않는다는 것을 가정한다. 심지어 그렇게 하도록 동기를 부여받는 경우에도 사람들은 그렇게 할 수가 없고, 따라서 일반적으로 사람들이 고려 대상으로 삼는 것은 머릿속에 떠오르는 것, 즉 접근 가능한(accessible) 파편적인 정치적 기억들에 불과하다고 가정한다. 이런 가정에서 우리는 텔레비전 뉴스야말로 사람들의 머릿속에 무엇이 떠오르고 무엇이 떠오르지 않도록 하는 데 가장 강력한 힘을 행사하는 주체라고 주장한다. 국민의 삶과 관련해 어떤 측면은 무시되지만 또 다른 어떤 측면은 점화됨으로써 정치적 판단과 정치적 선택이 이루어지는 조건을 텔레비전 뉴스가 결정하게 된다는 것이다.

7장은 대통령의 국정 수행에 대한 국민의 평가에서 점화가 미치는 영향을 검토한다. 국방에 초점을 맞춘 텔레비전 뉴스에 의해 점화된 사람들은 자신들이 보기에 대통령이 얼마나 국방문제를 잘 해결하고 있는가를 염두에 두고 대통령을 평가한다. 또 인플레이션에 의해 점화된 사람들은 자신들이 보기에 대통령이 얼마나 물가 안정을 잘 이루었는가를 염두에 두고 평가한다.

8장은 점화가 대통령 자질(character)에 관한 국민의 판단에도 영향을 미치는지를 탐구한다. 그리고 결과적으로 복합적이고 흥미로운 방식으로 영향을 미친다는 사실을 보여준다. 9장은 점화 효과의 크기가 뉴스에 암시된 정부의 관련성 정도에 의존하는지, 특히 텔레비전 뉴스 보도에 암시된 대통령의 책임 정도에 의존하는지를 검토한다. 그리고 결과는 그렇다는 것을 보여준다. 이어서 10장은 6장의 의제설정에서와 마찬가지로 점화와 관련된 시청자 특성을 살펴본다. 거기에서 우리는 누가 점화에 취약한지를 밝히는데, 놀랍게도 점화의 희생자는 의제설정의 희생자와 동일하지 않다는 것을 밝혀낸다.

11장은 경험적 연구를 마무리하기 위해 점화와 선거 결과에 초점을 맞춘 두 개의 실험을 기술한다. 거기에서 우리는 투표하러 갈 때 유권자의 마음속에 가장 중요하게 여겨지는 것들의 우선순위는 마지막 순간 텔레비전 뉴스가 가장 중요하게 다루는 것들에 의해 강력하게 영향을 받는다는 것을 보여준다.

마지막으로 12장은 지금까지의 다양한 연구 결과를 하나로 종합하면서 좋든 싫든 텔레비전 뉴스는 이제 미국 정치 과정의 진지하면서도 냉혹한 참가자가 되었다는 결론을 내린다. 그리고 연구를 통해 얻은 증거를 바탕으로 우리는 텔레비전 뉴스가 미국의 정치와 관련해 그 자체의 독특한 견해를 전달한다는 것, 그리고 그런 견해는 결국 미국 국민의 견해가 된다는 주장을 옹호하게 된다.

2
지식으로의
길:

실험과 텔레비전 힘의 분석

　"실험(experiment)"이라는 말은 많은 것을 의미한다. 거리의 평범한 사람뿐 아니라 사회과학자에게도 그것은 마찬가지다. 따라서 우리가 사용하는 실험이라는 말이 무엇을 의미하는지 또 무엇을 의미하지 않는지, 이를 처음부터 분명히 하는 것은 중요하다. 우리에게 실험의 진정한 본질은 통제다. 본 연구에서 우리가 수행한 실험은 연구자에게 특별한 통제 수단을 부여한다는 측면에서 여타의 체계적인 경험적 방법과 다르다. 먼저 실험자(experimenter)는 실험 조건이 자연적으로 형성되길 기다리기보다는 그 조건을 만들어낸다. 둘째, 실험자는 그렇게 고안된 조건에 실험 참가자를 무작위로 배정함으로써 자연적 선택 과정을 대체한다. 이렇게 의도하는 조건을 창출함으로써 실험자는 외부 요인을 불변적 요소로 만들고, 이론적으로 결정적인 측면에서만 실험 참가자가 다른 조건을 경험할 수 있도록 한다. 또 실험 참가자를 실험 조건에 무작위 배정함으로써 다양한 조건에 배정된 이들 사이의 결과적인 차이가 실험 조건 자체의 차이에 의해 발생된 것임을 실험자는 확신할 수 있게 된다.

비록 이런 특징이 위험성이 없는 것처럼 보일 수 있지만 사실은 그렇지 않다. 실험은 여타의 연구 방법에 비해 매우 다양한 이점을 지니고 있다. 특히 인과관계로 이끄는 통찰력의 측면에서는 그렇다. 이 주장이 지나친 허세처럼 보일 수 있기 때문에 간단한 사례를 통해 설명해 보도록 하겠다.

예를 들어, 텔레비전 뉴스가 미국 국민에게 미치는 영향에 대해 관심이 있다고 가정해 보자. 이전의 많은 연구자들과 마찬가지로 우리는 전체 국민을 대표할 수 있는 미 국민의 표본을 신중하게 선택해 인터뷰하기로 결정한다. 그리고 그 표본을 정치 관련 정보를 텔레비전 뉴스에 주로 의존한다고 말하는 집단과 다른 정보원에 의존한다고 말하는 집단 등 두 집단으로 나눈다. 그런 후 우리는 두 집단의 정치적 견해를 비교하고, 텔레비전 의존 집단이 미국의 가장 심각한 문제로 실업을 꼽고 있는 반면, 그렇지 않은 집단은 인플레이션을 가장 심각한 문제로 지목하고 있다는 것을 발견한다. 이와 함께 우리는 텔레비전 뉴스 보도의 내용 분석을 수행하면서 실험 대상자에 대한 인터뷰가 진행되는 동안 텔레비전 뉴스가 실업 문제를 집중적으로 보도했음을 발견한다. 따라서 우리는 텔레비전 뉴스가 실제로 시청자의 정치 현실에 대한 관념에 영향을 미친다고 결론을 내린다.

이런 가상 연구에 큰 잘못이 있는 것은 아니다. 하지만 거기에는 진정한 실험을 통해 줄일 수 있는 심각한 한계가 존재한다. 먼저 그러한 가상 연구는 인과관계를 설정할 수가 없다. 텔레비전 뉴스 보도와 시청자의 생각이 서로 일치한다고 주장하는 것과, 텔레비전 보도가 시청자의 생각에 영향을 미친다는 사실을 증명하는 것은 결코 같은 것이 아니기 때문이다. 이를테면 텔레비전 의존 집단의 경우 여타의 정보원을 통해 정보를 얻는 집단과 다양한 측면에서 다르다는 것은 의심의 여지가 없을 것이다. 그렇다면 국가적 문제(national problems)에 대해 서로 다른 견해를 갖도록 하는 데 바로 이런 정보원의 차이가 원인으로 작용할 수도 있다. 예를 들면, 만약 텔레비전 의존 집단에 지나치게 많은 노동자가 포함되어 있다고 한다면, 실업에 대해 그들이 갖는 특별한 관심은 텔레비전 보도 때문이 아니라 노동 시장에서의 자신의 경험 혹은 친구나 동료의 경험 때문일 수도 있을 것이다. 물론 우리는 이런 특정한 설명을 검증할 수도 있다. 즉, 표본을 서로 다른 직업군으로 나누고, 그런 후 각각의 직업군에서 여전히 텔레비전 시청과 정치적 견해 사이에 동일한 관계가 유지되고 있는지를 검토하면 된다. 그렇지만 우리는 그럴듯해 보이는 이 두 설명 중 하나를 완전히 배제할 수 있는지는 결코 확신할 수가 없다.

이런 비실험적 연구(nonexperimental research)의 한계는 인과적 추론을 약화시키는데, 바로 이 문제는 무작위 배정을 통한 실험에서 극복될 수 있다. 잠시 실험의 장애 요소가 될 수 있는 윤리적, 현실적 곤혹스러움을 무시한다면, 실험자는 일부 참가자를 텔레비전 조건에 또 다른 참가자를 신문 조건에 무작위로 배정함으로써, 두 집단 사이에서 발견되는 차이가 무엇이든 그 차이가 실험 처치의 차이에서 비롯된 것임을 확신할 수 있게 된다. 계층이나 실업에 대한 경험, 혹은 그것이 무엇이든, 이런 것과 관련된 사전 노출 차이를 원인으로 여기는 또 다른 설명은 이런 간단한 절차를 통해 옹호될 수 없는 논리가 된다.

놀라운 전지전능의 기적을 통해 우리가 설문조사 결과에 대한 모든 그럴듯한 대항적 해석을 완전히 배제할 수 있다고 가정해 보자. 그러면 우리는 텔레비전 의제가 국민들에게 영향을 미쳤다는 사실을 알게 될 것이다. 하지만 거기까지다. 도대체 텔레비전 뉴스의 어떤 특성이 여론 형성의 원인으로 작용한 것인가? 우리는 이에 대해 단지 추측만 할 수 있을 뿐이다. 이런 한계는 실험이 지닌 또 하나의 이점을 부각시켜 준다. 실험자는 실험 처치와 통제 조건을 창출함으로써 한 번에 하나씩 인과적 변수를 고립시킬 수 있다. 그리고 이를 통해 텔레비전이 어떻게 시청자에게 영향을 미치는지 좀 더 정확하게 이해할 수 있게 된다. 설문조사 전문가(survey analyst)와 달리 실험자는 역사가 결정적인 검증을 제공할 때까지 기다릴 필요가 없는 것이다.

이런 이점에도 불구하고 정치학 분야에서 진정한 실험 연구는 극히 드물었다. 물론 주목할 만한 예외적 연구가 없었던 것은 아니다. 반세기보다도 더 이전에 진행된 시카고 투표율에 대한 고스넬(Gosnell 1927)의 연구-엘더스벨드(Eldersveld 1956)의 연구도 참고하라-와 사회 개혁 평가에 관한 실험적 접근 방법에 대한 캠벨(Campbell 1969b)의 옹호, 그리고 정치 협상과 위원회 의사결정에 대한 최근의 실험들-예를 들면, 피오리나와 플로트(Fiorina & Plott 1978)-이 바로 그런 예외에 속한다. 하지만 대체로 정치학자들은 실험을 통해 자연발생적인 정치 과정에 개입하는 것을 꺼려해 왔다. 그러나 우리에게는 그런 망설임이 없었다. 그것은 실험이 여타의 방법으로는 얻을 수 없는 많은 이점을 부여한다는 자신감이 있었기 때문이다.

실험 설계[1]

개요

우리가 수행한 모든 실험은 텔레비전 뉴스 프로그램에 대한 시청자 반응 연구로 공고되었다. 그리고 두 가지 기본 설계(designs) 중 하나를 따랐다. 먼저 시퀀셜 실험(sequential experiments)에 참가한 피험자들은 눈에 띄지 않게 편집된 일련의 네크워크 뉴스 프로그램을 보았다. 이들은 일주일 동안 매일 30분짜리 뉴스 프로그램을 시청했다. 실험 첫날, 예일 대학 구내의 한 건물에 모인 이들은 우리가 수행하는 연구 목적과 절차에 관해 설명을 들었다. 거기에서 우리는 집에서 시청할 때 발생할 수 있는 산만함을 피하고, 모두가 동일한 조건에서 동일한 뉴스를 보기 위해 이곳 대학에서 뉴스를 시청하는 것이 필요하다고 설명해 주었다. 또 실험이 진행되는 동안 각자의 집에서 전국 저녁 뉴스를 시청하면 안 된다는 설명도 해 주었다. 그런 후 이들은 다양한 정치 주제에 관한 설문지(questionnaire)를 작성했다. 우리의 관심은 의제설정(agenda-setting)과 점화(priming)에 있었기 때문에, 이런 관심사에 부합될 수 있도록 참가자들은 현재 미국이 당면한 가장 중요한 문제를 적시할 것과 현직 대통령의 국정 수행에 대해 평가해 줄 것을 요청받았다. 설문지 작성을 마친 참가자들은 세 주요 네트워크 중 한 곳이 바로 전날 방송한, 편집되지 않은 저녁 뉴스를 시청했다. 그리고 이후 4일 동안 저녁 뉴스를 지속적으로 시청했는데, 이들은 자신들이 보는 뉴스는 바로 전날 방송된 저녁 뉴스의 사본이라고 믿었다. 하지만 우리는 참가자 몰래 미리 뉴스의 일부분에 변화를 주었다. 그것은 제시되는 국가적 문제에 대한 보도량과 성격에 따라 발생할 수 있는 의도적인 실험

편차(experimental variations)를 얻기 위해서였다. 예를 들면, 실험2에서 첫 번째 조건에 무작위로 배정된 참가자들은 미국의 국방력이 불충분하다고 주장하는 일정량의 뉴스를 지속적으로 시청한 반면, 두 번째 집단은 환경오염에 특별히 관심을 보이는 뉴스를 지속적으로 시청했다. 한편, 세 번째 집단은 경제 문제를 강조하는 뉴스를 지속적으로 보았다. 각각의 조건에서는 표적 문제(예를 들면, 국방 문제)가 지속적으로 보도되었지만, 이와 동시에 다른 두 문제(환경오염과 경제 문제)는 의도적으로 보도에서 배제되었다. 따라서 각각의 조건은 다른 조건에 대해 통제 집단의 역할을 했다. 실험 마지막 날인 여섯째 날에는 참가자들 모두 2차 설문지를 작성했는데, 그것은 국가적 문제와 대통령 국정 수행에 대한 참가자들의 생각을 다시 한 번 알아보는 것이었다.

이와는 반대로 어셈블러지 실험(assemblage experiments)에 참가하는 피험자들은 모두 함께 모여 세 네트워크에서 추출된 뉴스 기사의 보도물을 단 한 번만 시청했다. 그런 뉴스 보도물은 적을 땐 8개, 많을 땐 13개의 기사로 구성되었는데, 이는 수행되는 연구에 따라 달랐다. 그렇게 추출된 보도물은 세 네트워크가 지난해에 방송한 일반적인 보도물이라고 소개되었다. 시퀀셜 실험에서와 마찬가지로 어셈블러지 실험에서도 의제설정과 점화에 대한 명제를 검증하기 위해 보도물은 편집되었다. 시퀀셜 실험과는 달리 이 실험의 참가자들은 그런 편집본을 시사한 직후, 그리고 오직 시사한 후에만 자신의 정치적 견해와 관련해 설문지를 작성했다.

비록 어셈블러지 실험이 시퀀셜 실험보다 일반 미국인들의 텔레비전 시청 행태에 덜 부합하긴 하지만, 이 실험은 하나의 결정적인 이점을 지니고 있다. 그것은 어셈블러지 실험 처치 조건이 실험 진행에 앞서 더 잘 준비될 수 있기 때문에 그런 처치 조건의 차이에서 비롯되는 결과를 보다 더 정밀하게 측정할 수 있다는 것이다. 따라서 어셈블러지 실험은 텔레비전이 어떻게 영향력을 행사하는지를 둘러싼 상대적으로 미묘한 견해를 검증하는 데 매우 유용하다. 예를 들면, 실험3은 텔레비전 뉴스가 어떤 문제에 대해 상당한 관심을 표하면서 대통령이 그 문제에 책임을 져야 한다는 것을 암시할 경우 과연 점화 효과는 강화되는지를 알아보았다. 이 실험의 참가자들은 미국 석유 소비의 해외 의존성이 점점 더 증가하고 있다고 설명하는 많은 수의 기사를 보거나, 또는 매우 적은 수의 기사를 보았다. 그리고 그러한 기사에는 미국 에너지 문제의 책임이 대통령에게 있다고 암시하거나, 또는 에너지 문제의 원인과 해결책이 대통령과 무관한 다른 곳에 있다고 암시하는 내용이 포함되었다. 노출(exposure) 정도와 책임(responsibility)이라는 두 요인이 상호교차하면서 결국 4개의 실험 처치 조건이 만들어진 것이다. 반면, 다섯 번째 조건인 통제 조건에 참가한 피험자들은 에너지 문제를 다룬 기사가 전혀 실리지 않은 뉴스를 시청했다.

요약하면, 시퀀셜 실험에 참가한 피험자들은 일주일 간 눈에 띄지 않게 편집된 뉴스를 보았다. 반면, 어셈블러지 실험 참가자들은 일회에 걸쳐 단 한 개의 뉴스 편집본을 보았다. 어셈블러지 실험은 현실성이 떨어지는 게 사실이지만, 텔레비전 뉴스의 힘과 관련된 보다 미묘한 명제들을 검증할 수 있게 해 준다는 점에서 부분적으로 장점이 있다. 우리는 전체적으로 이 두 실험이 상호 보완적이 되길 바라면서 실험을 진행했다.

실험 참가자 모집

우리는 지역 신문(local newspapers) 광고와 다양한 공공장소 게시판을 통해 실험 참가자를 모집했다. 그리고 텔레비전 뉴스에 관한 본 연구의 참여 조건으로 일정한 대가(payment)-대체로 시퀀셜 실험 참가자에게는 20달러, 어셈블러지 실험 참가자에게는 7달러-를 지불하겠다고 게시물에 공고했다. 우리는 광고를 보고 온 사람들과 관련해 학생, 비시민권자(noncitizens), 18세 이하의 미성년자를 배제하기 위해 인구통계학적 특징과 관련된 정보를 수집했다. 참가자들은 여러 개의 일일 시청 모임 중 하나를 선택했고, 우리는 그런 모임을 실험 조건에 무작위로 배정했다.

네트워크 의제 조작하기

두 실험 설계의 핵심적 요소는 실제와 같은 뉴스를 만들어내는 것이다. 그 과정은 시퀀셜 실험에서 더 복잡했기 때문에 거기에 대해 좀 더 자세히 설명하도록 하겠다. 우리는 개별 모임이 예정된 바로 전날 밤, 세 주요 네트워크 중 두 네트워크의 전국 뉴스를 녹화했다. 그런 후 각기 다른 실험 조건에 사용될 서로 좀 다른 보도물을 만들기 위해 실제로 방송된 뉴스 프로그램을 편집했다. 우리는 먼저 몇몇 기사를 뉴스 프로그램에 끼워 넣었고, 그런 후 대략 삽입된 기사의 양만큼 실험에 영향을 미치지 않을 기사들을 들어냈다. 우리가 끼워 넣은 기사는 같은 네트워크에서 6-8개월 전에 방송된 것이었다. 상대적으로 "시의성이 없는(timeless)" 특집 기사를 선택함으로써, 우리는 이들 기사가 실제 방송된 날짜에 대한 어떠한 단서도 암시하지 않도록 했다. 대체로 이런 기사는 그 안에 포함된 시간적 단서를 제거하기 위해 편집되었다. 이를 위해 우리는 밴더빌트 대학교 텔레비전 뉴스 아카이브(Vanderbilt University Television News Archive)와 예일 대학교(Yale University)의 시청각실로부터 서로 독립된 10가지 국가적 문제를 다룬 많은 양의 뉴스 기사를 수집했다. 각각의 네트워크에서, 각각의 문제에 대해 서로 다른 앵커가 소개하고, 서로 다른 기자가 보도하는 다양한 기사를 수집했던 것이다. 일부는 겨울철 기사였고 일부는 여름철 기사였으며, 또 일부는 대통령을 언급했고 일부는 그러지 않았다. 일부는 "말하는 사람(talking heads)"이 등장했고 일부는 드라마틱한 장면을 담았다. 한마디로 말해, 우리는 어떤 날이든 그 날에 맞춰 쓸 수 있는 많고 다양한 기사를 확보했다고 할 수 있다.

처치 기사(treatment story)-보통 매일 1개였다-는 프로그램 중간 부분에 삽입되었고, 그 길이는 보통 2-4분이었다. 따라서 실제 참가자에게 제시된 뉴스는 처치 기사의 삽입과 그에 상응하는 한 두 기사의 삭제를 제외하면 대체로 원본 그대로였다. 통상적인 시퀀셜 실험에서 처치 기사는 4일 동안 삽입된 4개의 기사로 구성되었다. 그리고 그 길이는 약 12분이었는데, 길이가 짧을 경우 총 7분이었고, 길 경우에는 총 17분이었다. 네트워크의 관점에서 볼 때, 이 정도의 주목도라면 상당한 관심에 해당하지만 그렇다고 예외적인 것은 아니다. 예를 들어 1985년의 경우, 연방재정적자, 다양한 피랍사건, 레바논 위기, 니카라과 갈등, 레이건 대통령과 고르바초프 서기장 사이의 정상 회담 등 이들 사건에 대한 보도는 우리의 실험 문제와 마찬가지로 최소한 일주일 정도는 지속되었다. 만약 참가자들에게 이런 저런 국가적 문제에 대한 기사를 엄청나게 보여준 후 텔레비전 뉴스의 효과를 증명하고자 했다면 그것은 쉬운 일이었을 것이다. 하지만 그런 방식은 그렇게 흥미롭지는 않았을 것이다. 만약 그런 식의 증명이라면, 비상 상황(extraordinary circumstances) 하에서의 텔레비전의 잠재적 힘을 우리에게 알려줄 수는 있다. 하지만 우리의 관심은 일상적 상황(ordinary circumstances) 하에서의 진정한 텔레비전의 힘에 있었기 때문에 우리는 처치 기사가 텔레비전 뉴스의 일상적 한도를 벗어나지 않도록 설계했다.

실험의 인위성 피하기

어떤 실험을 진행하든 실험 참가자가 자신에게 무엇이 기대되는지 알도록 하는 환경의 단서, 즉 "요구 특성(demand characteristics)"을 경계하는 것은 중요하다(Orne 1962). 그런 실험 요구 특성의 영향을 차단하기 위해 우리는 몇몇 사전 조치를 취했다. 먼저, 우리는 실험 목적을 위장했다. 시퀀셜과 어셈블러지 실험 모두 초기에 우리는 실험 목적과 관련해 참가자들에게 매우 그럴듯해 보이지만 사실과 다른 설명을 제시했다. 우리는 참가자들에게 사람들이 텔레비전 뉴스를 어떻게 해석하고 이해하는지를 알아보는 것이 우리의 연구 목적이라고 밝혔다. 그리고 "사회과학자들이 흔히 선택적 지각(selective perception)이라고 부르는 것, 또 수용자의 정치적 입장이 뉴스를 이해하는 데 영향을 미치는지, 그리고 공화당원과 민주당원은 정말로 동일한 뉴스를 보는지"에 특별히 관심을 가지고 있다고 설명했다. 이런 실험 안내가 실제로 나중에 참가자들에게 질문될 내용-즉, 정치적 견해를 밝히고 뉴스 기사를 평가하는 것-에 대해 나름대로 설득력 있는 설명을 제공하고 있다고 판단했기 때문에, 우리는 이들이 이를 통해 우리가 진행하는 실험의 진정한 목적에 대해 궁금해 하지 않기를 희망했다.

다음으로, 우리는 우리가 핵심적으로 파악하고자 하는 국가적 문제의 중요도에 대한 평가와 대통령의 국정 수행에 대한 평가를 가능하면 눈에 두드러지지 않도록 긴 설문지 속에 포함시켜 놓았다. 실제 관심사인 이런 질문 이외에도, 우리는 참가자들에게 현재 이슈에 대한 의견, 국가적 문제에 대한 설명, 이상적인 대통령에 대한 생각, 당파적 성향, 최근의 정치 활동 등에 대해 물었다.

우리는 우리의 사전 조치가 성공했다고 믿는다. 매 연구가 끝날 때마다, 즉 설문지가 수거되고 실험 참가비가 지급된 후 모든 참가자들에게는 실험이 끝난 지금 이제까지의 실험이 무엇에 관한 것이었는지 그리고 그 생각이 처음 생각했던 것과 일치하는지를 설명해보라는 질문이 제시되었다. 그 결과 모든 실험에서 오직 소수의 참가자들만이 우리 실험에 대해 의혹을 품었다. 그리고 그마저도 대부분은 우리가 네트워크를 위해 시장조사를 하고 있다고 생각했다.

참가자들의 생각을 알고 난 후 마지막으로 우리는 실험의 진짜 목적을 조심히 밝혔다. 뉴스가 편집되었다는 것, 그리고 어떻게, 왜 그렇게 했는지를 우리는 그들에게 설명했다. 또 텔레비전의 정치적 영향력을 이해하려는 이 실험에서 피험자의 참여가 갖는 의미에 대해서도 설명했다. 그리고 연구에 관심을 표명한 사람들에겐 연구 보고서를 보내주었다. 우리는 이런 "해명(debriefing)"을 실험의 본질적 부분이라고 생각한다. 전반적으로 우리는 실험 연구에서 인간 피험자 보호를 규정하고 있는 미국심리학회(American Psychological Association)의 지침을 성실히 준수했다.

방법론적 다원주의

실험은 한계를 갖는다. 우리가 수행한 실험 역시 이를 피할 수는 없다. 실험은 인과관계에 증거를 제공하는 내적 타당도(internal validity)에서는 매우 강력하지만, 연구 결과의 일반화 가능성(generalizability)에 관한 확실성을 제공하는 외적 타당도(external validity)에서는 일반적으로 취약하다. 당연한 일이지만 우리는 일반화가 가능한 연구 결과를 얻고자 했다. 뒤에 제시될 다양한 실험 결과도 결국은 실험적 상황이 아닌 실제 상황에서 텔레비전 뉴스가 여론에 영향을 미친다는 것을 밝힐 때에만 중요성을 갖기 때문이다. 하지만 실험을 위해 마련된 실험 장치와 실험 집단으로부터 평범한 미국의 거실(living room)과 미국 사람 전체로 일반화시켜 나가는 과정은 캠벨(Campbell, 1969a)이 "귀납의 스캔들(the scandal of induction)"이라고 부르는 것에 참여하는 것이 된다. 일반화는 항상 맹신(leap of faith)을 수반한다. 따라서 아무리 세련된 것이라 할지라도 그것은 불가피하게 의견의 문제가 된다.

실험 결과의 일반화 가능성을 두고 제기되는 우려는 통상 세 가지 형태를 취한다. 첫째, 실험 참가자는 보통 자신이 뭔가 연구에 참여하고 있다는 사실을 알고 있기 때문에 이것만으로도 자신의 행위에 변화를 줄 수 있다는 것이다. 물론 그것이 무엇인지 확실히 알지는 못한다. 하지만 그 때문에 참가자는 더 주의를 기울일 수도 혹은 덜 기울일 수도 있다. 또 실험자의 권위에 순종할 수도 있고 반발할 수도 있다. 이런 현상은 모두 연구 환경이 지닌 특수한 성격 그리고 어떤 측면에서는 인위적인 성격에서 비롯되는 반응이라고 할 수 있다. 둘째, 실험은 종종 편리한 실험 집단을 대상으로 수행된다. 편리한 집단은 특수한 집단일 경우가 많다. 따라서 그러한 관행은 자연스럽게 의혹은 낳는다. 다시 말해, 그런 집단을 통해 얻어진 실험 결과가 과연 아무런 문제없이 실제 관심 대상인 모집단으로 일반화될 수 있는지와 관련해 의혹을 받게 된다는 것이다. 대학에 근무하고 있는 사회과학자들에게 학생만큼 편리한 집단은 없다. 그러나 호블랜드(Hovland 1959)가 수년 전에 경고했듯, 전형적인 대학교 2학년생은 전형적인 평범한 미국 성인과는 완전히 다를 수 있다. 셋째, 실험 결과는 연구 대상인 변수(variables)가 만들어지거나 측정되는 방식에 항상 불안정하게 의존한다는 비난을 받는다. 아무리 흥미로운 결과라고 해도 구현되는 조건(conditions)이나 제시되는 질문(questions)이 조금만 달라지면 또 다른 실험에서는 사라질 수가 있다. 하나의 실험에서 예상에 딱 들어맞는 결과가 또 다른 실험에서는 설명 불가능한 결과가 될 수도 있다는 것이다.

실험 결과의 외적 타당성-실험 결과가 실험 환경, 집단, 독립 및 종속변수의 측면에서 일반화될 수 있는지-에 대한 이런 위협은 우리의 실험과 관련해서도 당연히 제기될 수 있다. 우리는 다음과 같은 방법으로 그런 위협을 예측하고 방어하려고 했다.

먼저, 실험 환경의 인위적, 반작용적 성격을 최소화하기 위해 우리는 실험의 조작적 성격이 가능한 한 눈에 띄지 않도록 만들었다. 뉴스 기사를 잘라내고, 넣고, 다시 재배치하는 작업을 위해 최신 편집 장비가 동원되었고, 이를 통해 편집의 흔적이 남지 않도록 했다. 심지어 텔레비전 뉴스에 긴 세월을 보낸 전문가라 할지라도 우리가 변경한 부분을 찾기는 쉽지 않았을 정도였다. 우리는 또 참가자들에게 편안히 뉴스를 시청하라고 권유했고, 커피와 신문, 그리고 잡지를 마련해 주었다. 많은 참가자들이 친구나 배우자 혹은 다른 가족들을 데리고 왔다. 우리가 의도한 대로 그 모임은 편안한 분위기를 띠었다. 거기에 모인 참가자들은 서로 얘기를 나누며 방을 둘러 보기도, 또 신문과 잡지를 뒤적거리거나 이따금씩 방송되는 광고에 대해 우우하며 야유를 보내기도 했다.

다음으로, 우리는 텔레비전 뉴스가 대학생이 아닌 평범한 미국인들에게 미치는 영향력에 대해 관심이 있었기 때문에 전반적으로 그런 가장 편리 한 집단을 피했다.[2] 대신 상당히 다른 특성을 지닌 두 지역사회-코네티컷 (Connecticut) 주의 뉴헤븐(New Haven)과 미시간(Michigan) 주의 앤아 버(Ann Arbor)-에 광고전단지를 돌렸다. 이를 통해 우리는 다양한 계층 의 사람들이 우리 실험에 참가하기를 기대했다.

이런 관점에서 우리 실험은 상당히 성공적이었다고 할 수 있다. 표2.1은 시퀀셜 실험 참가자, 표2.2는 어셈블리지 실험 참가자의 인구통계학적 및 정치적 특성을 보여준다. 이 두 표를 보면 실험 참가자가 젊은이와 노인, 흑인과 백인, 남성과 여성, 저학력자와 고학력자, 육체노동자와 전문직 종 사자, 민주당원과 공화당원 그리고 무당층, 텔레비전 중시청자와 경시청 자 등 각계각층의 출신들로 구성되어 있다는 것을 알 수 있다. 게다가 전 체적으로 보면 표2.1과 표2.2에 기술된 특성은 국민적 특성과 상당히 닮아 있다. 물론 그렇다고 우리 실험의 참가자들이 국민적 모집단, 혹은 이런 문 제를 다루는 모집단의 대표적인 표본이라고 주장한다면 그것은 터무니없 는 주장이 될 것이다. 당연히 대표적인 표본은 아니다. 그럼에도 불구하고 앞으로 제시될 실험 결과가 적어도 다양하고 평범한 미국인 집단의 반응 에 기초하고 있다는 것만큼은 분명하게 말할 수 있을 것이다.

셋째, 우리가 내리는 결론이나 해석의 어떤 것도 단지 하나, 그래서 어쩌 면 특수할 수도 있는 그런 비교에 의존하지 않았다. 전체적으로 우리는 개넘적 반복(conceptual replication) 전략에 따라 연구를 수행했다. 그것은 개념적으로는 동일하지만 경험적으로는 다르다고 할 수 있는 연구 변수의 구체화를 통해 반복적으로 검증하는 것을 말한다. 따라서 우리는 동일한 가설도 서로 다른 국가적 문제를 통해, 또 서로 다른 기사를 통해 검증했다. 마찬가지로 우리는 실험 참가자의 정치적 견해를 다양한 방식으로 평가했다. 각각의 실험에서 우리는 때로는 참가자가 국가적 문제에 대해 스스로 정의하도록 요청했고, 때로는 선택지를 통해 많은 질문에 답하도록 요청했다. 가능한 경우에는 정기적인 국민선거연구(National Election Studies)의 일부로서 정치연구센터(Center for Political Studies)가 광범위하게 검증하고 개발한 문항들을 활용했다. 이러한 절차를 통해 우리는 우리가 얻은 특정한 실험 결과가 참가자들에게 제시한 특정한 문제, 특정한 뉴스, 혹은 특정한 문항에 제한되지 않는다는 어느 정도의 확신을 갖게 되었다.

표2.1
시퀀셜 실험 참가자의 인구통계학적, 정치적 특성

연령	연령대	19-68	**직업***	육체노동자	41%
	평균	31		서비스/사무직	35
인종	백인	82%		관리직/전문직	24
	비백인	18	**정당 소속**	민주당	39%
성	남성	48%		무소속	35
	여성	52		공화당	12
교육	고졸 이하	35%		기타/무관심	14
	전문대	29	**TV 뉴스 시청**	전혀/거의 시청 안함	23%
	대졸	36		2-3일/평일 모두	48
				매일 저녁	29

주: 참가자 수 = 259. (* 정규직 종사자 중에서)

표2.2
어셈블러지 실험 참가자의 인구통계학적, 정치적 특성

연령	연령대	18-81	**직업***	육체노동자	26%
	평균	33		서비스/사무직	46
인종	백인	82%		관리직/전문직	28
	비백인	18	**정당 소속**	민주당	39%
성	남성	51%		무소속	35
	여성	49		공화당	10
교육	고졸 이하	34%		기타/무관심	15
	전문대	31	**TV 뉴스 시청**	전혀/거의 시청 안함	23%
	대졸	35		2-3일/평일 모두	40
				매일 저녁	37

주: 참가자 수 = 772. 이 표에서는 대학의 학부생을 대상으로 한 2번의 어셈블러지 실험(3과 11)은 배제했다.
(* 정규직 종사자 중에서)

실험 환경의 인위성을 줄이고, 또 이질적인 실험 참가자 집단을 활용하고, 개념적 반복 전략을 채택함으로써 우리는 실험 결과로부터 도출되는 일반화의 위험성을 줄였다. 그럼에도 불구하고 귀납의 스캔들은 여전히 존재한다. 실험을 통한 일반화의 위험성이란 결코 완전히 제거될 수는 없는 것이다.

다행히도 그런 실험의 한계는 여타의 방법론적 접근 방법이 지닌 장점에 의해 상쇄되었다. 비록 앞으로 제시될 결과는 주로 실험에 의한 것이지만, 몇몇 중요한 지점에서는 국민 여론조사에 대한 우리 나름의 분석 결과에 의해 보완된다. 이 과정에서 우리는 호블랜드(1959)가 4반세기 전에 권했던 방법론적 다원주의를 실천할 예정이다. 다양한 방법론적 관점에서 텔레비전 뉴스를 검토함으로써, 우리는 하나의 접근 방법이 지닌 본질적인 한계를 피하고자 했다. 우리는 실험을 강조하고 홍보한다. 그것은 실험이 실질적인 이점을 지니고 있다는 점 때문이기도 하지만, 대부분의 언론학자들이 너무나 그것을 무시해 왔다는 점 때문이기도 하다. 하지만 우리가 진정으로 되고자 하는 것은 방법론적 다원주의자(methodological pluralists)라고 할 수 있다.

3
의제설정
효과

〈환상의 대중 Phantom Public〉에서 월터 리프만(Walter Lippman)은 평범한 미국인들의 정치적 감수성을 다음과 같이 묘사했다.

오늘날 평범한 시민은 무리 뒷줄에 자리를 차지하고 있는 귀먹은 구경꾼(deaf spectator) 같은 신세라고 느끼게 되었다. 그것은 그가 저 너머 앞쪽에서 벌어지고 있는 미스터리에 늘 신경 써야 되지만, 사실상 지속적으로 신경 쓰기란 어려운 일이기 때문이다. 그는 어쨌든 현재 진행되는 사태에 의해 영향을 받고 있음을 알고 있다. 법과 규정은 지속적으로, 세금은 매년, 전쟁은 때때로 자신이 환경이라는 거대한 표류에 의해 휩쓸리고 있다는 사실을 환기시켜 준다.

그럼에도 불구하고 이런 공적 사안(public affairs)이 결코 확실하게 자신의 일이 되지는 않는다. 그런 사안은 대체로 눈에 보이지 않는다. 설사 그런 사안이 다루어진다 하더라도, 그것은 자신과는 거리가 먼 중심부에서, 그리고 막후에 존재하는 익명의 권력(unnamed powers)에 의해 다루어진다. 평범한 시민으로서 그는 무슨 일이 진행되는지, 또 누가 그 일을 하는지, 혹은 자신이 어디로 흘러가고 있는지 확실하게 알지 못한다(1925, 13).

이런 관점에서 평범한 시민이 공적 사안에 대해 얼마든지 이해할 수 있다고 한다면 오히려 그것이 놀라운 일이 될 것이다. 게다가 반세기도 더 전이었던 당시에 이미 정치권은 "폭발적으로 증가하는 문제의 혼란(swarming confusion of problems)"으로 물들어 있다고 리프만이 지적했는데, 그런 혼란은 오늘날 더 심해진 상황이다. 따라서 평범한 시민이 마주하는 민주적 난관(democratic predicament)은 확실히 더 심화되었다고 하겠다.

텔레비전 뉴스는 이런 난관에 처한 시민들에게 편리한 도피처를 제공해 줄 수 있다. 이 장에서 우리는 텔레비전 뉴스가 미국인들의 정치 현실에 대한 관념(conceptions), 즉 "저기 너머의 미스터리(the mystery off there)"에 대한 인식에 어떻게 영향을 미치는지 알아보려고 한다. 연구의 출발점은 의제설정 가설(agenda-setting hypothesis)이다. 이 가설에 따르면, 어떤 문제가 국가적 뉴스로 현저한 주목을 받게 되면, 시청자는 그 문제를 국가의 가장 중요한 문제로 여기게 된다는 것이다. 우리는 이 가설을 시퀀셜 실험, 어셈블러지 실험, 그리고 국민 여론조사 결과에 대한 종단 분석(longitudinal analysis)을 통해 검증하고자 한다.

의제설정에 대한 실험 검증

시퀀셜 실험

4번의 시퀀셜 실험은 의제설정 가설과 관련된 증거를 제공했다. 이들 각각의 실험에서 우리는 저녁 뉴스 프로그램에서 보도되는 다양한 국가적 문제에 대한 보도량(amount of coverage)에 의도적인 변화를 주었다. 실험1은 바로 그 전형이다. 따라서 이에 대해 좀 더 자세히 설명하고, 나머지에 대해서는 간단히 살펴보기로 한다(14번의 실험 모두에 대한 세부적인 요약은 부록A에 제시되어 있다).

실험1은 대통령 선거 직후인 1980년 11월 코네티컷 주의 뉴헤븐에서 6일에 걸쳐 매일 진행되었다. 2장에서 설명한 바와 같이 참가자들은 미리 편집된 이전의 저녁 뉴스 사본을 보았다. 실험1의 처치 조건에 무작위로 배정된 13명의 참가자들은 미국의 국방 준비 태세가 부실하다는 내용을 담은 기사들을 보았다. 첫날의 뉴스 편집본에는 차기 레이건 정부(Reagan administration)가 제안할 국방비 증액에 대한 기사가 포함되었다. 다음날은 민주주의의 병기창(arsenal of democracy)으로서의 미국의 역할이 축소되고 있다는 "특집"보도가 포함되었다. 셋째 날 뉴스에는 소련이 페르시아 만(Persian Gulf)을 침공할 경우 미국이 선택할 수 있는 군사적 옵션이 그리 많지 않다는 비관적 분석이 담긴 뉴스가 편집되어 들어갔다. 넷째 날 뉴스에는 점점 더 복잡해지고 있는 군 장비에 비해, 이를 다룰 수 있는 유능한 신병들을 제대로 모집하고 있지 못하고 있는 미군의 곤혹스러움을 다룬 기사가 포함되었다. 처치 조건의 참가자들은 4일에 걸쳐 모두 4개의 기사를 보았고, 그 길이는 총 17분이었다. 반면 통제 조건(control condition)에 무작위로 배정된 15명의 참가자들은 국방 관련 기사가 전혀 포함되지 않은 뉴스를 보았다.[1]

뒤에 이어지는 모든 실험에서와 마찬가지로 실험1의 참가자들 역시 무작위로 배정되었다. 실험1이 진행되는 첫날 우리가 수집한 정보에 따르면, 이런 절차는 의도된 결과를 창출했다. 그것은 바로 국방 조건(defense condition)에 배정된 참가자의 구성이 통제 조건에 배정된 참가자의 구성과 다르지 않다는 것이었다. 인구통계학적 특성(demographic characteristics), 당파성(partisanship), 정치 개입(political engagement)과 관련해서 이 두 집단은 구별이 불가능했다.[2] 이것은 우리가 발견할 두 집단 사이의 실험 후 차이가 무엇이든, 그것은 이들이 시청한 뉴스의 차이에 의해 비롯된 것이라는 사실을 우리로 하여금 확신할 수 있도록 해준다는 것을 의미했다.

의제설정 가설을 검증하기 위해 우리는 실험이 이루어지기 전과 후에 국가적 문제의 중요도에 대한 참가자의 생각을 측정했다. 실험 전(preexperimental) 설문지는 첫날 뉴스를 시청하기 직전에 작성되었고, 실험 후(postexperimental) 설문지는 마지막 뉴스를 보고난 후 만으로 하루가 지난 다음에 작성되었다. 두 설문지 모두에서 참가자들은 8개의 국가적 문제가 지닌 중요도에 대해 각각 평가했고, 그 문제에 대한 각자의 우려, 추가적인 정부 조치가 필요하다고 여기는 정도, 그리고 일상적인 대화에서 그것을 소재로 삼는 빈도를 표시했다.[3] 이들 네 문제에 대한 평가치는 상호 밀접하게 연관되어 있었기 때문에 우리는 이들의 평균을 통해 문제 중요도 종합 지수(composite index of problem importance)를 만들었다. 이 종합 지수에서 0은 참가자가 그 문제를 한 번도 중요하게 생각한 적이 없고, 그것에 대해 전혀 걱정한 바도 없으며, 정부 관계자들 역시 걱정할 필요가 없다고 생각하고, 그 문제를 가지고 대화를 나눈 적이 한 번도 없다는 것을 의미했다. 반면, 100은 참가자가 그 문제를 대단히 중요하게 여기고 있고, 그것에 대해 정말로 걱정하며, 또 정부가 그 문제에 대해 깊은 고민을 해야 된다고 생각하고, 항상 그 문제로 이야기를 나눈다는 것을 의미했다. 물론 실제 참가자들 모두는 이 양 극단 사이의 어느 지점에서 국가적 문제를 평가했다.[4]

의제설정에서 가장 중요한 검증은 실험을 거치는 동안 편집된 뉴스가 강조하는 문제에 대해 참가자 역시 중요도에 변화를 주는지 단순히 관찰하는 것이다. 따라서 실험1의 경우, 미국의 국방력 부족을 눈에 두드러지게 묘사한 뉴스를 시청한 참가자는 그런 기사가 삭제된 뉴스를 본 통제 조건의 참가자보다 국방에 관해 더 많은 우려를 표해야 한다.

이 예상은 적중했다. 국방 조건에 배정된 참가자들은 6일 간의 실험을 거치는 동안 국방에 대해 더 많은 걱정을 하게 된 반면, 통제 조건의 참가자들은 국방에 부여하는 중요도에 어떠한 변화도 보여주지 않았다. 이 차이는 통계적으로 뿐만 아니라 정치적으로도 중요하다.[5] 그 증거를 좀 더 자세히 검토해 보자. 실험1의 첫 날 뉴스를 보기 전, 국방 처치 조건에 무작위로 배정된 참가자들은 국방을 인플레이션, 환경오염, 실업, 에너지, 민권에 이어 6번째로 중요한 문제로 평가했다. 하지만 뉴스에 노출된 후, 바로 그 동일한 참가자들은 국방을 인플레이션에 이어 2번째로 중요한 국가적 문제로 생각했다. 반면, 통제 조건의 참가자들은 국가적 문제로서 국방의 상대적 중요성에 아무런 변화도 보여주지 않았다.

그런 극적인 변화는 의제설정 가설의 강력한 증거에 해당한다. 왜냐하면 그런 중요도 평가의 변화가 별로 눈에 띄지 않는 소량의 텔레비전 뉴스 보도의 변화로 인해 야기된 것이기 때문이다. 게다가 우리는 3번의 추가적인 시퀀셜 실험을 통해 우리가 실험1에서 발견했던 것을 계속해서 발견했다.

실험2는 1981년 2월 말에 진행되었고 3개의 국가적 문제에 초점을 맞췄다. 조건에 따라 참가자들은 미 국방 준비 태세의 부족, 환경오염, 치솟는 인플레이션을 강조하는 뉴스를 시청했다. 실험8은 1982년 7월에 진행되었고, 참가자들은 실업, 핵무기 제한, 혹은 민권을 강조하는 뉴스를 시청했다. 그리고 실험9는 1982년 8월에 진행되었고, 참가자들은 실업을 강조하는 뉴스를 보거나 그 문제를 전혀 다루지 않은 뉴스를 시청했다. 국가적 문제를 제외한 여타의 측면에서, 이들 3개의 시퀀셜 실험 각각은 실험1의 기본 설계를 따랐다. 실험 참가자 모집, 기사의 삽입과 삭제의 편집 과정, 첫날과 여섯째 날 수행된 설문지 조사 등 모든 절차는 앞에서 설명한 방식 그대로 진행되었다. 따라서 실험1을 포함시키면 우리는 의제설정과 관련해 서로 다른 6가지 국가적 문제를 4번의 실험을 통해 8개의 개별적이고 독립적인 검증을 한 셈이었다.

4번의 시퀀셜 실험의 결과는 표3.1에 제시되어 있다. 표3.1은 뉴스 시청 이전과 이후의 표적 문제(target problem)에 대한 평균적인 종합적 중요도 평가치를 보여준다. 모든 경우에서 참가자는 뉴스 시청 이전과 비교해 표적 문제를 더 중요하게 생각하게 된 것으로 밝혀졌다. 그리고 8개의 변화된 사례 중 7개는 통계적으로 유의미했다.

그러나 이런 양상에 대한 하나의 예외가 있었다. 그것은 실험2의 인플레이션 조건에서 발생했는데, 그것을 이해하는 것은 그렇게 어려운 일은 아니었다. 실험2가 진행된 1981년 2월은 인플레이션의 연간 상승률이 10퍼센트 이상이었다. 인플레이션 기사를 보기 전 진행된 사전 설문지 조사에서 이미 참가자들은 0에서 100까지의 종합 평가 범위에서 평균 92점을 주었다. 따라서 우리는 사실상 인플레이션의 중요성을 참가자들에게 설득할 기회가 없었다고 할 수 있다. 그것은 이미 모든 참가자가 그렇다고 확신하고 있었기 때문이다.

표3.1
문제 중요도 변화

| 실험 | 문제 | 문제 중요도 평가치 | | |
		실험 전	실험 후	전후의 변화
1	국방	47	67	20*
2	국방	48	58	10*
	인플레이션	92	93	01
	환경오염	63	76	13*
8	무기제한	76	82	06*
	민권	64	69	05*
	실업	75	82	07*
9	실업	78	83	05*

*$p < .05$

　이런 예외를 제외하면 4번의 시권셜 실험은 의제설정과 관련된 놀라운 증거를 내 놓았다. 실험1에서와 마찬가지로 실험2, 8, 9에서 드러난 변화는 문제 우선순위에서의 상당한 변화에 해당했다. 예를 들어, 실험2에서 국가적 문제로서의 환경오염은 환경오염에 관한 뉴스를 본 시청자들 사이에서 5번째에서 2번째로 중요도가 상승했고, 국방은 미국의 국방력 부족을 강조한 뉴스를 시청한 참가자들 사이에서 중요도가 6번째에서 4번째로 상승했다. 실험8과 9의 표적 문제였던 무기 제한, 민권, 실업의 상대적 중요도에 있어서도 유사한 변화가 일어났다.

의제설정 가설은 또 다른 방식으로도 검증될 수 있었다. 실험2, 8, 9에서 설문지는 참가자들에게 "국가가 직면한 세 개의 가장 중요한 문제"를 지목하도록 요청했다(실험1에서는 유감스럽게도 그런 주문을 하지 않았다). 따라서 우리는 실험 전 설문지 조사에서 표적 문제를 언급한 비율과 편집된 뉴스에 노출된 후인 실험 후 설문지에서 표적 문제를 언급한 비율을 2차 검증의 하나로 비교해 볼 수 있었다. 이들의 비교에 대해서는 표3.2에 제시되어 있다.

표에 나타난 것처럼 의제설정을 뒷받침하는 증거는 종합 평가에서보다 이 측정 방법에서 훨씬 더 뚜렷하게 나타났다. 다시 한 번 실험2의 모든 참가자들은 실험 전이나 후 모두에서 인플레이션을 국가의 가장 중요한 문제 중 하나로 지목했다. 이런 인플레이션 조건을 제외하면 표적 문제에 대한 언급은 뉴스 시청 전보다 시청 후에 더 많았다. 그리고 일부에서는 그 증가폭이 상당했다. 예를 들면, 실험8에서 무기 경쟁의 위험성 보도에 노출된 후 무기 제한을 국가의 가장 중요한 세 문제 중 하나로 지목한 참가자의 비율은 35퍼센트에서 65퍼센트로 상승했다. 실업문제를 다룬 실험9에서는 그 비율이 50퍼센트에서 86퍼센트로 올랐다. 7번의 독립된 검증에서 참가자의 평균 37퍼센트가 실험 전 설문지 조사에서 표적 문제를 국가의 가장 중요한 문제 중 하나로 지목한 반면, 실험 후 설문지 조사에서는 평균 57퍼센트가 그렇다고 지목했다.[6]

표3.2
문제 중요도 변화

실험	문제	가장 중요한 국가적 문제의 하나로 지목하는 비율		
		실험 전	실험 후	전후의 변화
2	국방	33	53	20*
	인플레이션	100	100	00
	환경오염	0	14	14*
8	무기제한	35	65	30*
	민권	0	10	10*
	실업	43	71	28*
9	실업	50	86	36*

*p < .05

　　우리는 또 이들 효과의 제한성(specificity)을 파악해 보았다. 전반적으로 우리는 의제설정에 "누수(spillover)"가 존재하는지 살펴보았다. 우리는 시청자의 관심을 특정 문제로 유도하는 것이 그 문제에 대한 중요도뿐 아니라 관련 문제에 대한 중요도도 상승시킬 수 있다고 가정했다. 이를테면, 석유의 외국 의존성을 강조하는 기사는 당연히 가격 상승에 대한 우려를 높일 것이라고 예상할 수 있는데, 그것은 국민들이 그 두 문제를 인과적으로 관련되어 있다고 여길 수 있기 때문이다(Hendricks & Denney 1979). 타당한 것인지 확신할 수는 없지만 우리는 단 2개의 사례에서만 그런 누수 효과를 발견했다. 실험8에서 무기 경쟁에 관한 뉴스에 노출된 참가자들은 무기 제한 뿐 아니라 중동 지역의 갈등에 대해서도 더 많은 관심을 보였다. 실험9에서는 실업에 관한 보도를 접한 참가자들이 전반적인 경제 문제에 대해서도 더 많은 우려를 나타냈다. 그러나 우리가 발견한 의제설정 효과는 전반적으로 제한성이 뚜렷했다. 에너지에 관한 뉴스는 에너지의 중요도에 관한 시청자의 생각과 오로지 에너지 관련 사항에만, 국방에 관한 뉴스는 국방에 관한 시청자의 생각과 국방 관련 사항에만 영향을 미쳤는데, 그것은 나머지 문제의 경우에도 마찬가지였다.

요약하면, 4번의 시퀀셜 실험을 통해 얻은 증거는 의제설정 가설을 강력히 지지했다. 이해할 수 있는 한 가지의 예외가 있긴 했지만, 지속적인 일정량의 뉴스 보도가 이루어지는 국가적 문제는 적어도 시청자의 마음속에서는 점점 더 중요해졌다. 따라서 텔레비전의 저녁 뉴스는 국민의 국가적 문제의 우선순위에 영향을 미칠 수 있는 강력한 힘을 가지고 있다고 할 수 있다.

어셈블러지 실험

시퀀셜 실험에서 참가자는 특정 문제에 대한 뉴스에 지속적으로 노출되거나 혹은 그 문제를 전혀 다루지 않은 뉴스에 노출되었다. 어셈블러지 실험이 지닌 하나의 장점은 처치 조건에 대해 보다 더 정확한 측정을 할 수 있다는 점이다. 뉴스의 보도량과 의제설정 효과 크기 사이의 함수관계를 좀 더 알아보기 위해 여기에서 우리는 6번에 걸쳐 진행된 어셈블러지 실험을 검토하기로 한다.

실험3은 1981년 4월과 5월 예일 대학교(Yale University) 학부생을 대상으로 뉴헤븐에서 진행되었다. 학생들은 각각 미국이 처한 에너지 문제에 아무 관심도 주지 않는(no attention, 0개의 기사), 어느 정도 관심을 표명한(some attention, 3개의 기사), 혹은 상당한 관심을 쏟은(considerable attention, 6개의 기사) "전형적"인 40분 분량의 뉴스 편집본을 시청했다.

실험4는 1981년 9월 말에서 10월 초까지 뉴헤븐에서 진행되었다. 실험 참가자들은 지역사회를 통해 모집되었고, 6개의 실험 처치 조건에 무작위로 배정되었다. 이들은 15개의 기사로 구성된 뉴스 편집본을 시청했는데, 편집본은 3개의 국가적 문제, 즉 국방, 에너지, 인플레이션 중 하나에 중간 정도의 관심을 표명하거나(3개의 기사) 혹은 집중적인 관심(6개의 기사)을 표명한 보도물이었다. 그리고 참가자가 어느 하나의 국가적 문제(예를 들면, 국방)에 대해 중간 정도 혹은 집중적인 처치를 한 조건에 무작위로 배정될 경우, 나머지 두 국가적 문제(에너지, 인플레이션)에 대해서는 어떤 기사도 볼 수 없도록 처치되었다. 이런 실험 설계는 우리로 하여금 하나의 국가적 문제에 대해 전혀 노출되지 않는 조건과 중간 정도 노출되는 조건과의 비교를 통해 둘 사이에 존재하는 의제설정 효과의 크기를 파악할 수 있도록 해 주었을 뿐만 아니라 보도량의 점증적인 증가로 유발되는 의제설정 효과의 크기도 파악할 수 있게 해 주었다.

실험5는 1981년 8월과 9월 사이 뉴헤븐에서 진행되었고, 두 가지 점을 제외하면 나머지는 같았다. 첫째, 국방, 에너지, 인플레이션을 다룬 기사 자리에 실업, 민권, 사회안전망에 관한 기사를 넣었다. 둘째, 중간 정도의 그리고 집중적인 보도 조건에서의 표적 문제와 관련된 기사 수를 2개와 4개로 각각 줄였다.

실험6, 13, 14는 실험적 개입을 줄이는(역주-표적 문제를 다룬 기사 수를 줄이는 것) 이런 경향의 자연적 정점을 보여주었다. 실험6은 1981년 5월과 6월 사이 뉴헤븐에서 진행되었다. 거기에서 참가자들은 표적 문제와 관련된 단 하나의 기사를 포함하고 있거나 혹은 전혀 포함하고 있지 않은 뉴스 편집본을 시청했다. 그리고 표적 문제는 환경오염과 실업 중 하나였다. 이런 실험 방식은 1983년 6월 앤아버에서 진행된 실험13에서도, 그리고 1983년 8월 뉴헤븐에서 진행된 실험14에서도 마찬가지였다. 그러나 표적 문제는 바뀌어서, 실험13의 참가자들은 실업이나 에너지와 관련해서 단 하나의 기사를 포함하고 있는 뉴스 편집본을 보았고, 실험14의 참가자들은 마약 밀매를 막기 위해 노력하는 정부의 모습을 담거나 혹은 공립 학교가 직면한 어려움을 담은 단 하나의 기사만을 포함한 뉴스 편집본을 시청했다.[7]

시퀀셜 실험에서와 마찬가지로 이들 6번의 어셈블러지 실험에서도 우리는 종합 평가치와 함께 자발적인 언급 비율을 통해 문제 중요도를 측정했다.[8] 그러나 이들 실험에서의 의제설정의 검증 방식은 달랐다. 그것은 시퀀셜 실험에서 통상적인 고정 절차였던 실험 전 설문지 조사를 하지 않았기 때문이다. 어셈블러지 실험 참가자들은 단 하나의 설문지만을 작성했는데, 그것은 뉴스 시청 직후에 이루어졌다. 따라서 이 실험에서 의제설정을 적절하게 검증하는 것은 서로 다른 보도량이 포함된 서로 다른 실험 조건에 배정된 참가자들이 시청 후 표적 문제에 부여하는 중요도를 비교하는 것이 되었다.

종합적인 중요도 평가치의 결과는 표3.3에 제시되어 있다. 세로는 여섯 번의 실험에서 표적으로 다루어진 서로 다른 문제에 해당하고, 가로는 좌측의 0개의 뉴스 기사에서부터 우측의 최대 6개의 뉴스 기사까지의 보도 집중도를 반영하고 있다. 만약 의제설정 가설이 유효하다면 다양한 표적 문제에 대한 중요도 평가치는 좌측에서 우측으로 보도량이 증가함에 따라 상승해야 될 것이다. 전반적으로 볼 때 실험 결과는 그런 모습을 보여 주었다. 실제로 13개의 평가치 중 12개는 상승했고, 그 중 10개는 통계적으로도 유의미했다. 시퀀셜 실험에서와 마찬가지로 처음부터 매우 중요하게 여겨지는 표적 문제의 경우에는 의제설정 효과를 발견하기가 어려웠다. 예를 들면, 실험4의 인플레이션의 경우 인플레이션에 관한 기사를 전혀 보지 않은 참가자들의 평가치보다 더 높은 평가치를 얻기 위해서는 15개의 기사로 이루어진 뉴스 편집본에서 6개의 인플레이션 기사가 포함되어야 할 정도로 많은 양의 보도를 필요로 했다.

표3.3
보도 강도의 함수로서의 문제 중요도

실험	문제	종합 평가치 기사 수 0	1	2	3	4	5	6	차이: 최대 보도 빼기 0개 보도
3	에너지	64			66			74	10***
4	국방	58			63			70	12***
	에너지	72			67			72	00
	인플레이션	81			81			90	09***
5	민권	69		71		86			17***
	사회안전망	77		84		88			11***
	실업	78		87		84			06*
6	환경오염	77	81						04***
	실업	88	89						01
13	실업	90	95						05***
	에너지	75	68						-07
14	마약	43	53						10***
	교육	70	74						04*

*p < .20
**p < .10
***p < .05

의제설정을 지지하는 증거는 참가자가 다양한 국가적 문제 중 무엇이 더 중요한지를 자발적으로 지목할 때 전반적으로 더 뚜렷했다. 표3.4는 이를 잘 보여주고 있다. 하나의 예외적인 경우를 빼면, 특정 문제를 다룬 몇몇 기사-많게는 6개, 적게는 1개-를 본 참가자들은 그런 특정 문제를 전혀 다루지 않은 뉴스 편집본을 본 참가자들보다 그 문제를 국가가 직면한 가장 중요한 문제 중 하나로 더 많이 지목하는 경향성을 보였다. 한 가지 경우를 제외하면, 모든 경우에서 이들의 차이는 통계적 유의미성을 넘어섰고 일부는 괄목할 정도였다.[9] 예를 들면, 실험5에서 실업에 관한 2개의 기사에 노출된 참가자들의 경우, 1/3이하가 실업을 국가의 가장 심각한 문제 중 하나로 지목한 반면, 실업에 관한 4개의 기사에 노출된 참가자들은 2/3가 실업을 가장 심각한 문제 중 하나로 지목했다. 아마도 이 중 가장 이목을 끄는 연구 결과는 외형적으로 보기에 별다른 자극이라 여겨지지 않는 상황에서도 의제설정 효과가 유발되었다는 점일 것이다. 실험6, 13, 14의 참가자들은 단 하나의 기사에 노출되었음에도 불구하고 그것에 의해 커다란 영향을 받았다.

표3.4

보도 강도의 함수로서의 문제 중요도

실험	문제	표적 문제를 국가의 가장 중요한 문제 중 하나로 지목하는 비율							차이: 최대 보도 빼기 0개 보도
		기사 수							
		0	1	2	3	4	5	6	
3	에너지	24			50			65	41***
4	국방	33			57			64	31***
	에너지	21			46			46	25***
	인플레이션	45			50			79	34***
5	민권	15		29		33			18**
	사회안전망	10		41		44			34***
	실업	30		30		67			37***
6	환경오염	10	27						17***
	실업	53	73						20***
13	실업	50	68						18**
	에너지	0	23						23
14	마약	0	11						11***
	교육	14	11						−03

*p < .20
**p < .10
***p < .05

의제설정의 지속성

당연한 일이지만 즉각적인 영향과 지속적인 영향을 다르다. 우리는 어셈블러지 실험을 통해 방송 직후 텔레비전 뉴스가 영향력이 존재한다는 것을 파악했다. 시퀀셜 실험은 좀 더 유용한 정보를 제공하고 있지만, 그것 역시 실험 후 만 하루가 지난 뒤에도 여전히 텔레비전 뉴스가 영향력을 행사한다는 사실을 알려주는 것에 불과하다. 물론 그렇게 오랫동안 영향력이 유지된다는 사실도 확실히 중요하다. 그러나 텔레비전은 통상 24시간을 주기로 정기적으로 뉴스를 제공한다. 방송의 그런 정규성과 빈도는 다수의 시청자에게는 의제설정이 지속적으로 이루어지는 과정이라는 사실을 의미한다. 네트워크가 우선순위를 제시하면 시청자의 생각은 영향을 받는다. 그리고 새로운 우선순위가 등장하면 또 다시 영향을 받는다. 하지만 우리에게는 우리가 실험을 통해 유도한 효과가 얼마나 지속되는지에 관한 의문이 여전히 남았다.

우리는 의제설정 효과의 지속성을 부분적으로 알아보기 위해 실험13과 14를 설계했다. 실험13에서 우리는 뉴스 시청이 끝난 일주일 뒤에 가능한 한 많은 실험 참가자들과 전화 인터뷰를 시도했다. 참가자들은 앤아버 지역에 대한 여론조사를 진행 중이라는 설명을 들었다. 사실상 연락이 닿는 모든 사람들(원래 집단의 75퍼센트)은 설문조사에 응해 주었다. 실험이 끝난 일주일 후, 우리는 실험14의 후속 조치로 두 번째 설문지를 개별 참가자들에게 우편을 통해 발송했다. 원래 참가자 121명 중에서 83명(69퍼센트)이 설문지를 작성해 다시 보내주었다. 이 두 개의 후속 설문조사에서는 여타의 많은 문제들 가운데 국가가 직면한 가장 중요한 문제가 무엇인지 참가자가 직접 써 넣도록 요청했다. 이를 통해 우리는 의제설정 효과의 지속성에 대한 실험 결과를 얻을 수 있었다. 이 두 실험은 시퀀셜 실험보다 덜 강력한 효과를 산출하는 어셈블러지 실험이었을 뿐 아니라 어셈블러지 실험 중 가장 약한 실험에 해당한다고 할 수 있었는데, 그것은 그 두 실험 모두가 단 하나만의 기사를 포함한 실험이었기 때문이다.[10]

그럼에도 불구하고 이 두 실험은 모두 지속성의 증거를 보여주었다. 그 결과는 표3.5에 기술되어 있다. 표에 드러난 바와 같이 실업에 관한 단 하나의 기사를 보았던 실험13의 참가자들은 실업에 관한 뉴스를 전혀 접하지 않았던 사람들보다 일주일 후에도 여전히 국가의 가장 중요한 문제 중 하나로 실업을 더 많이 지목했다. 그 차이는 실제로 실험 직후만큼 일주일 후에도 여전히 컸다. 전반적으로 표는 의제설정 효과가 두 경우에는 일주일 동안 유지되었다는 것을, 하나의 경우에는 줄어들었다는 것을, 또 하나의 경우에는 더 강화되었다는 것을 보여주고 있다. 애초에 단 하나의 기사로 시청자의 정치적 우선순위가 바뀌었다는 것을 감안하면, 여기에서 드러난 지속성의 정도 역시 주목할 만한 것이라고 할 수 있다.

표3.5
문제 중요도에 대한 보도의 직후 및 지연 효과

		표적 문제를 국가의 가장 중요한 문제 중 하나로 지목하는 비율					
		직후			일주일 후		
		기사 수			기사		
실험	문제	0	1	차이	0	1	차이
13	실업	46	72	+26**	54	73	+19**
	에너지	0	15	+15	4	8	+ 4
14	마약	0	14	+14***	0	14	+14***
	교육	14	13	− 1	8	26	+18***

주: 표에는 실험 직후와 일주일 후에 인터뷰에 응했던 참가자들만 포함되었다.
  *$p < .20$
 **$p < .10$
***$p < .05$

의제설정의 시계열 검증[11]

우리가 실험을 통해 얻은 결과는 국가적 문제 중 어떤 것이 중요하고 또 어떤 것이 그렇지 않은지에 대한 시청자의 인식에 텔레비전 뉴스가 영향을 미친다는 사실을 시사해 준다. 하지만 이런 실험 결과를 우리의 진정한 관심사인 실제 환경의 결과로 일반화시킬 수 있는가? 우리는 그렇다고 생각한다. 그 이유는 부분적으로 여러 번의 실험, 다양한 표적 문제, 실험 참가 집단 전체에서 발견된 연구 결과가 전반적으로 유사성을 보이기 때문이다. 또 부분적으로는 실험의 인위성을 줄이기 위해 우리가 도입한 조치들 때문이기도 하다. 하지만 이에 대해 확신할 수는 없다.

따라서 우리는 신뢰도를 좀 더 높이고 실험 결과를 보완하기 위해 의제 설정에 대한 비실험적 검증(nonexperimental test)을 시도했다. 우리는 먼저 시간의 흐름에 따라 뉴스 보도의 추세를 검토했다. 그런 후 이 추세를 같은 기간에 생긴 여론의 변화와 비교했다. 이런 식의 연구는 이 둘 사이에 유사성, 그것도 상당한 유사성이 존재해야 한다는 것을 암시한다. 예를 들면, 펑크하우저(Funkhouser 1970)는 1960년에서 1970년까지 전국을 대상으로 하는 언론이 다양한 문제에 부여하는 관심의 양(amount)과 시기(timing), 그리고 미국인들이 그런 문제에 부여하는 중요도(importance) 사이에 놀라운 상관성이 존재한다는 것을 발견했다. 그리고 그 10년 동안 여론은 언론의 의제를 앞지르기보다는 따르는 양상을 보였는데, 그런 결과는 뒤에 이어진 보다 정교한 분석을 통해 상당히 확고하게 증명되었다(Mackuen 1981, 1984).

펑크하우저와 맥쿠엔은 우리와 마찬가지로 국가적 문제란 시간의 흐름에 따라 등장했다 사라지는 것이고, 또 네트워크 뉴스 보도 역시 마찬가지 양상을 보이기 때문에 의제설정 효과는 시간의 흐름에 따라 관찰되고 측정되어야 한다고 가정했다. 우리가 실험을 통해 시도했던 것은 시간의 흐름에 따라 자연적으로 발생하는 보도의 변화를 실험 조건을 통해 시간의 흐름이 제거된 동시적 보도의 변화로 바꾸는 것이었다. 즉, 우리는 정치 현실을 다양하게 묘사한 뉴스 편집본을 만든 후, 그것을 시청자에게 보여주었던 것이다. 따라서 그렇게 수행한 실험 결과에 대해서는 검증의 필요성이 있었다. 그런 중요한 검증의 하나로 우리는 여기에서 시계열 분석 (time-series analysis)을 시도했다. 그리고 이를 통해 네트워크 뉴스가 중요하다고 판단한 문제가 미국 국민에게도 정치적으로 중요한 문제가 되는 정도를 파악해 보았다.

이를 위해 우리는 1974년부터 1980년까지 에너지, 인플레이션, 실업 등 세 중요한 국가적 문제와 관련된 국민 여론조사 결과를 수집했다. 정보를 수집한 여론조사 기관은 갤럽(Gallup), 얀켈로비치(Yankelovich), 정치연구센터(Center for Political Studies)였고, 이들의 여론조사 결과를 면밀히 검토함으로써 우리는 1974년 1월부터 1980년 12월까지 매 2개월 단위로 국민들이 세 주요 문제 각각에 부여하는 중요도의 측정치를 얻을 수 있었다.[12] 우리의 문제 중요도에 대한 구체적인 측정치는 "현재 국가가 당면한 가장 중요한 문제"로부터 도출되었다. 불행히도 정확한 문구, 형식, 그리고 질문의 유목화는 여론조사 기관마다 달랐다. 갤럽과 얀켈로비치는 복수 응답을 용인한 반면, 정치연구센터는 그렇지 않았다. 얀켈로비치의 설문 조사자는 갤럽의 설문 조사자보다 항상 조사대상자로부터 더 많은 대답을 "끌어내려고(pull)" 했다. 세 여론조사 기관의 결과를 상호 비교하기 위해 우리는 표적 문제에 대한 응답자율(percentage of respondents)보다 응답률(percentage of responses)을 종속변수로 채택했다(이 절차에 대한 좀 더 자세한 설명은 부록B를 참고하라).

우리는 이들 세 문제와 관련해 주중 〈CBS 이브닝 뉴스 CBS Evening

News〉에서 보도하는 관련 기사의 수를 체크함으로써 이들 문제의 뉴스 보도를 측정했다.[13] 일간 뉴스의 밴더빌트 텔레비전 아카이브 초록 (Vanderbilt Television Archive's Abstracts)을 정보원으로 사용하면서, 우리는 뉴스 기사의 주요 초점이 무엇인지를 중심에 두고 분류했다. 단, 기사가 32초 이하일 경우에는 제외했다. 각각의 국가적 문제에 대한 뉴스 기사의 수는 월 단위로 집계되었지만, 평가를 위해 2개월 단위로 다시 평균 처리되었다.

측정 결과 이들 세 주요 문제에 대한 텔레비전 뉴스의 관심도는 1974년과 1980년 사이에 극적인 변화를 겪은 것으로 나타났다. 그림3.1은 에너지, 그림3.2는 인플레이션, 그리고 그림3.3은 실업에 대한 1974년부터 80년까지의 타임 그래프(time graph)이다. 1974년부터 1980년까지 CBS의 에너지 보도 기사의 수는 적게는 월 2개, 많게는 월 58개였다. 인플레이션의 경우에는 적게는 6개, 많게는 37개에 이르렀다. 실업에 대한 월 보도량의 차이는 그렇게 크지 않았는데, 적을 때는 0개, 많을 때는 7개의 기사가 보도되었다.

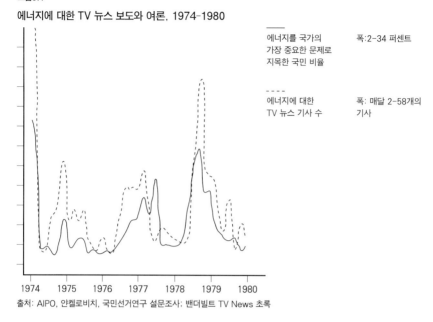

그림3.1

에너지에 대한 TV 뉴스 보도와 여론, 1974-1980

에너지를 국가의
가장 중요한 문제로
지목한 국민 비율 / 폭:2-34 퍼센트

에너지에 대한
TV 뉴스 기사 수 / 폭: 매달 2-58개의
기사

출처: AIPO, 얀켈로비치, 국민선거연구 설문조사; 밴더빌트 TV News 초록

　　같은 기간 미국 국민이 이들 세 문제에 부여하는 중요도에도 마찬가지
의 커다란 변화가 있었다. 에너지를 국가의 가장 중요한 문제 중 하나로 지
목한 국민의 비율은 낮게는 2퍼센트에서 많게는 34퍼센트에 이르렀다. 그
리고 인플레이션은 19퍼센트에서 72퍼센트까지, 실업은 2퍼센트에서 32
퍼센트까지의 변화 양상을 보였다(그림3.1, 3.2, 3.3을 참조하라). 따라서
적어도 외견상으로는 국민적 관심의 변화 양상이 텔레비전 보도의 변화
양상과 비슷하게 움직이는 것처럼 보였다.

그림3.2

인플레이션에 대한 TV 뉴스 보도와 여론, 1974-1980

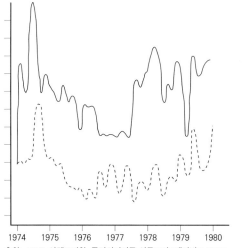

───── 인플레이션을 국가의   폭: 19-27 퍼센트
가장 중요한 문제로
지목한 국민 비율

- - - - 인플레이션에 대한   폭: 매달 6-37개의
TV 뉴스 기사 수   기사

출처: AIPO, 얀켈로비치, 국민선거연구 설문조사; 밴더빌트 TV News 초록

그림3.3

실업에 대한 TV 뉴스 보도와 여론, 1974-1980

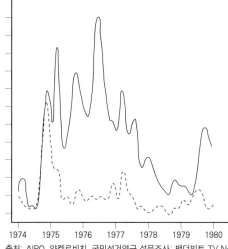

───── 실업을 국가의 가장   폭: 2-32 퍼센트
중요한 문제로
지목한 국민 비율

- - - - 실업에 대한   폭: 매달 0-7개의
TV 뉴스 기사 수   기사

출처: AIPO, 얀켈로비치, 국민선거연구 설문조사; 밴더빌트 TV News 초록

물론 그 추세가 비슷한 양상을 띤다는 사실만으로 곧바로 문제 중요도에 대한 텔레비전 뉴스 보도의 인과적 영향을 주장할 수는 없다. 비슷한 움직임을 보인다는 것은 뉴스 보도가 여론에 영향을 미치고 있다는 사실을 의미할 수도 있지만, 언론사가 국민의 우선순위에 반응하는 역방향으로의 영향을 의미할 수도 있기 때문이다. 네트워크의 입장에서는 가능한 한 최대의 수용자를 확보하기 위해 국민들이 인플레이션을 걱정하면 인플레이션에 관한 기사를, 실업에 대해 걱정하면 실업에 관한 기사를 내보낼 수 있다. 혹 그것이 아니라면 그런 시간적 동향의 상응성은 네트워크와 국민이 실제 세계의 변화에 동시에 반응하고 있다는 것을 반영한 것일 수도 있다. 피오리아(Peoria)에서처럼 뉴욕에서도 급속한 물가 상승은 네트워크나 국민 모두에게 쉽게 떠오르는 중요한 관심 대상이기 때문이다. 하지만 우리의 임무는 텔레비전 뉴스와 여론 사이의 단순한 상관성을 밝히는 데 있지 않다. 우리의 진정한 임무는 텔레비전 뉴스가 여론에 미치는 영향을 인과적으로 정확하게 밝히는 데 있다.

이를 위해 우리는 여론이 뉴스 보도에 역방향으로 미치는 영향을 제거하면서, 동시에 텔레비전 뉴스가 여론에 미치는 영향에 관해서만 일관되게 측정하고 계산할 수 있는 실험 절차에 의존했다(기술적인 세부사항에 대해서는 부록B를 참조하라). 또 이 절차를 통해 우리는 현실의 실제 상황에서 비롯된 효과 이상으로 존재하는 텔레비전 보도의 영향도 측정했다. 에너지 부족, 가격 상승, 실업은 모두 직접 경험할 수 있는 문제이기 때문에 여론에 직접적으로 영향을 미칠 수 있다. 그런 효과를 고려하기 위해 우리는 현실의 실제 상황에 대한 다양한 측정치를 분류하고 그것들을 우리 분석에 포함시켰다. 그런 측정치에는 에너지 분석에서는 에너지 비용 및 이용 가능성, 미국 에너지의 외국 의존성, OPEC 석유장관들의 모임 등이, 인플레이션 분석에서는 다양한 가격 종합 지수와 이자율이, 실업 분석에서는 실업 정도에 관한 종합 지수와 실업의 변화 등이 포함되었다. 마지막으로 우리는 에너지, 인플레이션, 혹은 실업 문제를 중요하게 다룬 주요 대통령 연설에 대한 측정치를 포함시켰다(이들 측정치에 대한 자세한 설명은 부록B를 참조하라). 요약하면, 우리는 실제 상황, 또 여론을 동원하려는 대통령의 노력에서 비롯되는 효과와는 독립적으로, 텔레비전 뉴스가 여론에 미치는 영향의 정도를 밝히고자 했다.

표3.6
에너지에 대한 여론의 예측변인, 1974년 1월-1980년 12월(2단계, 최대가능성 추정)

예측변인	계수
에너지에 대한 기사 수	.13*
에너지에 대한 대통령 연설	4.44*
상수	12.52*

조정된 R^2 = .55
회귀표준오차 = 3.20
더빈 왓슨 통계량 = 2.06

관찰 수 = 42.
* p < .05

표3.6은 에너지에 관한 결과를 보여준다.[14] 표가 보여주듯 텔레비전 뉴스는 미국 국민이 에너지에 부여하는 중요도에 실제로 영향을 미쳤다. 7개의 에너지 관련 기사가 방송될 때마다 에너지를 국가의 가장 중요한 문제 중 하나로 지목하는 국민의 응답률은 약 1퍼센트씩 증가했다. 다만, 이는 동시적 효과라는 사실에 주목할 필요가 있다. 즉, 당시의 텔레비전 보도는 당시의 여론에 영향을 미쳤다. 따라서 우리는 한 번 더 지연 효과(lagged effects)가 있는지 검증했다. 하지만 발견하지 못했다. 즉, 어느 두 달 동안 이루어진 에너지에 관한 보도가 그 다음 두 달 동안 진행된 여론조사 결과에 아무런 영향을 미치지는 않았다. 아마 가장 놀라웠던 사실은 에너지에 관한 여론이 실제 상황에 의해 영향을 받지 않았다는 점이었을 것이다. 에너지 가격, 특히 석유가, 그리고 석유 수입의 OPEC 의존성과 OPEC 석유 장관 모임 등 이들 현실적 요인 중 어느 것도 뉴스 보도와 독립적으로 에너지에 대한 국민적 우려를 고조시키지 않았다.[15] 하지만 대통령은 에너지에 대한 국민의 관심에 독자적으로 영향을 미쳤다. 대통령이 에너지 문제를 국민들에게 연설하기로 선택하면, 그 문제에 대한 국민의 관심도는 4퍼센트 이상 상승했다.

1974년과 1980년 사이 미국인들이 인플레이션에 대해 갖는 관심은 뉴스 보도와 대통령 연설의 유사한 조합에 의해 결정되었다(표3.7을 참조하라). 인플레이션에 관한 뉴스 기사의 수는 인플레이션을 국가의 가장 중요한 문제 중 하나라고 지목하는 응답률을 크게 증가시켰다. 평균적으로 매달 인플레이션에 관한 5개의 기사는 국민의 관심도를 1퍼센트씩 증가시켰다(반복하지만 이는 완전히 동시적 효과다). 반면에 경제에 관한 대통령의 대국민 연설은 인플레이션에 관한 국민의 관심도를 8퍼센트 이상 끌어올렸다. 여기에서도 실제 상황은 여론에 아무런 영향을 미치지 않았다. 즉, 일단 텔레비전 뉴스 보도의 영향력이 고려되면, 실제 소비자 가격 지수, 음식 소비자 가격 지수, 그리고 이자율 등 이들 실제 상황의 변화는 미국인들이 인플레이션에 부여하는 중요도와 아무 관련을 갖지 않았다.[16]

표3.7
인플레이션에 대한 여론의 예측변인, 1974년 1월-1980년 12월(최소자승법 추정)

예측변인	계수
인플레이션에 대한 기사 수	.21*
인플레이션에 대한 대통령 연설	8.26*
상수	41.92*

조정된 R^2 = .49

회귀표준오차 = 7.38

더빈 왓슨 통계량 = 1.54

관찰 수 = 42.

* $p < .05$

   마지막으로 우리는 실업에 대해 살펴보았는데, 거기에서 텔레비전 뉴스의 영향은 약한 것으로 드러났다. 표3.8이 보여주듯, 실업에 관한 국민의 관심이 단 1퍼센트 상승하는 데에도 달마다 11개의 기사가 필요했다. 게다가 통계적으로도 우리는 텔레비전 뉴스 보도가 실업에 대한 국민의 관심에 어떤 영향을 미쳤다는 것을 전혀 확신할 수가 없었다. 또 에너지나 인플레이션에 관한 여론과 달리 실업에 대한 미국 국민의 관심은 대통령의 연설에 영향을 받지 않았다. 대신 미국 국민에 대한 실업의 중요도는 실제 상황에 의해 결정되었다. 실업이 확산되고 깊어짐에 따라 그것을 국가의 가장 중요한 문제 중 하나라고 여기는 미국인들은 점점 더 많아졌는데, 대체로 그런 경향은 텔레비전 뉴스 보도와 관련이 없었다.

표3.8
실업에 대한 여론의 예측변인, 1974년 1월-1980년 12월(최대가능성 추정)

예측변인	계수
실업에 대한 기사 수	.09
실업률	3.18*
실업의 평균 기간(주)	1.41*
상수	-23.34*

조정된 R^2 = .50

회귀표준오차 = 3.98

더빈 왓슨 통계량 = 1.89

관찰 수 = 42.

* p < .05

　　이 연구에서 밝혀진 실업에 대한 국민의 관심도에 미치는 텔레비전 영향의 상대적 허약함은 실업에 관한 뉴스 보도가 만성적으로 적은 데에서 기인한 것일 수도 있다. 본 연구에서 검토한 7년 동안-이 시기는 실업이 극적으로 증가했던 1981년, 1982년이 아닌 그 이전이었다-CBS는 매 2개월마다 실업과 관련해 평균 4개의 기사를 내 보내는데 그쳤다. 이것은 에너지 보도의 1/3이하였고, 인플레이션 보도의 1/4이하에 해당하는 것이었다. 만약 네트워크가 실업을 물가 상승이나 에너지 부족보다 뉴스 가치가 덜한 것으로 여겼다면, 아마 국민들도 그에 따라 그렇게 여겼을 가능성도 있다.

　　이점과는 별도로 우리는 시계열 분석 결과가 전해 주는 핵심 메시지에서 이탈해서는 안 된다. 우리는 시계열 분석을 통해 텔레비전의 의제설정에 관한 강력한 수렴성 증거를 발견했다. 그것은 1970년과 1980년 사이 미국 국민의 정치적 관심사는 커다란 변화를 겪었는데, 그 변화의 원인은 부분적으로 텔레비전 뉴스 보도의 변화에 기인한 것이었다는 점이다.[17]

결론

　전체적으로 볼 때 우리가 밝힌 증거는 의제설정 가설을 결정적으로 뒷받침해 주고 있다. 그리고 그 결론은 명확하고 분명하다. 그것은 그런 결론이 일주일 동안의 시퀀셜 실험, 한 시간 동안의 어셈블러지 실험, 또 수년에 걸친 시계열 자료의 분석을 통해 도출되었기 때문이다. 그것은 또 서로 다른 중요도 측정에서도 유효하다. 그 이유는 국방에서부터 사회안전망에 이르기까지 다양한 국가적 문제에서 그것이 확인되었기 때문이다. 결론적으로 텔레비전 뉴스는 어떤 문제에 대해서는 관심을 기울이는 반면, 어떤 문제에 대해서는 관심을 두지 않음으로써 미국인들의 정치적 우선순위에 영향을 미친다. 그리고 실험 결과가 보여주듯 그 효과는 아주 짧은 것도 아니고, 시계열 분석이 보여주듯 영구적인 것도 아니다.

　이 모든 것은 미국 국민이 지난 달 뉴스에 대해서는 제한된 기억력을 가지고 있다는 점을 그리고 오늘의 뉴스에 대해서는 되풀이되는 취약성을 보인다는 점을 시사해 준다. 즉, 텔레비전 뉴스가 어떤 문제에 관심을 가지면 국민의 우선순위는 바뀌고, 텔레비전 뉴스가 새로운 문제로 초점을 이동하면 거기에 맞춰 다시 또 국민의 운선순위도 바뀐다는 것이다.

4
생생한 사례와
머리기사

러시아 병사 한 명의 죽음은 비극이다. 하지만 백만 명의 죽음은 통계자
료다.

요제프 스탈린(Josef Stalin)[1]

우리는 저녁 뉴스를 켜기만 하면 직장을 잃은 누군가와 인터뷰하는 장
면을 보게 된다. 도대체 남부 서코태쉬(South Succotash)의 누군가가 이
제 막 해고당했다고 전국적으로 인터뷰해 내보는 것이 뉴스란 말인가?

로널드 레이건(Ronald Reagan)[2]

지금까지 우리는 의제설정에 대한 우리의 분석을 네트워크가 국가적 문
제에 부여하는 순수한 보도량(quantity of coverage)에 한정했다. 하지만
시청자는 보도량에 의해서만 아니라 뉴스의 유형(kind of news)에 의해

서도 영향을 받는다. 텔레비전이 문제를 어떻게 프레임(frame)하는가 하는 것은 그 문제의 방송 여부만큼 중요할 수 있다. 이 장에서 우리는 프레임과 관련해 두 가지 가능성을 탐구해보려고 한다. 첫째, 뉴스 기사가 국가적 문제를 개인적 사례를 들어 묘사할 경우 의제설정 기능이 강화되는지(생생한 묘사 가설, vividness hypothesis), 그리고 둘째, 뉴스 첫 부분에 등장하는 기사가 나중에 등장하는 기사보다 국민의 의제설정에 더 강력한 영향을 미치는지(머리기사 가설, lead story hypothesis)를 알아본다.

생생한 묘사 가설

1982년 4월 21일 CBS는 레이건 정부가 시행한 정부 보조금 삭감에 대해 다룬 한 시간 분량의 〈People Like Us〉를 내보냈다. 빌 모이어스(Bill Moyers)가 내레이션을 맡은 이 다큐멘터리는 네 명의 미국인에게 초점을 맞췄다. 그 네 명의 주인공은 다음과 같다. 장애 수당을 잃게 된 뇌성마비(cerebral palsy)의 오하이오(Ohio) 주의 한 남성, 직장을 그만두고 다시 복지수당에 의존해야 자신의 병든 아들이 정부 보조금을 받을 수 있게 된 뉴저지(New Jersey) 주의 한 히스패닉 여성, 집에서 병원으로 옮겨져 치료를 받게 된 혼수상태 속의 위스콘신(Wisconsin) 주의 13세 소녀, 그리고 가난한 사람들에게 음식을 나누어주는 밀워키(Milwaukee)의 한 성직자.

〈People Like Us〉는 당시의 표현에 따르면 레이건 대통령의 안전망(safety net) 사이로 추락한 미국인들에게 초점을 맞췄다. 그 다큐멘터리는 모이어스의 다음과 같은 말로 마무리되었다. "대부분의 짐은 가난한 사람들에게 지워졌습니다. 정말로 가난한 사람들 중 일부는 지금 엄청난 고통을 겪고 있습니다. 정부 보조금 프로그램과 관련해 부정한 수령, 낭비, 그리고 비효율성이 있을 수 있습니다. 하지만 가난한 사람들에게 그 프로그램은 생명유지 장치(life-support system)입니다. 우리는 지금 많은 사람들로부터 그런 생명유지 장치를 떼어내고 있습니다."

백악관의 반응은 빠르고 강력했다. 백악관 대변인 데이비드 거겐(David Gergen)은 가난과 굶주림이 레이건 대통령 때문이라고 하는 것은 부당한 일이고, 따라서 CBS에 반론권을 요청해 놓았다-CBS는 이를 거부했다-면서 분노에 찬 목소리로 다큐멘터리를 비난했다. 정부가 정말로 우려했던 부분은 바로 〈People Like Us〉가 메시지를 매우 효과적으로 전달했다는 점이다. 즉, 생계유지를 위해 용맹하게 투쟁하고 있는 개별 미국인에 대한 생생한 묘사가 레이건 대통령의 정책에 대한 통렬한 비난으로 여겨졌던 것이다.

이 사건은 우리 주변의 널리 퍼져있는 가정(pervasive assumption)에 대한 단지 하나의 사례에 불과하다. 정치인이든 언론인이든 혹은 사회과학자든, 이들 모두는 영상을 통한 뉴스 제공에는 그 자체에 내재된 특별한 힘(special power)이 있다고 주장한다. 이런 가정을 염두에 두면, 민권 운동 시위에 관한 기사를 읽는 것(to read)과 흑인 시위대 주위를 맴돌며 어슬렁거리는 경찰 전투견(police attack dogs)의 영상을 보는 것(to see)은 완전히 다르다고 할 수 있다. 또 미국의 젊은이들이 베트남에서 싸우며 죽어가고 있다는 것을 이해하는 것(to understand)과 이들이 전투 중에 죽어가고 있는 모습을 보는 것(to watch) 역시 완전히 다르다고 할 수 있다. 따라서 각각의 경우에서 구체적인 시각적 묘사는 대단히 중요하다고 주장된다.

　일상적 판단의 장단점에 관한 유명한 연구를 요약하면서 심리학자 니스벳(Nisbett)과 로스(Ross)는 다음과 같은 주장에 서로 의견일치를 보았다. 즉, 사람들은 주로 인지적 현저성(perceptual prominence)에 의해 구별되는 정보에 의해 자주 설득된다는 것이다. 그리고 그런 과정을 통해 "정보에 대한 추론적 무게를 생생함에 비례해" 부여함으로써 생생함 편향성(vividness bias)의 희생자가 된다는 것이다(1980, 62). 니스벳과 로스는 생생한 정보가 반드시 중요하거나 심지어는 유익하지 않을 수도 있기 때문에 이런 경향성을 개탄한다. 즉, 그것은 판단의 단점이지 장점은 아니라는 것이다.

　니스벳과 로스의 주장은 대단히 이해하기 쉽고 직관적으로도 매우 설득력 있어 보인다. 하지만 그 주장을 뒷받침하는 증거는 없다. 그것과 관련된 연구 문헌에서는 그 효과가 미미한 것으로, 때로는 역효과가 있는 것으로 주장되는 등 혼란스런 모습을 보여주고 있다. 게다가 생생함 자체의 의미에 관해서도 의견일치를 보지 못하고 있다. 그러나 생생함의 편향성을 명확하게 보여주는 하나의 사례는 있다. 그것은 생생함이 개별화된(personalized) 사례 정보와 추상적인 통계(abstract statistical) 정보와 상호 대비되는 개념으로 정의될 때인데, 그때는 항상 생생함의 가설이 입증된다. 예를 들어, 그렇게 상호 비교되는 한 실험에서, 복지 수혜자의 자격이나 동기에 관한 실험 참가자의 생각은 모든 복지 수혜자의 특성을 통계적 방식으로 요약하는 기사보다 단 한 사람의 복지 수혜자를 생생하게 묘사하는 기사에 의해 훨씬 더 많은 영향을 받았다(Hamill, Wilson & Nisbett 1980). 여타의 실험에서도 마찬가지로 정보적인 측면에서 문제가 될 수 있지만 개인에 대해서는 생생한 묘사를 하고 있는 개인 사례 보도가 정보의 측면에서는 유익하지만 지루한 통계 형식의 보도보다 더 강력한 힘을 미친다는 것을 보여주었다(Taylor & Thompson 1982).

여기에서 특별히 관심이 있는 것은 바로 이런 관점에서 정의된 생생함이다. 〈People Like Us〉에서처럼 텔레비전 뉴스는 국가적 문제를 묘사하기 위해 특정한 희생자를 밀착 취재해 보여주는데, 이것은 당대의 거대한 공적 이슈가 개인에게 미치는 영향을 명확하게 보여주는 극적인 삽화의 역할을 한다. 예를 들면, 네트워크는 불황을 다룬 기사를 먼저 보여준 뒤, 그 뒤를 이어 일자리를 정말로 원하지만 분노하고 걱정하다 마침내 알코올 중독과 우울증에 빠져드는 자동차 공장 노동자와의 가슴 찡한 인터뷰 기사를 보여줄 수 있다.

전 NBC 뉴스 보도국 책임자 루벤 프랭크(Reuven Frank)는 텔레비전 뉴스는 그렇게 하고 있고 또 그렇게 해야 한다고 주장한다. 그 이유는 "텔레비전의 가장 강력한 힘은 정보의 전달에 있는 것이 아니라 경험의 전달에 있기" 때문이라는 것이다(Epstein 1973, 242쪽에서 인용됨). 하지만 지금 우리의 관심은 이런 관행의 바람직성에 있지 않다. 오히려 그 관행의 효율성에 있다고 하겠다. 과연 생생한 사례 묘사는 미국 국민의 정치적 우선순위에 미치는 네트워크의 힘을 강화시키는가?

생생한 묘사 가설에 대한 실험 검증

우리는 생생한 뉴스 묘사의 힘을 알아보기 위해 실험6과 11을 설계했다. 실험6의 참가자들은 뉴헤븐의 지역주민이었고, 1981년 11월과 12월에 통상적인 방식으로 모집되었다. 이들 모두는 이미 네트워크 저녁 뉴스를 통해 방송된 적이 있는 9개의 기사로 구성된 보도물을 시청했다. 중요하게 처치된 기사는 환경오염의 위험성이나 실업에 관한 것이었고, 모든 실험에서 방송 중간쯤에 등장하도록 배치되었다. 네 개의 환경오염 조건 중 하나에 배정된 참가자들은 매사추세츠(Massachusetts) 주 유독성 폐기물 사건이나 애리조나(Arizona) 주 석면오염 사건에 관한 기사를 생생한(vivid) 방식 혹은 건조한(pallid) 방식으로 묘사된 기사를 보았다. 실업 조건에 배정된 참가자들은 시카고의 높은 실업률이나 직업훈련종합계획(Comprehensive Employment Training Act, CETA)에 따른 앞으로의 감원과 관련해 마찬가지로 생생하거나 건조하게 묘사된 기사를 보았다.

우리는 생생한 정보를 개별화된 사례사(personalized case histories)에 대한 관심 여부에 따라 정의했다. 따라서 실험6에서의 생생한 뉴스는 환경오염이나 실업의 특정 희생자에 초점을 맞춘 기사를 말하는 반면, 건조한 뉴스는 추상적 개념이나 전반적 경향에 초점을 맞춘 기사를 의미했다. 예를 들어, 표적 기사 중 하나는 독성 폐기물 처리장과 매사추세츠 주 내 높은 소아백혈병 발병률 사이에 명백한 관련성이 있다고 보도했다. 생생한 형식의 경우, 기사는 백혈병에 걸린 한 아이의 어머니와 격정적인 인터뷰를 한 후, 천진난만한 모습으로 카메라를 보며 조만간 친구들과 뛰어 놀고 싶다는 실현되기 어려운 희망을 피력하는 아들의 모습을 보여주며 마무리한다. 반면 건조한 형식에서는 기자가 화학물질 폐기장과 비극적인 질병 사이의 관련성이 있을 수 있다는 점을 단순하게 지적한 뒤, 그것이 유발한 정치적 논란을 추적하는 것으로 마무리한다. 시카고(Chicago) 시가 겪고 있는 경제적 어려움에 관한 기사는 또 다른 사례이다. 거기에서 생생한 형식에 배정된 시청자들은 일자리를 찾으려고 하지만 결국 찾지 못하는 성실한 젊은 흑인을 보게 된다. 또 그 기사에서는 어려움에 처한 가족도 함께 등장하는데, 이들은 실업 때문에 생긴 여러 가지 어려움을 토로한다. 한편, 건조한 형식은 기자가 시카고의 암울한 경제 상황을 단순하게 설명하고, 시카고를 중심으로 하는 주변 지역에서 사라진 일자리 수에 대한 통계치를 언급하는 것으로 마무리한다.[3]

표4.1은 참가자가 건조하게 혹은 생생하게 묘사한 환경재앙 기사를 보고 난 후 환경오염의 위험성에 부여한 중요도를 보여준다. 표를 보면 기대되었던 생생한 묘사 효과의 어떤 흔적도 찾아볼 수가 없다. 실제로 종합 평가치는 오히려 기대와는 반대되는 방향으로 살짝 기울고 있다. 화학 폐기장에 관한 기사나 석면 오염에 관한 기사의 생생한 형식을 보았던 참가자들은 동일한 기사의 건조한 형식을 보았던 참가자들보다 환경오염의 위험성을 다소 덜 중요하게 평가했다. 그 차이는 확실히 작다. 그리고 어느 경우든 우리는 그 차이가 실제로 존재하는지 확신할 수는 없다. 하지만 이것은 생생한 묘사 가설의 증거가 사실상 존재하지 않는다는 것을 의미한다. 더구나 참가자들이 국가적 문제를 직접 지목하는 비율을 알아볼 때에도 그 가설에 대한 상황은 약간 나아지는 데 그쳤다. 표4.1이 보여주듯, 개별 희생자를 통렬하고 감동적으로 묘사하는 데 초점을 맞춘 생생한 기사를 보고난 후 환경오염의 위험성이 지목될 가능성은 추상적이고 통계적인 방식으로 묘사한 건조한 기사를 보고 난 후에 환경오염의 위험성이 지목될 가능성과 거의 비슷한 것으로 드러났다. 전체적으로 이런 실험 결과는 오히려 생생한 묘사 가설을 결정적으로 부정하는 증거라고 할 수 있다.

표4.1
생생한 TV 뉴스 묘사의 함수로서의 환경 위험성의 중요도: 실험6

기사	중요도 측정	묘사 방식		차이: 생생한 묘사 빼기 건조한 묘사
		건조한	생생한	
독성 폐기물	종합 평가	83	74	−09*
	지목 비율	25	31	06
석면 오염	종합 평가	80	75	−05
	지목 비율	25	25	00

* p < .13

　표4.2가 보여주듯 실험6의 실업 조건에서의 결과 역시 생생한 묘사 효과를 전반적으로 뒷받침할만한 증거를 내놓지 않고 있다. 그럼에도 불구하고 결과는 더 흥미롭다. 왜냐하면 생생한 뉴스 묘사를 통해 의제설정 효과가 더 강화될 수도, 혹은 더 약화될 수도 있다는 것을 암시해 주고 있기 때문이다. 생생한 묘사 가설에 부합되게 직업훈련종합계획 프로그램의 삭감에 관한 생생한 기사를 본 참가자들은 건조한 기사를 본 참가자들보다 유의미할 정도는 아니지만 약간 더 실업을 중요한 문제라고 판단했고, 또 국가적 문제 중 하나로 실업을 지목할 가능성에 있어서는 유의미한 차이를 보였다. 반면, 실업 문제와 관련해서는 생생한 묘사 가설과 반대로 시카고의 실업 문제를 생생한 방식으로 다룬 뉴스를 본 참가자들은 건조한 방식으로 다룬 뉴스를 본 참가자들보다 실업을 큰 차이로 덜 중요하다고 평가했고, 또 국가적 문제로 실업을 지목할 가능성에서도 유의미할 정도로 더 낮았다.

　따라서 종합하면 실험6은 생생한 묘사 편향성을 뒷받침하는 증거를 사실상 제공하지 않고 있다고 할 수 있다. 전반적으로 볼 때 의제설정 효과는 뉴스가 생생하게 묘사될 때 강화되지 않았다. 즉, 가슴 뭉클하게 묘사된 인

간적 절망과 참상이 전반적으로 시청자의 국가적 문제의 우선순위에 대한
판단을 강화시키지는 않았다는 것이다.

표4.2
생생한 TV 뉴스 묘사의 함수로서의 실업의 중요도: 실험6

| 기사 | 중요도 측정 | 묘사 방식 | | 차이:
생생한 묘사 빼기
건조한 묘사 |
		건조한	생생한	
시카고의 웨스트 사이드(West Side)	종합 평가	95	84	−11***
	지목 비율	83	64	−19*
CETA 삭감	종합 평가	87	88	01
	지목 비율	62	83	21**

*p < .18
**p < .12
***p < .05

　　어쩌면 이런 결과는 국민들이 경이로운 현실 판단 능력을 갖추고 있다
는 것, 또 논리적 추론을 더 우선시하는 태도를 지니고 있다는 사실을 반영
한 것일 수 있다. 다시 말해, 하나의 국가적 문제로서 실업에 부여하는 중
요도는 아무리 설득력 있고 비극적이라 하더라도 어쨌든 단 하나의 사례
에만 의존해서는 안 된다는 것이다. 만약 이런 추론이 아니라고 한다면, 실
험6의 생생한 묘사 가설의 증명 실패는 실험 설계의 결함을 반영한 것일
수도 있다.

　　정보의 생생함에 변화를 주면 동시에 정보의 내용도 사실상 바뀌지 않
을 수가 없다. 실험6에서 우리는 동일한 기사의 생생한 형식과 건조한 형
식을 만들면서, 각각의 묘사 방식에 의해 전달되는 정보를 가능한 한 일정
하게 유지하기 위해 노력했다. 하지만 우리는 뉴스 묘사의 생생함과 뉴스
자체의 내용 모두에서 그런 일정함을 유지하지 못했을 수 있다. 그리고 우

리의 실험 결과는 그런 일정함을 유지하지 못한데서 기인한 차이를 반영한 것일 수 있다. 실험6에서 사용된 기사의 건조한 형식이 생생한 형식보다 훨씬 더 설득력 있는 정보를 포함하는 것은 가능하다. 따라서 실험6에는 숨어 있는 생생한 뉴스 효과가 존재할 수 있고, 그 효과는 의도하지 않게 설득력 있는 건조한 뉴스에 의해 상쇄되었을 가능성이 있을 수 있다는 것이다. 우리는 그럴 가능성은 거의 없다고 생각했지만, 여전히 논리적 가능성은 존재했기 때문에 실험11에서 그 가능성을 살펴보았다. 거기에서 우리는 전국적인 실업에 대한 건조한 설명에 덧붙여진 실직한 한 노동자에 대한 생생한 묘사가 건조한 설명만으로 구성된 기사보다 더 영향력이 있는지를 검토했다.

실험11은 실험6이 암시하는 가능성을 좀 더 체계적인 방식으로 탐구했다. 실험6에서 가장 주목할 만한 결과는 생생한 사례가 저녁 뉴스의 영향력을 강화시키지 않는다는 데 있지 않다. 물론, 결과 자체로 볼 때 그것도 놀라운 건 사실이다. 하지만 더 주목할 부분은 어떤 상황 아래서는 생생한 사례가 국민의 정치적 우선순위에 미치는 뉴스의 영향력을 오히려 약화시킬 수 있다는 데 있다. 실험6에서 시카고의 경제적 어려움에 대한 생생한 묘사를 담고 있던 뉴스 편집본에 배정된 참가자들은 일자리를 찾고 있는 한 젊은이를 보았다. 이들은 동일한 내용의 건조한 묘사를 본 참가자들과 비교해 실업이 그렇게 중요한 문제가 아니라는 결론을 내렸다. CETA 프로그램의 삭감에 대한 생생한 묘사를 포함하고 있는 편집본에 배정된 참가자들은 CETA가 없었다면 "나는 아직도 거리를 헤매고 있을 것"이라고 말하는 두 아이를 가진 중년의 아버지와의 감성적인 대화가 오가는 기사를 보았다. 이들은 건조한 형식을 본 참가들과 비교해 실업이 실제로 매우 중요한 문제라는 결론을 내렸다.[4] 이것은 매우 상반된 결과다. 그렇다면 이런 상반된 결과는 어떻게 설명될 수 있는가?

물론 이 두 기사는 많은 측면에서 달랐다. 하지만 가장 중요하게는 희생자의 인종(race)이 달랐다. 시카고에서 일자리를 찾던 젊은이는 흑인이었다. 반면 두 부양가족을 CETA 프로그램에 의존하고 있던 중년의 아버지는 백인이었다. 희생자의 인종에 변화를 줌으로써 우리는 의도하지 않게 기사의 효과를 조작했을 수도 있었다. 실제로 실험6의 참가자 중 90퍼센트는 백인이었다. 따라서 다수가 흑인 희생자에 대해 그렇게 연민을 느끼지 않았을 수도 있었다. 만약 그 기사의 실제 효과가 인종에 대한 고정관념을 환기시키는 것이었다면, 시카고의 흑인들이 겪는 경제적 어려움에 대한 뉴스는 실업에 대한 뉴스가 아니라, 그들은 일자리를 찾기 위해 필요한 기술이나 동기, 그리고 이를 잃지 않으려는 의지가 부족하다는 기존의 관념을 다시 한 번 확인시켜주는 전형적인 뉴스로 이해되었을 가능성도 있었다. 따라서 다수의 백인은 그런 흑인을 실업의 희생자가 아니라 마땅히 당할 일을 당하고 있는 사람으로 생각할 수도 있었다. 그렇지 않다면 좀 더 관대하게 해석해서, 백인 시청자들이 실직한 시카고 흑인의 어려움에 대한 정보를 국가가 직면한 경제적 어려움과 관련 없는 것으로 여겼을 수도 있다. 실업은 도시의 젊은 흑인들에게 심각한 문제일 수 있지만 전체 국가의 측면에서는 그렇게 심각한 문제가 아닐 수 있다는 것이다. 요약하면, 우리가 살펴보았듯 생생한 묘사 효과는 희생자와 시청자 사이의 공감 정도에 따라 달라질 수 있다는 것이다. 우리가 실험11에서 검토한 것은 바로 이 가능성이었다.

실험11은 1983년 4월 미시간 주립대학(University of Michigan)의 학부

생을 대상으로 앤아버(Ann Arbor)에서 진행되었다. 우리는 실업에 관한 한 개의 기사를 제외하면, 나머지 기사 내용은 모두 동일한 3개의 뉴스 편집본을 만들었다. 첫 번째 처치 조건에 배정된 참가자들은 실업에 관한 최근의 전국적 통계를 보여주는 뉴스 기사를 보았다. 그 기사는 미국 실업자 수가 증가했음을 지적했다. 나머지 두 조건의 참가자들은 앞과 동일한 기사를 보았는데, 이번에는 그 기사 뒤에 실업의 구체적 희생자와의 인터뷰를 기사의 일부로 포함시켰다. 그 하나는 희생자가 백인이었고, 다른 하나는 희생자가 흑인이었다.

먼저, 우리는 건조한 형식만 보았던 참가자들이 보여준 실업에 대한 평가를 통계와 개별적 희생자 둘 모두를 본 참가자들이 보여준 평가와 비교해 보았다. 이 분석에서 우리는 흑인과 백인 조건을 통합해서 살펴보았는데, 그것은 우리가 생생한 묘사 편향성의 전반적 가능성에 주로 관심을 두었기 때문이다. 표4.3이 보여주듯, 결과는 그 가능성을 전혀 지지하지 않았다.

표4.3
생생한 TV 뉴스 묘사의 함수로서의 실업의 중요도: 실험11

중요도 측정	묘사 방식		차이: 생생한 묘사 빼기 건조한 묘사
	건조한	생생한	
종합 평가	85	84	−01
지목 비율	91	63	−28*

* p < .01

통계와 생생한 사례를 모두 본 시청자들은 통계만 본 시청자들보다 실업을 더 중요하게 평가하지 않았다. 또 실업을 국가의 중요한 문제로 지목하는 데 있어서는 오히려 큰 차이로 덜 지목하는 경향성을 보이기도 했다.

다시 한 번, 우리는 전반적인 생생한 묘사 편향성에 대한 증거를 발견할 수 없었다. 오히려 실험6과 마찬가지로 생생한 사례를 포함시키는 것이 텔레비전의 의제설정 효과를 약화시키는 것처럼 보이기까지 했다.

우리는 생생한 뉴스 묘사는 그것이 시청자와 확연히 구별되는 희생자를 묘사할 경우 가장 완벽하게 실패할 수 있다고 주장했다. 당연히 인종은 특별하고 명백한 차별을 만들어내는데, 그것도 자주 부당한 차별을 만들어낸다. 실제로 이 주장에 부합되게 백인 시청자들은 실업 문제로 고군분투하고 있는 흑인을 본 후보다 유사한 문제를 겪고 있는 백인을 본 후에 실업에 대해 더 많은 국가적 중요도를 부여했다. 표4.4가 보여주듯, 이들은 실제로 실업이 좀 더 심각한 문제라고 결론을 내렸고, 국가의 가장 중요한 문제 중 하나로 실업을 더 많이 지목하는 경향을 보였다. 그 차이가 극적인 것은 아니지만, 그 결과는 우리의 예상, 그리고 실험6의 결과와 일치했다.

표4.4
TV 뉴스 기사에 묘사된 희생자 인종의 함수로서의 실업의 중요도: 실험11

중요도 측정	희생자 인종		차이: 백인 희생자 조건 빼기 흑인 희생자 조건
	흑인	백인	
종합 평가	79	88	09*
지목 비율	53	71	18**

*p ⟨ .07
**p ⟨ .13

우리는 이 분석을 한 걸음 더 밀고 나갈 수 있었는데, 그것은 실험11에서 흑인에 대한 참가자들의 태도를 알아보았기 때문이다.[5] 우리는 방금 지적한 인종적 차이가 흑인에게 가장 적은 연민을 보이는 백인 시청자들 사이에서 클 것이라고 예상했다. 이런 예상은 표4.5에서 보듯 적중했다. 흑인에 대해 비우호적인 평가를 했던 시청자들 사이에서 희생자의 인종은 커다란 차이를 만들어 내었다. 반면, 흑인에 대해 우호적 평가를 했던 시청자들 사이에서는 희생자의 인종이 별 관계가 없는 것으로 드러났다. 흑인에 동정적이지 않은 시청자들은 실업 증가를 보여주는 전국적 통계와 함께 실업과 싸우고 있는 한 백인 모습을 보고 난 후보다 같은 전국적 통계와 함께 실업과 싸우고 있는 한 흑인을 보고 난 후에, 이들은 실업을 덜 중요한 문제로 평가했고, 또 실업을 국가의 가장 급박한 문제 중 하나로 지목하는 데 있어서도 훨씬 더 낮게 지목하는 경향성을 보였다.

표4.5
TV 뉴스 기사에 묘사된 희생자 인종과 흑인에 대한 시청자 태도의 함수로서의 실업의 중요도: 실험11

중요도 측정	흑인에 대한 태도	희생자 인종		차이: 백인 희생자 묘사 빼기 흑인 희생자 묘사
		흑인	백인	
종합 평가	우호적	81	75	-06
	비우호적	67	77	10**
지목 비율	우호적	63	54	-09
	비우호적	57	91	34*

*p 〈 .15 (희생자 인종 × 흑인에 대한 태도 상호작용)
**p 〈 .08 (희생자 인종 × 흑인에 대한 태도 상호작용)

　　요약하면, 실험6과 11은 일반적 통념과는 반대로, 시청자의 관심을 개별화된 국가적 문제의 희생자에게로 직접 유도하는 기사가 국가적 문제를 비개별적으로 보도하는 뉴스 기사보다 더 설득력이 있는 것은 아니라는 것을 시사해 준다. 실제로 그런 기사들은 설득력이 더 떨어지는 경향성을 보였다. 그리고 이런 의제설정의 약화는 더 뚜렷한 양상을 보일 수도 있는데, 그것은 시청자가 현재 희생자가 겪고 있는 고통의 원인을 사실상 희생자 본인에게 있다고 판단할 때 바로 그런 양상이 나타난다. 또 어떻게 보면, 부분적으로 생생한 묘사는 멜로드라마로서 너무나 성공적이기 때문에 일반적으로 덜 설득적일 수도 있다. 시청자들이 한 가족의 곤경에 너무 심취한 나머지, 그 문제를 국가적 문제와 연결시키지 못할 수도 있기 때문이다. 구체적인 세부사항에 압도된 나머지 전체적인 핵심을 놓칠 수도 있다는 것이다.

머리기사 가설

머리기사 가설을 검증하기 위해 우리는 1983년 8월 뉴헤븐에서 실험14를 진행했다. 어셈블러지 실험으로 진행된 4개의 처치 조건에는 광고가 포함된 30분짜리 전국 뉴스가 제시되었다. 참가자들은 통상적인 방식으로 모집되었고, 무작위로 선택된 바로 앞 달의 뉴스 프로그램 중 하나를 시청하게 될 것이라는 설명을 들었다. 두 개의 처치 조건에는 마약 밀매를 막고자하는 정부 정책에 관한 기사가 포함되었다. 첫 번째 편집본에서는 마약 밀매에 관한 기사가 프로그램의 첫 부분에 등장했고, 두 번째 편집본에서는 대략 프로그램의 중간쯤에 등장했다. 나머지 두 개의 처치 조건에는 공립학교가 직면한 어려움에 관한 기사가 포함되었고, 마찬가지로 그 기사는 뉴스의 첫 부분 또는 중간 부분에 등장했다. 따라서 우리는 실험14를 통해 머리기사 가설을 두 번 검증할 수 있었는데, 하나는 표적 문제로 불법 마약을 통해, 다른 하나는 공공 교육을 통해서였다. 각각의 경우에서 참가자들은 완전히 동일한 정보에 노출되었기 때문에 우리는 하나의 기사를 뉴스 첫 부분에 위치시키는 편집자의 결정 그 자체가 시청자의 우선순위에 영향을 미치는지 파악할 수 있었다.[6]

다른 어셈블러지 실험에서와 마찬가지로 참가자들은 뉴스 시청 직후 설문지를 작성했다. 표4.6은 설문에 대한 답변을 요약한 것이다. 표가 보여주듯, 불법 마약의 미국 유입을 막고자하는 정부의 노력을 기술한 기사의 경우, 두 개의 중요도 지표 모두에서 앞부분에 등장한 기사가 방송 중간에 등장한 기사보다 더 강한 영향력을 행사했다. 기사가 뉴스의 첫 부분에 등장할 때 불법 마약 거래는 더 중요한 국가적 문제로 평가받았고, 국가가 당면한 가장 중요한 문제 중 하나로 더 많이 지목되었다. 표4.6이 보여주듯, 미국의 공립학교가 겪고 있는 어려움에 관한 기사 역시 첫 부분에 등장할 때 두 중요도 지표 모두에서 더 영향력이 있었다. 그러나 여기에서는 통계적으로 유의미할 정도로 큰 차이가 나지는 않았다. 따라서 전반적인 형태는 복합적이었다. 다시 말해, 첫 부분에 위치하는 기사가 다른 부분에 위치하는 기사보다 더 영향력이 있는 것은 사실이지만, 그 영향력의 정확한 크기는 기사 자체의 성격에 의존할 수도 있다는 것이다.

표4.6
TV 뉴스 프로그램의 표적 기사 위치의 함수로서의 문제 중요도(실험 직후 평가): 실험14

문제	중요도 측정	기사의 위치		차이: 머리 부분 빼기 중간 부분
		중간	머리	
마약	종합 평가	54	68	14**
	지목 비율	4	17	13*
교육	종합 평가	78	80	02
	지목 비율	10	12	02

* $p < .05$
** $p < .02$

머리기사 효과를 좀 더 추적해보기 위해 우리는 참가자들을 대상으로 연구를 더 진행했다. 실험이 끝난 일주일 후, 우리는 모든 참가자들에게 두 번째 설문지를 우편으로 배송했다. 그 설문지에는 문제 중요도를 표준적으로 측정할 수 있는 다양한 질문이 뉴스 프로그램과 텔레비전 기자(television reporters)에 관한 이런 저런 때우기용 질문 사이에 포함되었다. 원래 참가자 121명 중 83명(69퍼센트)이 설문지를 작성해 다시 발송해 주었다. 이를 통해 우리는 머리기사 효과의 지속성과 감소 정도를 파악할 수 있었다.[7]

표4.7은 그 결과를 보여주고 있다. 거기에는 몇 가지 놀라운 사실이 포함되어 있다. 가장 놀라운 것은 공공 교육의 중요도에 대한 판단에서 머리기사는 실험 직후에는 매우 미미한 효과를 보여준 반면, 지연 효과의 크기는 상당했다는 것이다. 공립학교의 몰락에 관한 기사를 머리기사로 보았던 참가자들은 일주일이 지난 지금 같은 기사를 방송 중간에 보았던 참가자들보다 교육 문제를 훨씬 더 중요한 문제로 여겼고, 그것을 국가가 직면한 가장 중요한 문제 중 하나로 더 많이 지목했다. 이것은 머리기사 가설을 뒷받침하는 예상치 못한 강력한 증거에 해당한다. 반면, 마약 거래 관련 기사에서는 머리기사 효과가 줄어들었다. 일주일 후 그 기사를 머리기사로 본 참가자들은 동일한 기사를 방송 중간에 본 참가들보다 여전히 마약 밀매를 더 중요한 국가적 문제로 여기긴 했지만, 시청 직후와 비교해 그 차이는 좁혀졌다. 게다가 일주일이 지난 지금 머리기사 조건의 참가자들은 중간 기사 조건의 참가자들보다 마약 문제를 국가의 중요한 문제로 지목하는 비율에서도 이전보다 덜 지목하는 경향을 보였다. 물론 그 차이는 0과 확실하게 구별될 수 있는 것은 아니었다.

표4.7
TV 뉴스 프로그램의 표적 기사 위치의 함수로서의 문제 중요도(실험 후 지연 평가): 실험14

문제	중요도 측정	기사의 위치		차이: 머리 부분 빼기 중간 부분
		중간	머리	
마약	종합 평가	53	66	13**
	지목 비율	18	7	−11
교육	종합 평가	71	84	13***
	지목 비율	18	33	15*

* p < .12
** p < .06
*** p < .01

종합해 보면 실험14의 결과는 우리의 예상보다 더 불규칙했다. 그리고 적어도 우리에게는 그런 불규칙성이 불가사의했다. 그럼에도 불구하고 우리는 이 결과가 전반적으로 가르쳐주고 있는 내용은 있다고 믿는다. 그것은 바로 머리기사의 특별한 효과다. 먼저 등장하는 기사는 경향적으로 더 중요한 기사가 된다는 것이다.

이 결과를 입증하기 위해 우리는 다시 실험실 밖으로 이동했다. 그리고 3장에 기술된 국민 여론조사 결과 분석 내용을 다시 살펴보았다. 우리는 1974년과 1980년 사이 CBS에 의해 방송된 에너지, 인플레이션, 실업 등이 세 문제와 관련된 뉴스 기사의 총 수를 계산한 후, 다시 이들이 차지하는 머리기사의 수와 그렇지 않은 기사의 수를 계산했다. 이런 식의 분석을 통해 우리는 머리기사가 에너지와 인플레이션, 그리고 실업에 부여하는 국민들의 우선순위에 미치는 특별한 효과를 측정할 수 있었다. 이를 위해 필요했던 것은 3장에 제시된 방정식을 이번에는 머리기사의 수와 그렇지 않은 기사의 수를 국민 우선순위의 별도 예상변인(predictors)으로 포함

시켜 다시 평가하는 것이었다.[8]

그 결과는 명확했다. 우리는 비머리기사(nonlead stories)의 영향과는 별도로 머리기사가 여론에 미치는 강력한 효과를 발견했다. 에너지와 관련된 하나의 머리기사가 방송될 때마다 에너지를 국가의 가장 중요한 국가적 문제 중 하나로 지목하는 국민의 반응은 약 1퍼센트씩 증가했다(이 결과는 이어지는 결과와 함께 부록B에서 찾아볼 수 있다). 인플레이션에 대해서도 대체로 동일한 결과가 나타났다. 실업의 경우에는, 1퍼센트의 국민적 관심을 높이기 위해 3개의 머리기사가 필요했다. 이 정도면 상당한 효과에 해당한다. 더구나 일단 이 효과를 고려하게 되면, 여타의 위치에 등장하는 뉴스 기사로 인해 유발되는 어떤 효과도 사실상 발견하기 어려웠다. 따라서 이 결과에 따르면, 에너지, 인플레이션, 실업을 둘러싼 텔레비전 뉴스 보도 변화에 의해 만들어지는 국민적 관심 변화 모두는 사실상 머리기사 때문이라고 할 수 있다. 결과적으로 국민 여론조사에 대한 우리의 분석은 실험14에 의해 만들어진 결과를 상당부분 뒷받침하고 있다고 할 수 있다. 그리고 실험과 분석 모두 머리기사가 선택되는 편집 행위의 중요성을 확인시켜 주고 있다고 하겠다.

결론

우리는 이 장에서 의제설정 효과를 좀 더 깊이 탐구해 보았다. 그 결과는 다소 엇갈렸다. 한편으로는 예상했던 대로 방송의 머리 부분에 위치한 기사가 네트워크의 의제를 가장 효과적으로 전달하는 기사였음이 밝혀졌다. 시계열 여론조사 결과의 분석도 머리기사가 의제설정 과정을 지배했음을 암시해 주었다. 이런 실험적 증거는 적어도 이 효과의 일부가 내용(substance)이 아니라 형식(form) 때문에 발생한다는 것을 시사해 준다. 다시 말해, 머리기사의 부분적인 효력의 원인은 단순히 그 기사가 방송 앞부분에 위치한다는 사실에서 기인한다는 것이다. 이러한 결과는 시청자가 편집에 대한 네트워크의 판단을 인정해 주고 있다는 사실을 반영한 것일 수 있다. 이런 관점에서 보면 머리기사는 더 중요한 의미를 지닌다. 왜냐하면 자신의 판단 근거를 네트워크로부터 찾으려고 하는 시청자는 그와 같은 머리기사에 특별한 의미를 부여할 수 있기 때문이다. 좀 더 달리 투박하게 말하면, 머리기사는 단순히 첫 부분에 위치한다는 사실 때문에 우월적 지위를 누린다고도 할 수 있다. 그런 관점에서 보면 머리기사는 매우 효과적이다. 왜냐하면 이들 기사는 시청자의 관심이 흐트러지기 시작하는 시점 이전에 등장하기 때문이다.

다른 한편으로 우리는 우리의 기대와 달리 생생한 묘사 가설에 대한 증거를 발견하지 못했다. 국가적 문제를 가슴 뭉클하고 설득력 있게 묘사하는 개별적 사례 묘사는 전반적으로 의제설정 효과를 강화시키지는 못했다. 좀 더 정확하게 말하면, 그런 기사는 종종 의제설정 효과를 약화시키기도 했다. 특히 생생하게 묘사된 개별 사례 대상의 문제에 대해 대상자 자체가 완전히 책임이 없는 것은 아니라고 시청자가 여길 때, 즉 어쨌든 조금이라도 연루되어 있다고 여길 때 그런 약화 효과는 두드러지게 나타났다. 이런 연구 결과는 확실히 〈People Like Us〉에 의해 야기된 거대한 정치적 소동에 역설적인 사태 전환을 암시해 준다. 멜로드라마, 즉 절망적 상황에 빠진 특정 미국인에 대한 강력하고 감동적인 묘사로서의 〈People Like Us〉

는 거대한 성공을 거두었다고 판단할 수 있다. 하지만 국가적 문제에 대한 묘사, 즉 정치적 진술로서의 〈People Like Us〉는 전혀 성공하지 못했다고 할 수 있다.

생생함은 다양한 방식으로 정의될 수 있다. 하지만 우리는 단 한 가지만을 고려대상으로 삼았다. 따라서 우리의 연구 결과는 생생한 묘사 효과 전체를 부정하는 것은 아니다. 다만, 개인적 고통에 관한 극적 묘사가 의제설정 효과를 결코 강화시키지는 않는다는 것이다. 비록 범위가 제한적이긴 하지만, 그런 결론은 중요하다. 그것은 개인에 대한 극적 묘사가 일부 사람들이 주장하듯, 텔레비전 뉴스의 가장 숭고한 소명-정보나 분석이 아닌, 날 것 그대로의 인간 경험을 전달하는 것-을 완수하는 보편적 통용수단 (common currency)은 결코 아니라는 점에서 그렇다고 할 수 있다.

5
개인적 상황과
국가적 문제

수백만의 미국인들에게 국가적 문제는 마찬가지로 개인적 문제를 더 심화시킨다. 범죄와 실업, 그리고 인종 차별은 자신과 떨어진 바깥 사회에서뿐만 아니라 일상적인 삶 속에서도 발생한다. 하지만 〈CBS 이브닝 뉴스 CBS Evening News〉를 통해 미국의 강력 범죄가 증가하고 있다는 사실을 아는 것과 동네 슈퍼마켓에 물건을 사러가다 강도를 당하는 것은 완전히 다른 일이다. 그렇다면 국가적 문제를 판단할 때, 미국인들은 이렇게 서로 다른 증거-한편으로는 텔레비전 뉴스를 통해, 다른 한편으로는 개인적 경험을 통해 얻은 증거-를 어떻게 고려하는가?

개인적 상황과 정치적 판단: 가정과 증거

실제로 정치적 판단에 개인의 곤궁한 상황(personal predicaments)이 직접, 그리고 즉각적으로 반영된다는 것은 의심의 여지가 없다. 그리고 미국인들이 부분적으로 자신의 처지를 생각하며 국정 운영을 평가한다는 것도 확실하다. 또 민생(national life)에 대한 견해 역시 확실히 자신이 당한 일에 의해 규정되고 영향을 받는다.

하지만 실제로는 개인적 삶과 정치적 판단 사이의 그 연결 고리는 놀라울 정도로 허약하다. 다양한 영역에서 도출된 다음의 사례들을 생각해 보자. 범죄를 직접 당한 사람이라 하더라도 직접 범죄를 당해 보지 않은 사람들보다 범죄를 일반적으로 더 심각하게 여기지는 않았다. 그것은 전체로서의 사회 또는 자신의 지역사회에 대한 판단에서도 그랬다(Tyler 1980; Kinder & Sears 1981). 1974년 심각한 에너지 부족으로 가장 많은 고통을 겪었던 미국인들이 그런 일을 전혀 겪지 않았던 사람들보다 에너지 위기를 국가의 더 심각하고 지속적인 문제로 여기지는 않았다(Sears, Tyler, Citrin & Kinder 1978). 가까운 친인척 중 베트남 복무 경험이 있는 사람들이 어떤 친인척도 베트남 전쟁에 참여한 적이 없는 사람들보다 베트남 전쟁을 정치적으로 더 중요하게 생각하지는 않았다(Lau, Brown & Sears 1978). 직접 강제 버스 통학 프로그램(racial busing programs)에 영향을 받는 미국 백인들이 그 프로그램에 영향을 전혀 받지 않는 미국 백인들보다 전반적으로 그 문제에 대해 더 극단적인 입장을 취하지는 않았다(Kinder & Sears 1987; Kinder & Rhodebeck 1981). 미국의 경제 상황에 대한 미국인의 평가는 자신의 삶에서 마주한 경제적 실패나 성취와는 달랐다(Kinder & Kiewiet 1981; Kinder, Adams & Gronke 1985; Kiewiet 1983; Sears & Citrin 1982). 요약하면, 미국인들은 한편으로 자신이 처한 개인적 삶의 질과 다른 한편으로 국가가 처한 국민적 삶의 질을 확실히 구별한다. 물론 개인이 처한 상황은 중요하고 가장 우선적인 관심 대상이다. 하지만 그것은 대체로 개인적인 것으로 남는다. 그것이 사회나 국가에 대한 생각에 거의 영향을 미치지 않는다는 것이다.

그러나 개인적 상황은 사회 상황에 대한 미국인들의 판단에서 좀 더 미묘한 역할을 할 수도 있다. 사람들이 국가적 문제에 부여하는 우선순위는 자신들이 보는 뉴스와, 그런 뉴스를 얼마나 수용할 자세가 되어 있는가와 같은 수용자의 수용 준비 정도, 이 둘 모두에 의해 결정된다는 것은 자명하다. 여기에서 수용 준비란 다양한 원인에 의해 조성될 수 있다. 하지만 그 중 가장 중요한 것은 아마 개인적 상황이 될 것이다. 우리는 어브링 등(Erbring, Goldenberg & Miller 1980)의 주장을 지지하면서, 특정 문제로 직접 영향을 받는 사람들이 그 문제에 관한 뉴스에 더 민감할 수 있고-즉, 이들은 자신이 겪고 있는 문제가 국가에게도 심각한 문제라는 뉴스를 더 잘 받아들이는 성향이 있다는 것이다-따라서 미디어의 영향력에 더 취약할 수 있다고 주장한다.[1] 이 장에서 우리는 국가적 문제에 관한 미국인들의 견해를 결정하는 데 있어서 개인적 상황과 국가적 상황에 대한 텔레비전 보도가 어떻게 상호작용하는지를 검토함으로써 이 주장을 검증해 보기로 한다.

개인적 상황이 미치는 영향 검증

개인적 상황과 뉴스 보도의 상호 별도의(separate) 그리고 상호작용적(interactive) 효과는 1981년 8월과 9월 사이 뉴헤븐에서 진행된 실험5를 통해 평가되었다. 실험5는 민권, 실업, 사회안전망 등 3개의 국가적 문제에 초점을 맞췄다. 참가자들은 세 표적 문제 중 하나와 관련된 중간 정도(2개의 기사 포함) 혹은 집중적인(4개의 기사 포함) 뉴스 보도를 보았는데, 그런 뉴스 보도에는 나머지 두 문제에 관한 기사가 하나도 포함되지 않았다. 개인적 상황은 단순한 이분법에 의해 처리되었다. 즉, 인종 차별, 실업, 사회안전망 붕괴의 희생자들과 거기에 전혀 영향을 받지 않은 사람들만을 상호 비교했다. 예를 들면, 민권 처치 조건의 참가자들의 반은 직장이 있는 흑인들이었고, 실업 처치 조건의 참가자들의 반은 실업상태의 백인 남성이었으며, 사회안전망 처치 조건의 참가자들의 반은 백인 노인들이었다. 그리고 각각의 처치 조건의 나머지 참가자들은 표적 문제에 영향을 전혀 받지 않은 두 집단으로 동일하게 구성되었다.

편집본을 구성하는 뉴스 기사는 1980년과 1981년 사이에 이미 방송된 것이었다. 민권 관련 기사는 인종적 소득 불평등과 이를 개선하기 위한 연방 정부와 민권 운동 단체의 노력을 묘사했다. 실업에 관한 기사는 전국적인 실업률 증가와 그런 실업이 특정 지역과 가족에 미치는 영향에 초점을 맞췄다. 마지막으로, 사회안전망에 관한 기사는 사회보장제도의 재정 붕괴를 막으려는 의회의 조치와 노인들이 겪는 경제적 궁핍을 다루었다.

개인적 상황과 뉴스 보도가 다양한 국가적 문제에 부여하는 시청자의 중요도에 미치는 영향은 표5.1에 나타나 있다. 표는 민권, 실업, 사회안전망과 관련해 세 형식의 뉴스 보도(0개, 2개, 또는 4개의 기사 포함) 각각에서 그리고 두 가지 개인적 상황(표적 문제로 직접 영향을 받는 사람, 혹은 그렇지 않는 사람) 각각에서 참가자들이 그 문제를 미국의 가장 중요한 문제의 하나로 지목하는 비율을 보여주고 있다.[2]

표5.1
TV 뉴스 보도의 강도와 시청자의 개인적 상황의 함수로서의 문제 중요도와 표적 문제를 국가의 가장 중요한 문제 중 하나로 지목하는 비율: 실험5

문제	개인적 상황	기사 수			차이: 4개의 기사 빼기 0개의 기사
		0	2	4	
민권	흑인	47	38	67	20
	백인	7	22	0	-7
실업	실업자	36	25	100	64
	직장인	29	33	46	17
사회안전망	노인	19	67	50	31
	청년	4	13	38	34

이전의 경험적 연구 결과의 관점에서 보면, 실험5로부터 얻은 결과는 다소 놀랍다. 가장 눈에 띄는 부분은 세 문제 중 두 문제에서, 표5.1이 개인적 상황과 관련되어 효과가 상당하다는 것을 보여준다는 것이다. 표의 첫 번째 줄에 대해 생각해 보자. 그 결과는 "자신의" 문제와 관련해 어떤 뉴스도 보지 않았던 참가자들을 대상으로 한 것이다. 표에서 보듯 흑인들은 백인들보다 훨씬 더 많이 민권에 대해 언급했다. 이를테면, 백인의 경우 단 7퍼센트만이 민권을 국가의 중요한 문제로 지목한 반면, 흑인은 그 비율이 47퍼센트에 이르렀다. 마찬가지로 사회안전망을 유지해야 한다는 것 역시 청년보다 노인에 의해 훨씬 더 많이 언급되었다. 노인의 19퍼센트가 사회

안전망을 국가의 중요한 문제로 지목한 반면, 청년의 경우 단지 4퍼센트에 머물렀다. 이와는 대조적으로, 실업의 희생자들은 직장인보다 실업을 국가의 가장 중요한 문제 중 하나로 약간 더 많이 지목하는 데 그쳤는데, 그 비율은 36퍼센트 대 29퍼센트였다.[3] 이것은 기존 연구 결과와 좀 더 부합되는 결과라고 하겠다.

표5.1은 또 텔레비전 뉴스가 개인적 상황과의 경쟁 속에서 어느 정도의 효력을 발휘하고 있는지를 보여준다. 물론 어떤 면에서 보면 그것은 불공정한 게임이다. 왜냐하면 우연히 텔레비전 화면 앞에서 보낸 단 몇 분의 시간이 평생 축적된 인종 차별에 대한 경험, 실직에 따른 개인적 고통, 혹은 사회안전망 비용 삭감의 예상 속에서 노인들이 마주하는 암울한 경제적 현실과는 결코 상대가 될 수 없기 때문이다. 그럼에도 불구하고 표가 보여주듯, 뉴스 보도는 전반적으로는 영향력을 행사했다. 보도량이 증가함에 따라(표 왼쪽에서 오른쪽으로) 표적 문제를 지목하는 시청자의 비율도 따라서 증가했다. 그 차이가 비록 극적인 것은 아니었고, 민권의 경우에는 통계적 유의미성을 확보하지도 못했다. 하지만 만약 극적이길 바란다면, 그것이야말로 오히려 비현실적이라고 하겠다.

실험5를 통해 얻은 결과 중 가장 흥미로운 것은 개인적 상황과 뉴스 보도와의 상호작용 가능성이다. 우리는 텔레비전 뉴스의 영향력이 보도 속에 포함된 표적 문제에 의해 직접 영향을 받는 사람들 사이에서 더 뚜렷할 것이라고 예측했다. 표5.1의 결과는 세 경우 모두에서 이 예측을 지지하고 있다. 이를테면, 민권에 관한 뉴스는 백인보다 흑인에게, 실업에 관한 뉴스는 직장인보다 실직자에게, 사회안전망에 관한 뉴스는 청년보다 노인에게 더 영향력이 있었다.[4]

이런 결과가 결코 행복한 우연이 아니라는 것을 우리 자신에게 납득시키기 위해 우리는 실험9를 진행했다. 실험9는 실업이라는 단 하나의 문제에 초점을 맞췄다. 그리고 1982년 8월 뉴헤븐에서 진행되었다. 일주일 동안 실험 참가자들은 실업에 관한 기사가 삽입된 일련의 전국 뉴스를 보았다. 우리는 4개의 보도물에 모두 7개의 기사, 총 14분을 포함시켜 놓았다. 대략 참가자의 반은 풀타임 직장인이었고 나머지 반은 실직자였다. 우리는 또 통제 집단의 역할을 할 참가자를 추가적으로 모집했다. 이들 통제 집단의 참가자들은 실험 집단의 참가들보다 며칠이 더 지난 후에 실험 후 설문지를 작성했는데, 이들 역시 직장인 반, 실직자 반이었다.[5] 이 두 통제 집단과 실험 집단 사이에는 일반적인 사회, 경제적 배경에서 뿐만 아니라 정치에 대한 이해관계와 관심에 있어서도 별다른 차이는 없었다.[6]

표5.2는 그 결과를 보여준다. 표에 따르면 실험9의 결과는 두 측면에서는 우리의 이전 연구 결과와 일치하지만, 나머지 한 측면에서는 일치하지 않았다. 실험5에서처럼 실험9의 실직자는 직장인보다 실업을 국가의 중요한 문제로 훨씬 더 많이 지목하지는 않았다. 실업에 관한 뉴스를 전혀 보지 않았던 통제 집단의 참가자들 사이에서는 실직자의 71퍼센트가 실업을 국가의 중요한 문제로 지목한 반면, 직장인의 경우에는 53퍼센트가 실업을 그렇다고 지목했다. 하지만 이 차이는 아무런 차이도 없다는 것과 자신 있게 구별될 수 있는 그런 차이는 아니었다.[7] 또 실험5에서처럼 뉴스 보도는 명확한 차이를 만들어 내었다. 우리가 뉴스에 포함시켜 놓았던 실업 관련 기사를 본 참가자들은 그런 기사를 전혀 보지 않은 참가자들보다 실업을 국가적 문제로 더 많이 지목했다. 그 비율은 86퍼센트 대 63퍼센트였다.[8] 그러나 실험5의 결과와 달리 실업에 관한 기사의 영향은 실업자들 사

이에서 더 크게 나타나지는 않았다. 실제로는 정반대였다. 실험9에서 실업에 관한 뉴스 보도는 실업자보다 직장인에게 더 큰 영향을 미쳤던 것이다.[9] 우리는 잠시 후 이 수수께끼를 다시 풀어보도록 하겠다.

표5.2
TV 뉴스 보도의 강도와 시청자의 개인적 상황의 함수로서의 실업의 중요도와 실업을 국가의 가장 중요한 문제 중 하나로 지목하는 비율: 실험9

개인적 상황	기사 수		차이: 7개의 기사 빼기 0개의 기사
	0	7	
실업자	71	81	10
직장인	53	90	37

결론

개인적 상황은 미국인들이 국가적 문제에 부여하는 우선순위에 직접적으로 또 강력하게 영향을 미칠 수 있다. 우리의 연구 결과에 따르면, 흑인은 백인보다 민권에 대해 더 많은 중요도를 부여했고, 노인은 청년보다 사회안전망의 건전성에 훨씬 더 많은 우려를 표했다. 이 결과는 매우 단순해 보이지만 사실은 그렇지 않다. 이것은 개인적 상황과 국가적 상황에 대한 판단 사이의 관계와 관련해 이전 연구들이 전형적으로 밝혀 온 희미한 관련성과는 극적으로 대비되는 것이다. 이렇게 대비되는 결과는 정치적 문제로서의 민권과 사회안전망의 특수성을 반영한 것일 수 있다.

민권 및 사회안전망 문제를 여타의 문제와 구별되도록 하는 핵심적인 특징은 심리적으로 볼 때, 그 문제가 개인적으로만이 아니라 집단적으로도 상황이 체험된다는 데 있다고 우리는 생각한다. 인종 차별은 관련된 전 계층의 사람들에게 영향을 미친다. 마찬가지로 사회안전망의 붕괴 위협 은 관련된 전 집단에 영향을 미친다. 실업의 희생자는 자신을 불행한 개인 으로 여길 수 있지만, 인종 차별이나 정부 재정 파탄의 희생자는 스스로를 불행한 집단의 일원으로 생각할 가능성이 더 많다는 것이다. 이러한 인식 은 집단적 동질감(group identification)과 동원(mobilization), 결국은 정 치적 행동(political action)으로까지 이어질 수 있다(Miler, Gurin, Gurin & Malanchuk 1981). 우리의 실험 결과가 암시하듯, 그런 인식은 또 미국인 들로 하여금 자신들이 일상에서 마주하는 문제를 국가의 당연하고 중요한 문제로 여기도록 만들 수도 있다.[10]

우리의 실험 결과는 또 개인적인 상황에 따라 시청자가 뉴스 보도에 의 해 더 혹은 덜 영향을 받을 수 있다는 것을 보여준다. 예를 들어 실험5를 보면, 실업에 관한 뉴스 보도는 실직자에게 더 강력한 영향을 미쳤고, 인종 차별 보도는 흑인에게, 그리고 사회안전망의 문제점에 관한 보도는 노인 에게 더 강력한 영향을 미쳤다. 반면 실험9에서의 실업에 관한 뉴스 보도 는 직장인에게 더 강력한 영향을 미친 것으로 드러났다. 따라서 개인적 상 황이 중요하긴 하지만 때로는 그런 상황이 의제설정 효과를 강화시키기도 하고 때로는 약화시키기도 한다고 하겠다.

종합하면, 이 결과는 문제가 갑작스럽게 불거지면서 미디어의 관심을 끌 때, 의제설정 효과는 그 문제로 인해 직접적으로 영향을 받는 사람들 사 이에서 가장 즉각적으로 나타난다는 것을 시사해 준다. 이런 방식으로 텔 레비전 뉴스는 일상적 삶의 경험을 강화시키고 인준해 준다. 하지만 1982 년 전반기의 실업처럼 보도가 지속되고, 그 문제가 미디어의 가장 중요한 의제로 오랫동안 머무르면, 의제설정 효과는 국가적 문제로 여겨지는 그 문제로 인해 개인적 삶에 어떤 영향도 받지 않았던 시청자들 사이에서도 마찬가지로 크게 나타나기 시작한다. 결과적으로 보면, 그런 시청자들은 이미 그런 국가적 문제에 대한 관심이 최고조에 도달한 실제 희생자들보다 추가적인 보도에 의해 실제로 더 많은 영향을 받을 수도 있다는 것이다. 이것은 아무런 경고 없이 정치 현장에 불쑥 나타났다 사라지는 그런 국가적 문제에 대한 의제설정 효과는 그 문제로 인해 개인의 삶이 직접적으로 영향 받는 사람들 사이에서 가장 클 수 있다는 것을 의미한다.[11] 반면, 좀 더 지속적으로 제기되는 국가적 문제에 대해서는 비록 직접적으로 영향을 받는 사람들이 조금 더 빨리 반응할 수는 있겠지만, 나머지 국민들 역시 결과적으로 그에 못지않은 영향을 받게 된다는 것을 의미한다.

　전반적으로 볼 때 여기에 기술된 실험 결과는 뉴스 보도의 영향력-즉 의제설정 효과의 힘-은 부분적으로 수용자의 특성에 의존한다는 평범한 사실을 밝히고 있다. 특정 국가적 문제를 개인적으로 경험한 시청자는 그 문제 생애(problem's life)의 초기 단계 뉴스 보도에 더 영향을 많이 받고, 나중의 보도에는 덜 영향을 받는다는 것이다. 이것은 중요한 결과다. 하지만 개인적 상황이란 수용자 사이의 차이를 규정하는 한 가지 방법에 불과하다. 다음 장에서 우리는 시청자 특성으로 우리의 연구를 확장시켜 보겠다. 그런 시청자 특성은 텔레비전 화면을 통해 전달되는 이미지와 정보에 시청자를 더 취약하게 혹은 덜 취약하게 만들기도 한다.

6
의제설정의
희생자

앞장에 기술된 실험 결과는 텔레비전 뉴스의 영향력은 그것을 보는 사람들이 처한 구체적 상황에 부분적으로 의존한다는 사실을 보여준다. 이 장에서 우리는 연구를 좀 더 확장시켜 개인적 상황을 뛰어 넘어 텔레비전의 세계관에 시청자를 더 취약하게, 혹은 덜 취약하게 만드는 시청자의 특성을 좀 더 종합적으로 검토해 보기로 한다. 우리는 특별히 세 가지 가능성을 염두에 두었다. 먼저, 의제설정 효과는 고학력자(well-educated) 사이에서는 낮아질 것이고, 저학력자(poorly-educated) 사이에서는 높아질 것이라는 것, 다음으로 열렬한 당원(strong partisans) 사이에서는 줄어들 것이고 정치적 무당층(political independents) 사이에서는 증가할 것이라는 것, 그리고 마지막으로 열렬한 정치 개입자 사이에서는 줄어들 것이고 정치 무관심자 사이에서는 증가할 것이라는 것이다. 우리는 교육(education), 당파성(partisanship), 정치적 개입(political involvement) 등

이들 세 특성에 초점을 맞췄는데, 그것은 경험적으로 볼 때 이들 세 특성이 미국인들의 정치적 의사 표시와 가장 밀접하고 강력하게 관련되어 있기 때문이다. 따라서 이 장에서 우리는 이들 세 요소, 즉 교육, 당파성, 개입도 등이 미국인들의 나머지 정치적 행위를 사실상 조건 짓는다는 판단 아래 이들이 의제설정에도 실제로 영향을 미치는지 살펴보도록 하겠다.

시청자의 핵심 특성으로서의 교육, 당파성, 정치 참여

교육

교육은 시작하기 매우 좋은 첫 출발점이다.

아마도 그것은 정치적 행위를 연구하는 다양한 분야의 설문조사에서 그 어떤 변수도 공식적인 교육 수준보다 더 견고한 상관성을 드러내는 변수는 존재하지 않기 때문일 것이다. 정치에 관한 사실적 정보나 정치 평가의 정교한 개념과 같은 인지적 문제(cognitive matters)를 다루든, 또는 정치에 대한 관심이나 정치적 사건에 대한 감정적 연루 정도와 같은 동기의 문제(motivational matters)를 다루든, 또 정당 활동에서부터 투표에 이르기까지 다양한 정치적 활동과 같은 실제 행동(actual behavior)의 문제를 다루든, 어디에서나 교육은 보편적 해법이고, 그 관계는 항상 동일하다. 고학력자는 관심과 식견이 있고, 참여적이지만 저학력자는 그렇지 않다 (Converse 1972, 324).

이런 뚜렷한 차이를 감안하면, 의제설정과 관련해서도 교육은 차이를 만들어 낼 수 있을 것이다. 만약 더 많은 교육을 받은 사람들이 더 지적이고 더 비판적이라면, 아마도 그들의 정치적 견해는 전반적으로 덜 취약할 것이고, 따라서 구체적으로는 의제설정의 영향을 덜 받게 될 것이다.[1]

당파성

대부분의 미국인들은 비교적 젊은 시기에 주요 정당 중 하나를 지지하게 되는데, 그러고 나면 상당히 고집스럽게 그것을 고수한다(Kinder & Sears 1985). 그리고 그런 지지는 일종의 인지적 자원(cognitive resource)이 된다. 다시 말해, 그것은 유권자에게 무질서하고 혼란스런 정치의 세계에 질서와 의미를 부여하는 효율적 수단을 제공한다는 것이다.

스톡스(Stokes)가 지적하듯,

> 평범한 사람에게 정치권의 일은 자신의 삶과 관계가 없는 복잡한 일이다. 그럼에도 불구하고 이들은 정기적으로 이와 관련해 어떤 견해를 갖기를 요청받는다. 최소한의 수준에서라도 사람들은 자신이 어떻게 투표를 할지, 또 서로 다른 프로그램과 당대의 정치적 사건에 대해 매우 다양한 견해를 선보이는 후보들 사이에서 어떤 선택을 해야 되는지를 결정해야 한다. 이런 딜레마 속에서 특정 후보, 이슈에 대한 특정 입장, 정치 현실에 대한 특정 해석에 당의 상징(party symbol)을 새겨 놓으면, 그것은 엄청난 심리적 안도감을 제공한다(1966, 126-27).

물론 모든 사람이 민주당원(Democrat)이거나 공화당원(Republican)은 아니다. 따라서 당파적 렌즈라는 인지적 혜택을 누리지 못하고 정치권을 바라봐야 하는 무당층(independent)은 네트워크가 전달하는 국정에 대한 해석에 더 취약할 수 있을 것이다.[2]

정치 개입

미국인들은 정치 개입에 있어서 엄청난 차이를 보인다. 일부는 정치적 사건에 대해 매우 열정적인 관심을 보이고, 엄청난 수의 신문, 잡지, 그리고 공적 사안과 관련된 텔레비전 프로그램을 모조리 읽고 본다. 또 친구들과 늘 정치에 대해 이야기하고, 자발적으로 돈과 시간을 투자해 선거운동에 뛰어들며, 정치에 관한 엄청난 지식을 자랑한다. 하지만 대다수의 우리라고 할 수 있는 또 다른 일부는 이에 훨씬 미치지 못한다. 여기에서 우리는 그런 개입의 차이가 의제설정에 대한 시청자의 취약성에 영향을 미치는지를 검토한다. 이를 위해 우리는 관련되어 있지만 서로 별개인 개입의 다섯 측면에 대해 먼저 검토한다.

가장 우선적이고 일반적인 것은 정치적 관심(political interest)이다. 우리는 무엇보다도 의제설정 효과의 크기가 시청자가 정치에 표하는 관심이라는 함수(function)에 따라 달라지는지를 알아보려고 했다. 이를 위해 우리는 참가자들에게 두 개의 질문을 했다. 하나는 정부 업무나 공적 사안을 얼마나 면밀하게 주시하는지, 그리고 다른 하나는 일간지를 정기적으로 구독한다는 참가자들을 대상으로 일간 신문에 난 정부나 정치 기사에 얼마나 많은 관심을 부여하는지를 물었다.[3]

개입의 두 번째 측면은 미디어 노출(media exposure)이다. 이것은 특별히 우리 연구와 밀접하게 관련되어 있다. 우리는 참가자들에게 일간지를 구독하는지, 그리고 얼마나 자주 네트워크의 전국 뉴스를 시청하는지를 물었다.[4] 첫 번째 측정치는 중요하다. 그것은 여러 정보원에 의존하는 사람이 단 하나의 정보원에 의존하는 사람보다 덜 영향을 받을 것이라고 예상하는 것은 합리적이기 때문이다. 두 번째 측정치도 중요하다. 하지만 그 이유는 다르다. 예를 들어, 만약 우리가 의제설정에 관한 우리의 실험 증거가 평상시에 네트워크 뉴스를 전혀 시청하지 않는—하나의 끔찍한 가능성으로 고려해 볼 수 있다—사람들에게 전적으로 한정된다는 것을 발견한다면, 우리의 연구 결과는 상당 부분 그 효력을 잃게 될 것이다. 그렇게 되면 우리는 평상시에는 텔레비전 뉴스를 전혀 시청하지 않은 집단에 대해서만 의제설정 효과를 증명한 셈이 되기 때문이다.

개입의 세 번째 측면은 정치에 관한 비공식적 커뮤니케이션(informal communication)에 참여하는 것이다. 가족, 친구, 이웃, 그리고 동료 직장인과의 대화는 공적 사안과 관련해 전반적으로는 미디어의, 구체적으로는 텔레비전 뉴스의 영향력을 약화시킬 수 있는 또 하나의 정보원에 해당한다. 어브링 등(Erbring, Goldenberg & Miller)은 이 점을 다음과 같이 설득력 있게 지적했다.

뉴스의 의미를 이해한다는 것은 미래의 의미를 파악하는 것, 과거의 사태 전개를 추적하는 것, 현재의 사건을 과거의 경험과 비교하는 것, 특정한 정보원의 신뢰성을 따져보는 것 등등과 관련되어 있다. 간단히 말해, 그것은 개인적 직관이 아닌 "사회적 현실 검증(social reality testing)"에 의해 이루어진 뉴스 해석을 필요로 한다. 거기에서 다른 사람들과의 비공식적 커뮤니케이션은 사람들이 언론 기관의 보도 내용을 이해할 수 있도록 하는 데 본질적 역할을 수행하고, 따라서 국민들의 이슈 현저성 인식 형성에 결정적 역할을 한다(1980, 40-41).

이 가능성을 알아보기 위해 우리는 참가자들에게 얼마나 자주 정치적 이슈를 가지고 친구나 친지들과 이야기를 나누는지 물어 보았다.[5]

정치적 개입의 네 번째 측면은 행동(activism)이다. 일부 미국인들은 정치적 활동가다. 이들은 자발적으로 선거 운동에 참여하고, 이웃을 동원해 시청과 공무원들에게 압력을 행사하며, 투표에 빠짐없이 참여하도록 유도한다. 반면, 우리들 대부분은 대체로 집을 벗어나지 않는다. 그렇다면 이런 차이는 의제설정에 중요한 차이를 만들어 내는가? 이를 알아보기 위해 우리는 참가자들에게 최근의 다섯 가지 서로 다른 정치 활동에 참여했는지를 물었다. 그런 후 이들의 답변을 요약해 행동 지수(index of activism)를 만들었다.[6]

개입의 마지막이자 다섯 번째 측면은 전문성(expertise)이다. 여기서 전문성이란 개인이 이용하는 정치 정보의 양을 말한다. 예를 들어, 일부 미국인들은 국방에 대해 많은 것을 알고 있지만, 일부는 그에 대해 거의 알지 못한다. 이 차이는 문제 전문성에서의 차이를 반영한다. 전문가는 특정 문제에 대해 보다 더 많이 알 뿐만 아니라 그에 대한 지식이 보다 더 체계화되어 있다. 따라서 전문가는 새로운 정보를 다룰 수 있는 보다 크고 유연한 능력을 지니고 있다고 할 수 있다. 전문가는 뉴스를 보다 심도 있게, 어쩌면 더 비판적으로 검토할 수 있지만, 비전문가는 자신이 현재 듣는 정보를 수용하려고 애쓰면서 영향에 무방비 상태로 노출될 수도 있다. 전문성에 대한 우리의 측정은 문제 중심적(problem-specific)이다. 우리는 각각의 국가적 문제에 대한 전문성을 측정하기 위해 일련의 질문을 작성했다. 그리고 그런 각각의 문제에 대한 보도물은 실험을 위해 의도적으로 편집되었다.[7]

앞선 논의가 암시하듯, 교육, 당파성, 정치적 개입은 일종의 자원으로 여겨질 수 있다. 우리는 교육을 통해 전반적인 인지적, 분석적 능력을 예측할 수 있다. 당파성은 정치권을 체계화해 이해할 수 있는 편리하면서도 경제적인 수단을 제공해 준다. 개입은 풍부하고 다양한 정치적 경험을 간결하게 압축한다. 이들 세 자원은 텔레비전 뉴스에 대한 경쟁자라고 할 수 있다. 고학력자, 당원, 정치 개입자에게 텔레비전 뉴스는 여러 가지 정보원 중 그저 하나의 정보원에 지나지 않을 것이기 때문이다. 따라서 분석에 들어가면서 우리는 텔레비전 뉴스의 힘이 그런 자원이 풍부한 시청자들 사이에서는 줄어들 것이라고 예상했다. 즉, 우리는 의제설정 효과가 고학력자, 당원, 정치 개입자들 사이에서 가장 약할 것이라고 예상했다는 것이다.

분석 및 결과

우리는 그것이 사실인지 알아보기 위해 다시 한 번 앞에서 기술한 시퀀셜 실험들, 즉 실험2, 8, 9를 검토했다. 여기에서 우리는 실험1을 배제했는데, 그것은 실험1이 "가장 중요한 국가적 문제"를 지목하는 주관식 문제도, 또 문제 전문성에 대한 측정도 포함하지 않았기 때문이다. 실험2, 8, 9는 국방, 인플레이션, 실업, 핵무기 제한, 민권, 환경오염 등 모두 6개의 서로 다른 국가적 문제를 다루었다. 이어지는 분석에서 우리는 이들 세 실험을 통합해 마치 하나의 표적 문제에 대한 하나의 거대한 실험에 의해 결과가 도출된 것처럼 그 결과를 놓고 분석을 시도했다. 따라서 우리는 실험2의 인플레이션에 관한 뉴스를 본 참가자들에 대해서는 인플레이션에 관한 생각의 변화를 분석했고, 또 실험8의 민권에 대한 뉴스를 본 참가자들에 대해서는 민권에 대한 생각 변화를 분석했다. 그런 식으로 나머지 국가적 문제들도 분석했다.[8] 이전과 마찬가지로 의제설정의 크기는 두 측면에서 측정했다. 하나는 문제 중요도에 대한 참가자의 종합 평가치 변화 양에 의해, 그리고 다른 하나는 시청 전 표적 문제를 국가의 가장 중요한 문제 중 하나로 지목하지 않았던 참가자들이 편집된 뉴스를 본 후 그렇다고 지목한 정도의 변화에 의해 측정되었다. 두 경우 모두에서 변화가 크면 클수록 뉴스의 영향력은 그만큼 더 큰 것이었다.

앞의 분석에서는 주로 우리는 서로 다른 유형의 시청자를 평균한 총점의 변화에 관심을 두었다. 현재 우리는 텔레비전 보도가 정치적 정보 자원이 좀 더 부족한 시청자들 사이에서 특별히 더 영향력이 있는지를 알아보기 위해 좀 더 자세히 변화를 살펴보려고 한다. 만약 시청자가 지닌 정치적 자원이 시청자의 의제설정에 대한 취약성을 결정하는 것이라면, 정치 문제의 중요도를 둘러싼 생각의 변화는 교육 정도가 낮은 사람들, 지지하는 정당이 없는 사람들, 정치적 개입을 하지 않는 사람들 사이에서 가장 뚜렷해야 할 것이다. 시청자의 특성은 한 번에 하나씩 검토되었다. 먼저 교육, 그 다음에 당파성, 마지막으로 몇몇 개입의 측면이 차례로 분석되었다(이 분석에 대한 기술적 세부사항은 부록B를 참조하라).

표6.1은 그 결과를 보여주고 있다. 첫 번째 열(column)은 교육, 당파성, 개입 정도에 따라 문제 중요도에 대한 참가자의 종합 점수의 변화를 보여준다. 두 번째 열은 참가자가 국가적 문제로 지목한 종합 점수의 변화를 보여준다. 따라서 표 첫 번째 행과 열의 .54라는 숫자는 종합 점수의 변화에 의해 정의된 의제설정 효과가 고학력자-최소한 전문대 재학 이상의 학력

을 가진 참가자들-사이에서보다 저학력자-고졸 이하의 참가자-사이에서 훨씬 더 컸다는 것을 의미한다. 그리고 이 차이는 통계적으로도 유의미한 차이다.

표6.1
서로 다른 유형의 시청자 사이에서 TV 뉴스 보도를 통해 유발된 문제 중요도의 변화:
실험2, 8, 9의 통합

		종합 평가	자발적 언급
교육	고졸 이하	.54**	.28
당파성	무당층	.62**	.58*
개입	공적 사안에 대해 거의 관심 없음	.84**	.41
	정치에 대한 신문보도에 거의 관심이 없음	.32	.80*
	일간 신문을 구독하지 않음	−.17	.06
	TV 뉴스를 거의 보지 않음	.15	.68**
	정치에 대해 거의 얘기를 나누지 않음	.25	.38
	아무런 정치적 활동을 하지 않음	.99**	.91**
	전문적 지식이 전혀 없음	−.01	.02

**p < .01   *p < .05
주: 첫 번째 열의 숫자는 비표준화된 2단계 최소자승법 계수이고, 두 번째 열의 숫자는 로짓 계수이다(기술적인 세부사항은 부록B를 참조하라). 양의 계수는 특정 유형의 시청자 사이에서 의제설정 효과가 더 뚜렷하다는 것을 의미한다. 모든 경우에서 양의 계수가 예측되었다.

그러나 표6.1은 몇 가지 놀라운 점을 보여주고 있다. 비록 정치에 대한 관심, 그 중에서도 특히 정치에 대한 직접적 참여는 예상한 결과를 보여주기는 했지만, 정치 개입의 여타의 측면들은 전반적으로 의제설정 효과의 크기와 무관했다. 전반적으로 텔레비전 뉴스 보도는 일간 신문을 구독하는 사람과 그렇지 않은 사람, 정치에 관해 친구들과 자주 이야기를 나누는 사람과 거의 나누지 않는 사람, 보도에서 다루어진 표적 문제에 대해 잘 아는 사람과 거의 알지 못하는 사람, 네트워크 뉴스를 빠지지 않고 보는 사람과 거의 보지 않는 사람, 이들 모두에게 비슷한 영향을 미쳤다. 여기에 마지막에 열거된 만족스럽지 못한 결과는 물론 우리에게 특별히 관심이 있는 부분이다. 그것은 의제설정 효과가 전반적으로 "비시청자(nonwatchers)", 즉 실험에 참가함으로써 비로소 저녁 뉴스를 보게 된 사람들에게만 한정되지 않는다는 것을 시사해 주기 때문이다.

물론 교육, 당파성, 정치 개입 정도는 그 자체로 서로 관련되어 있다. 이를테면, 저학력자는 정치 참여에서도 낮은 경향을 보이고, 선거가 진행되는 동안 정당원은 무당층보다 더 적극적인 역할을 한다.[9] 또 교육, 당파성, 정치 개입은 뉴스에 대한 개별 시청자의 취약성과 관련될 수 있다고 여겨지는 여타의 변수들과 상호 관련될 가능성도 크다. 따라서 우리는 한 번에 정치 자원 하나가 지닌 효과를 연구한 지금까지 분석을 다변량 분석(multivariate analysis)을 통해 보완할 필요성 있었다. 이런 접근방법의 장점은 여타의 모든 자원에서 유발된 효과를 불변으로 만들면서 각각의 정치적 자원에서 비롯된 개별적이고 독립적인 효과만을 측정할 수 있다는 데 있다.

다변량분석의 결과는 지금까지 밝혀진 것들을 대체로 지지해 주었다(세부적인 내용은 부록B를 참조하라). 이전처럼 가장 중요한 시청자의 특성은 당파성, 관심, 그리고 행동이었다. 다변량 분석에서 주목할 만한 하나의 변화는 교육의 영향이 거의 없는 것으로 드러났다는 점이다. 이를테면, 원래의 분석에서 고학력자가 저학력자보다 덜 영향을 받는다는 것을 보여주었다면, 다변량 분석은 이런 차이의 원인이 교육 그 자체에 있지 않다는 것을 보여주었다. 교육이 제공하는 어떠한 특별한 인지적, 분석적 능력도 의제설정 효과를 방어하지는 못했다. 만약 고학력자가 덜 영향을 받는다면, 그것은 그들의 당파성, 관심, 그리고 행동 때문이었다. 이들 특성은 의제설정 효과를 약화시키는 효율적인 자원이었다.

결론

공공 의제를 설정하는 텔레비전의 힘은 부분적으로 어떤 국민을 염두에 두느냐에 따라 달라진다. 특히 텔레비전 보도는 정치적 자원과 정치에 관한 이해가 부족한 국민의 판단에 영향을 미치는 데 효과적이다. 정치권의 사정에 사실상 무관심한 사람들은 네트워크의 뉴스가 상당히 설득적이라고 생각한다. 반면, 정당원, 활동가, 정치 현장의 면밀한 관찰자들은 이들보다 덜 영향을 받는다. 따라서 시청자가 공적 사안에 무관심하면 할수록 텔레비전 뉴스의 의제설정 힘은 더 강하다고 할 수 있다.

텔레비전 뉴스를 사악한 권력으로 여기는 민주주의의 옹호자들은 이런 결과에 위로를 받으려고 할 수도 있을 것이다. 이런 관점에서 보면, 텔레비전 뉴스에 가장 많은 영향을 받는 미국인들이 정치에 대한 참여를 가장 적게 한다는 것은 좋은 일일 수도 있다. 정치적 견해가 텔레비전 뉴스에 의해 극적으로 형성되고, 다시 또 구성되는 사람들이 그들 자신의 견해가 영향력을 행사할 수 있도록 사실상 어떤 것도 하지 않는다는 것에 신에게 감사하다고 할 수도 있을 것이다. 그러나 이런 결론은 자제되어야 한다. 그것은 우리 연구 결과를 이해하기 위해서는 좀 더 복잡한 설명이 필요하기 때문이다.

그 설명은 좀 더 복잡하다. 왜냐하면 처음으로 우리의 실험 결과가 여론조사 결과 분석에 의해 완전히 입증되지 않았기 때문이다. 우리는 정치 참여자가 실험적으로 유도된 미디어 의제의 변화에 덜 반응적이라는 것을 발견했다. 하지만 이와는 반대로 여론 분석 전문가들은 종종 반대되는 결과를 발견했다. 분명한 것은 현 시점에서 여론조사 증거가 엇갈리고 있다고 말하는 것이 가장 정확하다. 일부 연구자들은 우리와 마찬가지로 정치 참여자들이 의제설정 효과에 가장 덜 취약하다고 생각했다(예를 들면, Weaver, Graber, McCombs & Eyal 1981). 하지만 다른 한편에는 정치 참여자가 미디어 의제 변화에 가장 반응적임을 보여주는 증거들이 있고, 그것은 우리가 보기에 더 설득력 있어 보이기까지 했다(예를 들면, MacKuen 1981, 1984). 이런 결과는 우리의 결과와 확실히 엇갈리고 있다. 그렇다면 이 둘은 어떻게 조화될 수 있는가?

한 가지 답변은 최초의 메시지 수용(reception)을 한편으로, 그리고 그 메시지의 결론에 동의(acceptance)하는 것을 다른 한편으로, 이들 둘 사이에 존재하는 태도 변화(attitude change)에 대한 정보 가공 과정의 설명에서 종종 도출되는 차이를 활용하는 것이다.[10] 태도 변화는 수용과 동의 둘 모두를 요구한다. 공공 의제를 설정하는 텔레비전 뉴스의 힘은 많은 사람들이 생각하기에 설득력이 있다고 여기는(동의) 말과 영상을 통해 광범위한 수용자에게 도달할 수 있는 힘(수용)임을 입증해준다. 그 차이는 지금 우리의 논의와 관련되어 있는데, 그것은 맥과이어(McGuire, 1968)가 지적하듯, 수용자의 특성은 종종 정반대의 방식으로 두 단계의 정보 가공 과정과 관련될 수 있고, 따라서 전체 변화에 복잡하고 상황의존적인 효과를 행사할 수 있기 때문이다.

요약하면, 이 장에 기술한 실험 결과가 만약 네트워크 뉴스 보도에 가장 반응적인 국민 집단을 밝히는 것으로 해석되면 상당한 오해의 여지가 있을 수 있다. 우리의 연구 결과는 그 보다는 주로 의제설정 과정의 동의 단계에 대해 초점을 맞추고 있다. 즉, 만약 서로 다른 특성을 지닌 사람들이 텔레비전 뉴스에 대체로 동일한 관심을 기울일 경우, 텔레비전이 그런 사람들의 의견에 얼마만큼 영향을 미치는지 알아보는 것과 관련되어 있다는 것이다.

이런 관점에서 텔레비전 뉴스의 의제설정 능력이 교육 수준과 같은 시청자의 고정된 속성보다 당파성, 관심, 행동과 같은 변화하는 상황과 함께 바뀌는 시청자의 유동적인 특성에 더 많이 의존한다는 것은 중요하다. 당파성은 현 정부의 성공, 당이 채택하는 정책, 당이 공천하는 후보자의 매력에 따라 달라진다(여기에 대한 증거는 다음의 연구에 요약되어 있다, Kinder & Sears 1985). 마찬가지로 관심과 행동은 부분적으로 상황에 의존하는데, 강력한 자극과 충분한 기회가 주어지면 상승하고, 자극이 사라지고 기회의 문이 닫히면 사그라진다(Hansen & Rosenstone 1984). 요컨대, 공공 의제를 설정하는 텔레비전의 힘은 정치권의 변화에 따라 커지기도 하고 약해지기도 한다는 것이다. 당파성, 관심, 그리고 참여를 약화시키는 사건은 국민들이 그런 사건이 없다면 텔레비전 뉴스의 영향력을 차단하기 위해 의존할 수도 있는 자원을 감소시킨다. 마찬가지로 당파성, 관심, 참여를 강화시키는 사건은 보다 더 자원이 풍부한 시청자, 다시 말해 밤마다 저녁 뉴스가 제공하는 국정에 대한 설명에 덜 영향 받는 시청자를 만들어낸다.

7
점화
효과

　앞선 실험 결과들은 의제설정 가설을 확실하게 지지해 주었다. 즉, 텔레비전 뉴스는 미국 국민이 국가적 문제에 부여하는 우선순위에 실제로 영향을 미친다는 것이다. 하지만 네트워크의 힘은 시청자의 정치적 의제에 한정되지 않는다. 이 장을 출발점으로 우리는 좀 더 미묘하고 보다 더 중요한, 소위 점화(priming)라고 불리는 것의 가능성에 대해 검토해 보려고 한다. 점화 효과 주장의 핵심은 이렇다. 텔레비전 뉴스는 어떤 의제에 대해서는 관심을 유도하는 반면, 어떤 의제에 대해서는 무관심하게 대응함으로써 정부, 대통령, 정책, 그리고 공직 후보자의 판단 기준에 영향을 미친다는 것이다.

　점화란 사람들이 정치적 평가를 위해 활용하는 기준에 생기는 변화를 말한다. 국정 수행, 대통령, 정책, 혹은 후보자를 평가할 때 국민들은 다양한 기준을 적용할 수 있다. 예를 들면, 레이건 대통령에 대한 우리의 의견은 무기 제한 협상에 대한 입장, 국가 경제의 활력도, 낙태에 대한 입장, 법관 임명, 기자 회견 능력 등등에 의해 영향을 받을 수 있다. 점화 가설 (priming hypothesis)에 따르면, 만약 텔레비전 뉴스가 예를 들어 핵 재앙 (nuclear annihilation)의 전망에 대해 관심을 가지고 보도하면, 국민들은 주로 핵전쟁의 위험을 줄이는 데 대통령이 얼마나 성공적이었는가를 기준으로 대통령을 평가하게 된다는 것이다. 만약 텔레비전 뉴스가 관심을 경제 쪽으로 돌리면, 이에 따라 국민들도 이제는 주로 경제적 번영을 얼마나 잘 이루었는지를 기준으로 대통령을 평가한다는 것이다. 적어도 점화효과 가설에 따르면 그렇다.

이 장에서의 우리가 해야 할 주요 임무는 그런 주장에 어떤 근거가 있는지 알아보는 것이다. 우리는 먼저 점화 이론을 소개하고 심리적 타당성을 논의한 후, 대통령의 국정 수행에 초점을 맞춘 일련의 텔레비전 실험을 통해 이를 검증해 보고자 한다.[1]

점화 이론

우리는 이론적 지침을 위해 심리학의 정보 처리 과정에 대한 관점에서 개발된 아이디어에 의존했다. 전반적인 연구의 출발점은 다음과 같은 사이먼(Simon)의 언급이었다. "인간의 사고력은 자신이 살고 있는 환경의 복잡성과 비교해 너무나 단순하다. 최적화(optimize)할 능력이 없는 상태에서 환경의 복잡성과 불확실성을 마주한 인간은 자신이 처한 문제 해결책에 대해, 그리고 자신의 행동에 대해 '그 정도면 됐어'라고 생각하는, 즉

적당한 필요조건의 충족에 만족(satisfice)해 할 수밖에 없다"(1973, 3). 사이먼과 마찬가지로 우리는 우리의 연구를 일반적으로 심리학 이론을 통해 제기되고, 심리학 연구를 통해 입증된 인간의 인지 능력에 관한 소박한 가정과 함께 시작하는 것이 유용하다고 생각한다.

그런 심리학 연구의 핵심 결론은 사람들이 모든 것을 다 고려하지 않는다는 것이다. 만약 그렇게 할 경우 마비 현상이 유발될 수 있기 때문이다. 관심은 매우 선택적이다. 사람들은 특별히 중요한 몇몇 특징에 대해서만 관심을 갖는다. 이런 근본적인 한계 때문에 타인에 대한 우리의 인상은 몇몇 핵심 주제(central themes)를 중심으로 조직화되는 경향을 보인다(Asch 1946). 우리가 대통령에 대해 갖게 되는 인상과 관련된 그런 핵심 주제에는 다음과 같은 것이 포함될 수 있다. 그가 대표하는 정당, 그가 지지하거나 반대하는 정책, 대통령 자신이 이룩한 성공과 실패에 해당하는 국정 수행, 특히 능력이나 청렴도와 관련된 자질, 그가 옹호하거나 반대하는 인종적, 종교적, 계급적, 민족적 집단, 그리고 그가 수용하는 전반적인 가치관 등이다. 이런 주제는 대통령이 평가받는 핵심적인 기준에 해당한다.

판단 연구의 두 번째 결론은 사람들은 철저한 분석을 시도하기 보다는 보통은 어림법(heuristics)-직관적 지름길(intuitive shortcuts)이자 단순한 경험칙(rules of thumb)-을 선호한다는 것이다. 그런 어림법의 하나는 가장 접근 가능한(most accessible) 정보에 의존하는 것이다. 특정한 대통령에 대해 평가해 달라는 질문을 받을 때 미국인들은 대통령에 대해 자신이 알고 있는 모든 것을 고려하지는 않는다. 또 앞에 언급된 핵심적인 주제들과 관련해 자신들이 알고 있는 모든 것을 고려하지도 않는다. 대신 그들은 자신이 알고 있는 몇몇 사례, 그것도 편리한 몇몇 사례에 의존한다. 일부 고려사항은 결정적인 역할을 하는 반면, 일부는 완전히 무시된다. 각각의 상대적 중요성은 부분적으로 당장의 접근 가능성(momentary accessibility)에 의존한다. 이와 관련해 피쇼프 등(Fischhoff, Slovic & Lichtenstein)은 전반적인 핵심을 잘 지적하고 있다. "사람들은 머릿속에 떠오르는 생각을 가지고 가치관의 결정을 포함한 모든 문제를 해결한다. 추론적 과정이 더 세밀하고, 더 정확하며, 더 창의적이 되면 될수록 사람들은 그 문제에 대해 자기가 알고 있는 모든 것을 더 많이 고려한다. 하지만 그 과정이 간단하면 할수록 다양한 고려사항 중 상대적으로 접근 가능한 것에 의해 더 많이 지배받게 된다"(1980, 127). 평상시에는 대통령에 대한 판단이 좀 더 간결하게 이루어진다. 그런 평상시의 판단 과정은 "세밀하고, 정확하며, 창의적"일 경우가 거의 없기 때문에 대통령에 대한 판단은 사람들이 알고 있는 모든 지식에는 덜 의존하게 되고, 머릿속에 당장 떠오르는 몇몇 지식 중 일부에 더 많이 의존하게 된다.

일상적 판단의 어림계산 장치(heuristic device)로서 접근 가능성의 중요성은 많은 실험 증거에 의해 뒷받침되고 있다. 다음의 사례를 생각해 보자. (1) 교육비 지원이나 환경 보존과 같은 인기 있는 프로그램에 대한 지지여부를 묻는 질문을 지금 막 받았을 경우와 그런 질문을 받지 않았을 경우, 후자의 경우보다 전자의 경우에 미국인들은 연방 소득세의 적정한 몫을 자신이 부담하고 있다고 말하는 경우가 더 많았다(Turner & Krauss 1978). 아마도 그것은 구체적이고 인기 있는 세금 사용에 관한 질문이 사람들로 하여금 자신의 세금 부담이 적정한지를 판단할 때 그런 세금 집행 내용을 고려하도록 점화시킨 것 때문이었을 수 있다. (2) 미국인들은 워싱턴 대표자의 활동과 관련해 일련의 어려운 질문을 받는 과정에서 자신의 정치적 지식이 제한적이라는 사실이 먼저 환기되는 경우와 그렇지 않은 경우, 이 두 경우에서 정치에 관한 관심이 있는가라는 질문이 주어지면, 후자보다 전자에서 자신은 정치에 별 관심이 없다고 훨씬 더 많이 답했다(Bishop, Oldendick & Tuchfarber 1982). (3) 보다 일반적으로 카네만과 트버스키는 "선택 문제를 구성하는 데 있어서 외견상 중요치 않은 변화"가 선택에 상당한 변화를 유발할 수 있다는 것을 증명해 주었다(Tversky & Kahneman 1981, 453; 다음도 참고하라 Kahneman & Tversky 1979, 1984). 논리적으로는 동일한 내용이지만 형식적으로 다르게 문제를 프레임하는 것만으로도 어떤 선택지가 선택되고 어떤 선택지가 폐기되어야 하는지에 엄청난 변화를 줄 수 있다는 것이다.[2]

이런 모든 연구의 결론은 일반적으로는 판단, 구체적으로는 정치적 판단이 변덕스럽다는 데 있지 않다. 실제로 카네만과 트버스키는 자신들이 공격한 기존의 합리적 선택 이론에 대한 하나의 체계적인 대안으로 예상 이론(prospect theory)을 제시한다. 핵심 내용은 사람의 판단은 부분적으로 머릿속에 떠오르는 생각(what comes to mind), 다시 말해 무슨 이유 때문이든 그리고 아무리 간단한 것이라고 해도 접근 가능한 고려사항에 의존한다는 것이다.[3]

대통령 평가를 위해 어떤 정보가 접근 가능하고 또 어떤 정보가 그렇지 않다는 것은 상당 부분 상황의 문제다. 정치적 상황이 바뀌면 국민의 마음속에 떠오르는 생각도 그에 따라 쉽게 바뀐다. 당연한 이야기지만 대통령 국정 수행에 대한 상황적 판단 근거는 많다. 하지만 그 중 텔레비전 뉴스는 가장 중요한 원천 중 하나라고 할 수 있다. 우리의 주장은 다음과 같다. 즉, 국민들이 대통령을 평가하기 위해 활용하는 기준은 뉴스가 어떤 기사를 보도하는가에 의해, 따라서 어떤 고려사항이 일반적으로 접근 가능해지는 가에 의해 크게 영향 받을 수 있다는 것이다. 텔레비전 뉴스가 어떤 특정 문제에 더 많은 관심을 보이면 보일수록-문제 영역(problem area)이 더 자주 점화되면 될수록-시청자는 대통령에 대한 전반적인 평가에서 그 문제에 관해 자신이 알고 있는 것을 더 많이 포함시킨다는 것이다.

점화에 대한 실험 검증

시퀀셜 실험

실험 1, 2, 9는 주로 의제설정 가설을 검증하기 위해 설계되었지만, 이들 실험은 점화와 관련해서도 증거를 제공해 주었다. 이들 세 실험 모두 표준적인 시퀀셜 실험 절차를 따랐다. 실험 1의 참가자들은 미국의 국방력 부족을 강조하거나, 혹은 그렇지 않은 뉴스를 보았다. 실험 2에서는 참가자 중 한 집단은 국방을 강조하는 뉴스를 보았고, 다른 한 집단은 인플레이션이 강조된 뉴스를 보았다.[4] 실험 9의 참가자들은 실업에 특별히 주목한 뉴스를 보거나, 혹은 그렇지 않은 뉴스를 보았다.

우리는 그렇게 실험적으로 유도된 뉴스 보도의 차이가 시청자가 대통령을 전반적으로 평가할 때 자신들이 적용하는 기준에 영향을 미치는지에 관심이 있었다. 이런 목적을 염두에 두고 우리는 각 실험의 마지막 날(마지막 방송 시청 후 24시간 뒤)에 참가자들에게 "강력한 국방력 유지"(실험 1, 2), "인플레이션의 약화"(실험 2), 그리고 "실업률 낮추기"(실험 9) 등을 포함하는 다양한 문제와 관련해 대통령의 국정 수행을 평가해 줄 것을

요청했다. 참가자들은 또 대통령의 전반적인 국정 수행에 대해서도 평가해 줄 것을 요청받았다.[5]

만약 점화 가설이 옳다면 우리는 특정 문제에 관한 기사에 노출된 시청자들이 대통령의 전반적인 국정 수행을 평가할 때, 그 문제에 관한 대통령의 수행 업적에 더 많은 비중을 둔다는 것을 발견하게 될 것이다. 예를 들어, 실험1에서 국방에 관한 기사에 지속적으로 노출된 사람들은 다른 분야로 관심이 유도된 사람들보다 카터 대통령의 전반적인 국정 수행에 대해 평가할 때, 국방 수행 실적을 더 중요하게 여겨야 한다는 것이다. 좀 더 격식을 차려 말하자면, 우리는 텔레비전 뉴스가 그 문제를 보도할 때와 그렇지 않을 때, 특정 문제를 다루는 대통령의 능력에 대한 평가가 대통령의 전반적인 평가에 미치는 영향 사이의 차이를 점화로 평가한다는 것이다(측정치에 대한 세부 사항은 부록B에 제시되어 있다).

표7.1
대통령 평가에 대한 점화: TV 뉴스 보도의 함수로서 표적 문제 수행 평가가 대통령의 국정 수행 평가에 미치는 영향(최소자승법 추정)

실험	문제	TV 보도 안함 (기준)	TV 보도 (점화)	차이: 점화 빼기 기준
1	국방	.27	.62	.35***
2	국방	.26	.72	.46***
2	인플레이션	-.01	.37	.38**
9	실업	.69	.73	.04*

*p < .25
**p < .05
***p < .01

표7.1에서 보듯 실험1, 2, 9의 결과는 점화 가설을 강력히 지지하고 있다.[6] 예를 들어, 실험1의 결과를 생각해 보자. 국방에 관한 어떤 기사도 포함되지 않은 뉴스를 시청한 실험1의 참가자들의 경우, 카터의 국방 정책

에 대한 평가에서 1포인트(예를 들면, B(good, 잘했다)와 C(fair, 보통이다) 사이)는 전반적인 대통령 국정 수행에 대한 평가에서 약 1/4포인트(.27: 기준 조건)의 상승과 연관되어 있었다. 반면, 국방에 관한 기사에 노출된 시청자들 사이에서, 국방에 관한 대통령의 직무 수행에 대한 평가가 전반적인 대통령 국정 수행 평가에 미치는 영향력은 두 배 이상이었다. 국방 문제가 점화된 시청자들의 경우 국방에 관한 카터의 직무 수행 평가에서의 1포인트 상승은 카터의 전반적인 국정 수행에 대한 평가에서 거의 2/3(.62: 점화된 조건)에 이르는 상승을 보여주었다.

실험2의 국방과 인플레이션에 대한 점화 효과도 마찬가지로 상당했다. 반면, 실험9의 실업과 관련해서는 상당히 약한 것으로 나타났는데, 그것은 실험적 개입이 있기 전부터 이미 실업이 지배적 관심사였기 때문이라고 할 수 있다. 실험9의 기준 계수(baseline coefficient)가 .69이었는데, 그것은 그 때까지 시도한 모든 실험 중에서 가장 높은 기준 계수였다는 것을 주목할 필요가 있다. 또 실험9가 심각한 불황을 겪고 있던 1982년 7월에 진행되었다는 것도 기억할 필요가 있다. 그 당시 실업은 이미 국민의 정치적 사고를 지배하고 있었던 것이다. 그럼에도 불구하고 그때조차도 실험9의 참가자가 실업에 관한 뉴스에 훨씬 더 많이 노출될 경우, 미미하기는 하지만 대통령으로서의 레이건의 전반적인 국정 수행에 관한 국민의 평가에서 실업의 중요도는 강화되었다.

어떤 면에서 보면 이 세 실험의 결과는 생각보다 강력했다. 왜냐하면 실험1, 2, 9는 점화가 아닌 의제설정을 염두에 두고 설계되었기 때문이다. 점화 가설의 검증의 측면에서 보면, 이들 실험은 각각의 조건에 너무 적은 참가자를 포함시켰다. 또 참가자들이 실험 전 설문지를 통해 대통령의 국정 수행에 대해 평가하도록 하는 질문(이것은 점화 효과를 보다 더 세밀하게 검증할 수 있도록 해주었을 것이다)을 생략했고, 문제 원인 제공 혹은 해결에 대한 대통령의 책임 관련 여부에 대한 암시와 같은 점화에 영향을 미칠 수 있는 뉴스의 미묘한 특성들을 고려하지 않았다. 이러한 한계에도 불구하고-실제로는 그런 한계 때문에-우리는 이들 결과가 점화에 대한 비록 임의적이긴 하지만 강력한 증거라고 판단했다.

실험8은 이런 한계를 극복하고 특별히 강력한 방식으로 점화를 검증하기 위해 설계되었다. 실험을 위해 참가자들은 통상적인 방식으로 보다 광범위한 뉴헤븐 지역에서 모집되었고, 이들은 세 처치 조건 중 하나에 무작위로 배정되었다. 첫 번째 실험 집단은 일주일 동안 실업을 강조하는 뉴스-3개의 기사, 총10분-를 보았다. 두 번째 집단은 무기 제한을 강조하는 뉴스-3개의 기사, 총9분-를 보았다. 세 번째 집단은 민권을 강조하는 뉴스-3개의 기사, 총7분-를 보았다. 실험 후 설문지에서 모든 참가자들은 실업, 핵무기 경쟁, 민권과 관련된 레이건의 직무 수행을 평가했다. 그런 후 레이건 대통령의 전반적인 국정 수행도 함께 평가했다.

실험8을 위한 뉴스에서, 우리는 대통령의 책임을 강력하게 암시하는 기사를 선택했다. 그런 기사에는 대통령이 특정 문제에 대해 원인을 제공하거나 혹은 해결에 책임이 있다는 것을 암시하는 내용이 포함되었다. 우리는 대통령이 그런 식으로 연루되었을 때, 점화 효과가 가장 뚜렷할 것이라고 가정했다. 우리는 이 가정을 더 진전시켜 9장에서 검증하기로 한다. 여기에서는 단순하게 텔레비전 뉴스를 통해 전달하는 대통령의 책임 정도가 점화의 크기에 영향을 미친다고 가정했다. 따라서 실험8의 세 처치 조건 모두에서 우리는 똑같이 높은 수준에서 대통령의 책임을 강조하려고 했다.[7]

실험1, 2, 9에서와 마찬가지로 우리는 특정 문제에 관한 대통령의 직무 수행에 대한 시청자의 평가가 대통령의 전반적인 국정 수행에 관한 시청자의 평가에 미치는 영향을 검토함으로써 점화 효과를 검증했다. 이런 점화 효과는 텔레비전 뉴스가 그런 특정 문제에 대해 부여하는 현저성에 의존할 수 있다. 표7.2가 보여주듯, 결과는 점화에 대한 강력한 지지를 보여준다. 표에서 보듯 점화로 인한 추정 효과는 무기 제한, 민권, 실업 모두에서 똑같이 상당했다. 이들 세 경우의 각각에서 특정 문제가 대통령의 전반적 평가에서 차지하는 중요도는 단순히 텔레비전 뉴스 보도의 증가만으로도 두 배 이상이 되었다.[8] 이전의 실험1, 2, 9의 분석과 함께 종합해 보면, 이들 결과는 텔레비전 뉴스가 대통령을 평가하기 위한 시청자의 기준에 강력한 영향을 미친다는 것을 보여준다.

표7.2
대통령 평가에 대한 점화: TV 뉴스 보도의 함수로서 표적 문제 수행 평가가 대통령의 국정 수행 평가에 미치는 영향: 실험8(최소자승법 추정)

문제	TV 보도 안함 (기준)	TV 보도 (점화)	차이: 점화 빼기 기준
무기 제한	.03	.49	.46*
민권	.24	.68	.44*
실업	.37	.83	.46*

$^*p < .01$

어셈블러지 실험

부분적으로 뉴스 보도의 강도(intensity)와 점화의 크기(magnitude) 사이의 관계를 알아보기 위해 우리는 두 번의 어셈블러지 실험을 진행했다. 그 두 실험은 실험3과 4였는데, 거기에서 참가자들은 1시간 동안 바로 그 자리에 앉아 뉴스 편집본을 시청했다. 실험3은 1981년 4월과 5월에 예일 대학교 학부생을 대상으로 진행되었고, 5개의 실험 조건이 포함되었다. 학생들은 뉴스 편집본을 시청했는데, 이들은 에너지 문제를 전혀 포함하지 않은 편집본, 3개의 에너지 기사, 또는 6개의 에너지 기사를 포함하고 있는 편집본을 시청했다. 그리고 에너지 관련 기사에는 국가의 에너지 문제에 대해 대통령의 책임을 강력하게, 혹은 온건하게 연관시키는 내용이 포함되어 있었다. 실험4는 1981년 6월과 7월 뉴헤븐 지역의 전체 거주자를 대상으로 진행되었다. 실험3과 마찬가지로 두 수준의 보도(3개의 기사 대 6개의 기사)는 두 수준의 대통령 책임(강력한 대 온건한)과 결합되었고, 이번에는 에너지, 국방, 인플레이션 등 세 문제 각각에 대해 실험이 진행되었다. 따라서 참가자들은 표적 문제와 관련해 3개의 기사나 혹은 6개의 기사를 보았고, 그런 기사에는 책임이 대통령으로 직접 향하는 내용, 혹은 그렇지 않은 내용이 포함되었다. 이 두 실험 모두에서 뉴스 편집본을 본 후 참가자들은 "국가 에너지 정책 이행"(실험3과 4), "인플레이션의 저지"(실험4), "강력한 국방 유지"(실험4)를 포함한 다양한 구체적 영역에서의 카터의 성공 여부에 대해 평가했고, 또 대통령으로서의 카터의 전반적인 국정 수행에 대해서도 평가했다.

실험3과 4의 목적은 텔레비전 보도에 내포된 대통령의 책임 정도가 점화 효과에 얼마나 영향을 미치는지 알아보는 것이었다. 이에 대해서는 9장으로 미루기로 한다. 여기에서는 대통령의 책임 정도에 대해서는 무시하기로 하고, 점화 효과의 크기와 보도량 사이에 존재하는 보다 기본적인 관계에 집중하기로 한다. 따라서 우리는 우리가 이미 시퀀셜 실험에서 했던 방식과 정확하게 동일한 방식으로 실험3과 4에서 점화 효과를 검증했다 (자세한 설명은 부록B를 참고하라).

표7.3이 보여주듯, 이 두 실험의 결과는 점화 효과에 대해 상당하면서도 일관된 증거를 보여주었다. 실험3에서 에너지에 관한 국정 수행 평가는 에너지에 관한 기사를 전혀 보지 않은 학생들보다 에너지에 관한 기사를 본 학생들 사이에서 카터 대통령의 전반적인 국정 수행에 대한 평가에 더 많은 영향을 미쳤다. 에너지, 국방, 인플레이션을 다룬 실험4에서도 마찬가지로 동일한 양상이 나타났다. 이들 점화 효과의 크기가 시퀀셜 실험에서 드러난 점화 효과보다 전반적으로 작긴 하지만-물론 그것은 당연한 일이다-그럼에도 불구하고 이것은 점화 가설에 추가적이고 명백한 증거를 제공해 주었다.[9]

표7.3
대통령 평가에 대한 점화: TV 뉴스 보도의 함수로서 표적 문제 수행 평가가 전반적인 대통령의 국정 수행 평가에 미치는 영향(최소자승법 추정)

실험	문제	TV 보도 안함 (기준)	TV 보도 (점화)	차이: 점화 빼기 기준
3	에너지	.18	.25	.07**
4	에너지	.19	.33	.14**
4	국방	.04	.12	.08*
4	인플레이션	.25	.39	.14**

*p ⟨ .20
**p ⟨ .05

점화가 아닌 또 다른 가능성 검증하기

시퀀셜 그리고 어셈블러지 실험 모두에 따르면, 텔레비전 뉴스가 특정 문제에 대한 보도량을 늘리면 시청자는 대통령의 전반적인 국정 수행을 평가할 때, 그 문제 대한 대통령의 직무 수행에 대한 자신들의 평가를 더 중요하게 고려하게 된다는 것이다. 물론 우리는 이런 결과를 점화-즉 텔레비전 뉴스가 보도하는 문제는 더 접근 가능해지고 따라서 시청자의 정치적 판단에 더 중요해지는 것-라고 불렀다.

그러나 이 결과는 또 다른 해석과도 일치한다. 즉, 그것은 특정 문제에 대한 텔레비전 보도가 시청자로 하여금 그 문제에 대한 대통령의 직무 수행에 대한 자신의 평가를 대통령에 대한 자신의 전반적인 평가와 일치하도록 조정하는 역할을 한다는 것이다. 점화와 정반대인 이 가능성을 우리는 투사(projection)라고 부른다.

그렇다면 투사는 어떻게 작동하는가? 네트워크가 실업에 관한 일련의 기사를 방송했다고 가정해보자. 그런 기사는 시청자에게 새로운 정보를 제공하면서 그들이 기존에 알고 있던 것을 상기시킬 수 있을 것이다. 새로운 정보를 평가하고 과거의 정보를 숙고하는 과정에서, 사람들은 부분적으로 자신이 가졌던 기존의 의견에 영향을 받을 가능성이 크다. 특히 대통령을 지지하는 사람들과 비판하는 사람들은 텔레비전 기사를 상당히 다르게 해석할 수도 있다. 대통령을 지지하는 사람들은 실업에 대한 뉴스를 상황이 그렇게 나쁘지 않다는 것을 보여주는 것으로 이해할 수 있다. 다시 말해, 상황은 조금씩 나아지고 있고, 어쨌든 높은 실업률이 대통령 정책 때문이 아니라 외국과의 경쟁, 혹은 과거의 잘못된 정책 때문에 야기된 것으로 여길 수 있다는 것이다. 반면, 대통령을 비판하는 사람들은 상황이 나쁘고 점점 더 악화되고 있으며, 그것의 직접적인 책임은 대통령에게 있다고 볼 수 있다. 이런 식의 숙고의 결과는 다음과 같을 것이다. 즉, 시청자의 실업에 관한 대통령의 직무 수행 평가는 이제 대통령에 대한 전반적인 평가를 면밀하게 반영하게 될 것이라는 것이다. 그것은 실업이 시청자의 전반적인 인상을 지배하기 때문이 아니라, 시청자가 자신의 대통령에 대한 전반적인 인상을 실업에 대한 대통령의 직무 수행에 투사했기 때문이라는 것이다. 그렇다면 우리가 점화라고 불렀던 것은 사실상 투사라고 할 수 있다.

투사는 그럴듯한 또 하나의 해석일 뿐만 아니라 매우 중요한 대안적 해석이기도 하다. 실제로 점화와 투사의 정치적 차이는 엄청나다. 만약 점화가 유효한 것이라면, 텔레비전 뉴스는 이제 대통령에 대한 판단 기준을 바꾸면서, 대통령이 향유할 수 있는 지지율과 그가 행사할 수 있는 권력도 바꿀 수 있는 힘을 갖게 된다. 반면, 만약 투사가 유효한 것이라면, 그땐 우리는 사람들이 가지고 있는 자신의 기존 성향과의 일관성 유지를 위해 새로운 사건을 해석하거나 옛 사건을 재해석한다는 것을 발견하게 될 것이다. 이것은 비록 새로운 발견은 아니라 할지라도(예를 들면, Abelson 1959) 흥미로운 발견이라 할 수 있는데, 여기에서 가장 중요한 것은 여론 형성자(molder of opinion)로서의 텔레비전 뉴스의 역할이 현저하게 줄어든다는 것이다.

점화와 투사를 구별하는 것은 표준 통계 절차와의 결별을 요구한다. 지금까지 점화 효과를 추정하는 데 있어서 우리는 대통령에 대한 전반적인 평가가 특정 문제에 관한 직무 수행 평가에 아무런 영향도 미치지 않는다고 가정했다. 만약 이것이 잘못된 것이라면, 다시 말해 그것은 투사가 존재한다고 말하는 것과 같은 것인데, 그렇다면 점화에 대한 우리의 추정치는 확실히 편향적인 것이 될 것이다. 분명한 것은 우리에게는 투사가 제거된 점화의 추정치가 필요하다는 것이다. 이를 위해 우리는 다시 실험8로 돌아갔다. 그 실험의 핵심적 특징은 참가자들로 하여금 텔레비전 뉴스를 보기 전과 보고난 후 6일 간의 시차를 두고 두 차례에 걸쳐 레이건 대통령에 대해 평가하도록 하는 것이었는데, 이를 통해 우리는 투사에 의해 오염되지 않는 점화의 추정치를 얻을 수 있었다.

이를 위해 우리는 2단계 최소자승법(two stage least squares, 2SLS)에 의존했다(자세한 사항은 부록B를 참고하라). 우리는 세 문제 각각에 대해 이 절차를 따랐다. 그리고 매번 실험 집단과 통제 집단에 대해 특정 문제 수행 평가가 전반적 평가에 미치는 영향을 측정했다. 만약 점화가 작동하고 있다면, 특정 문제의 평가가 전반적 국정 수행 평가에 미치는 영향에 관한 2SLS의 추정치는 특정 문제가 점화되지 않을 때보다 점화될 때 더 커야 될 것이다. 다시 말해, 두 추정치 사이의 차이에 의해 점화 효과가 드러난다는 것이다. 즉, 표적 문제에 대한 직무 수행 평가가 전반적 국정 수행 평가에 미치는 영향이 표적 문제가 다루어지지 않은 뉴스 편집본을 본 사람들 사이에서보다 그 문제를 보도하는 기사가 포함된 뉴스 편집본을 본 사람들 사이에서 더 뚜렷해야 된다는 것이다.

분석 결과는 점화 가설을 확실하게 뒷받침해 주었다. 설사 투사를 감안하더라도 점화 효과는 존재했다. 오히려 이 결과는 이전의 점화 효과의 추정치가 텔레비전 뉴스의 영향력을 다소 과소평가했음을 시사해 주었다(자세한 사항은 부록B를 참고하라).

결론

텔레비전 뉴스는 국정의 어떤 측면은 보여주고, 또 어떤 측면은 무시함으로써 시청자가 대통령의 국정 수행 평가에 적용하는 기준을 정하는 데 영향을 미친다. 실험 결과는 점화 효과가 확고하다는 것을 보여주었다. 그 효과는 민주당과 공화당 등 양당의 대통령을 둘러싼 다양한 국가적 문제 모두에 대한 보도에서 발생했다. 그리고 서로 다른 실험에서도, 또 투사로 인해 야기되는 효과를 제거한 분석에서도 나타났다. 종합하면 이들 모두는 점화 효과에 대한 훌륭한 증거라고 할 수 있다.

우리는 비록 모든 실험에서 점화 효과를 발견했지만, 그것은 어셈블러지 실험에서보다 시퀀셜 실험에서 더 뚜렷했다. 평균적으로 실험1, 2, 8, 9에서 도출된 점화 계수는 실험3, 4에서 도출된 점화 계수보다 3배 이상 컸다(.37 대 .11). 이런 차이는 실험3의 의제설정과 관련해서 우리가 발견했던 결과의 양상을 강력히 상기시킨다. 여기에서와 마찬가지로 거기에서도 며칠에 걸친 정기적인 노출은 단 한 번의 집중적인 노출에 비해 더 많은 영향을 주었다. 그 차이는 중요하다. 왜냐하면 시퀀셜 실험의 특징인 정기적인 노출이 어셈블러지 실험의 지배적인 특징이라 할 수 있는 갑작스런 많은 양의 노출보다 보통 사람들이 텔레비전 뉴스를 실제로 시청하는 방식을 보다 더 충실히 반영하고 있기 때문이다.[10]

앞으로 이어질 몇몇 장들에서는 점화 효과에 대한 좀 더 깊이 있는 탐구가 이루어질 것이다. 우리는 점화가 대통령의 국정 수행에 대한 시청자의 평가에서 뿐만 아니라 자질에 대한 평가에서도 발견되는지를 살펴볼 것이다(8장). 또 텔레비전 뉴스가 특정 문제에 대해 대통령이나 정부에게 책임이 있다는 것을 암시할 때 점화가 강화되는지(9장), 어떤 시청자가 점화에 가장 취약한지(10장), 그리고 유권자가 투표할 때 유권자 자신이 고려하는 사항에 점화가 어떤 영향을 미치는지(11장)를 살펴볼 것이다.

8
점화와
대통령의
자질

　7장은 텔레비전 보도가 대통령의 국정 수행에 대한 시청자의 판단을 효율적으로 점화시킬 수 있다는 것을 명확히 보여주었다. 이제 우리는 텔레비전 보도가 대통령의 자질(character)에 관한 시청자의 판단도 점화시킬 수 있는지 알아보려고 한다. 이것은 결코 경솔한 일반화는 아니다. 왜냐하면 대통령 선거는 많은 것을 의미하기 때문이다. 그것은 두 주요 정당의 경쟁이고, 국가 정책 방향을 둘러싼 이념적 투쟁이며, 투표를 통한 현직 대통령의 국정 수행에 대한 평가이기도 하다. 하지만 그것은 그와 동시에 또 자질에 대한 검증이기도 하다(Kinder & Abelson 1981). 후보들은 반드시 지적이며 정직하다는 것, 또 공감 능력이 있다는 것 등을 보여주어야 하고, 그렇지 않을 경우 심각한 타격을 받을 수 있다. 좀 더 일반적으로 말하면, 재임 중 대통령이 얼마나 많은 지지를 받을 것인가, 그리고 선거 마지막 날 얼마나 많은 표를 획득할 것인가는 개인적인 측면에서 그가 어떻게 평가

받는가에 크게 의존한다는 것이다. 자질이 국민에게 중요하기 때문에 점화에 대한 우리의 분석에서도 그것은 중요한 주제가 된다.

텔레비전 뉴스가 대통령의 자질에 부여하는 기준을 점화시킬 수 있는지 검증하기 위해서는 먼저 유권자가 가장 중요하다고 생각하는 대통령 자질에 관한 몇몇 측면들을 파악해야 한다. 이를 위해 레인(Lane)의 다음과 같은 가정, 즉 "사람들은 친구에게서 찾는 자질과 동일한 자질을 지도자에게서 찾는다. 다시 말해, 사람들은 자신의 요구를 하나의 사례에서 여타의 사례로 일반화시킨다"는 것을 우리도 가정했다(1978, 447). 심리학 연구의 독자적인 네 분야에 따르면, 그런 요구는 대체로 능력(competence)과 친화력(sociability)이라는 별도의 두 측면으로 요약된다. 이들 두 측면은 소집단의 리더십 연구(과제적 리더십 대 사회정서적 리더십, Cartwright & Zander 1968)에서도, 정보원의 신뢰성에 관한 태도 변화 연구(전문성 대 신뢰성, McGuire 1985)에서도, 대인관계의 매력에 관한 연구(존경심 대 감성, Rubin 1973)에서도, 그리고 아마도 지금 우리의 연구와 가장 밀접해 보이는 친구나 친지를 평가할 때 사람들이 적용하는 기준에 관한 연구(지적 능력 대 감성, Rosenberg 1977)에서도 핵심적 특징으로 등장한다.

비록 현재까지 그 증거가 불충분하긴 하지만 미국인들 역시 대통령으로부터 능력과 특정 유형의 친화력을 요구하는 것처럼 보인다. 능력과 친화력에 대한 언급은 유권자가 대통령 후보에 대해 주관식으로 평가(open-ended commentaries)할 때 자주 등장한다(Mille & Miller 1976; Page 1978). 또 대통령 자질의 핵심적인 측면을 파악하기 위해 개발된 자질 항목에 관한 구조적 분석을 해 보면, 그것은 이들 두 측면이 상호 관련되어 있지만 별도라는 사실을 알 수 있는데, 그것은 전반적으로 심리학의 연구 결과를 강력하게 연상시켜준다. 보통 우리가 능력이라고 규정하는 한 측면은 "노련함(experienced)"과 "유식함(knowledgeable)"과 같은 구체적 특성에 의해 가장 잘 드러나는 반면, 우리가 청렴도(integrity)라고 부르는 다른 한 측면은 "도덕성(moral)"과 "정직함(honest)"과 같은 특성에 의해 잘 드러난다(Kinder & Abelson 1981; Kinder 1985).

표8.1은 이 점을 잘 보여주는 실험 결과이다. 1980년 대통령 선거 기간 동안 정치연구센터(Center for Political Studies)는 미국인 유권자 전체를 대표하는 국민 표본에 대해 인터뷰를 진행했다. 거기에서 센터는 이들에게 대통령 자질에 관한 7개의 특성을 제시한 후, 그 각각의 특성이 지미 카터(Jimmy Carter)를, 그리고 이와 별도의 질문에서는 로널드 레이건(Ronald Reagan)을 얼마나 잘 기술하고 있는지 물었다.[1] 이들 가운데 "유식함(knowledgeable)," "영감을 줌(inspiring)," "허약함(weak)," "강한 리더십 제공(provides strong leadership)"과 같은 네 특성은 능력을, 나머지 "도덕적임(moral)," "부정직함(dishonest)," "권력에 굶주림(power-hungry)"과 같은 세 특성은 청렴도를 의미했다. 표8.1이 보여주듯, 이들 질문에 대한 응답자 답변 요인 분석은 카터와 레이건에 대한 자질 평가가 실제로 능력과 청렴도를 중심으로 조직되어 있다는 것을 보여준다(요인 분석에 대한 기술적 세부 사항은 부록B를 참고하라). 예를 들어, 대통령이 능력 있다고 생각하는 미국인들은 대통령의 청렴도에 대해서도 마찬가지로 높게 평가하는 경향이 있다는 측면에서 이들 두 주제는 서로 자연스럽게 관련되어 있는 것처럼 보인다. 하지만 실제에 있어서 그 둘은 개념적으로(conceptually) 분리되어 있고 경험적으로도(empirically) 뚜렷하게 구별된다.

표8.1

후보자 특성 요인 분석: 요인부하값

	카터		레이건	
	능력	청렴도	능력	청렴도
유식함	.61	.03	.65	−.02
영감을 줌	.78	−.05	.76	−.00
약함	−.51	−.19	−.18	−.36
강한 지도자	.86	−.04	.72	.11
도덕적임	.19	.41	.36	.36
부정직함	.12	−.81	.09	−.74
권력에 굶주림	−.09	−.48	−.10	−.49
능력 요인과 청렴도 요인 사이의 상관관계	.50		.59	

출처: 1980년 국민선거연구

　여기에서 전반적인 국정 수행과 능력, 그리고 청렴도를 구별하는 것은 중요하다. 그것은 어느 하나의 특성에 영향을 미치는 텔레비전 뉴스 보도가 나머지 특성에 대해서는 영향을 미치지 않을 수 있기 때문이다. 우리는 이 중 대통령의 전반적인 국정 수행에 대한 평가에서 가장 큰 점화 효과가 존재할 것이라고 예상했다. 왜냐하면 전반적 국정 수행에 대한 시청자의 평가가 실업이나 외교 및 여타의 급박한 국가적 문제에 대해 대통령이 얼마나 잘 대처해 가고 있는지에 관한 어느 정도의 평균적 판단에 해당될 수 있다고 추정했기 때문이다. 또 그런 특정 문제 하나에 대한 뉴스를 통해 시청자를 점화시키는 것은 대통령이 전반적으로 얼마나 잘 국정을 수행하고 있는지를 판단할 때 자연스럽게 시청자가 그 문제에 부여하는 중요도를 강화시키는 요인이 될 수 있을 것이라고 판단했기 때문이다.

　능력에 대한 평가도 당연히 영향을 받겠지만 그만큼은 아닐 것이라고 예측했다. 그것은 국가적 문제에 대한 보도와 능력에 대한 평가가 시청자의 마음속에서 그렇게 서로 긴밀하게 관련되어 있지 않을 것으로 보았기 때문이다. 실업률을 떨어뜨리는 대통령은 의심의 여지없이 그 업적을 자신의 능력의 증거로 내놓을 것이다. 하지만 많은 시청자들은 특정 영역의 수행 실적이 어떠하든, 그것 자체가 대통령의 유식함이나 지도력을 완전하게 반영하는 것은 아니라는 것을 알고 있을 가능성이 크다. 어느 문제의 영역이든 국정 수행은 아무리 유능한 대통령이라 할지라도 항상 그 자신의 능력 밖의 힘에 의해 부분적으로 결정된다. 이를테면, 실업의 경우 의회, 기업, 노조, 국제 경제 상황 등 다양한 요인이 함께 작동한다. 따라서 텔레비전 보도는 대통령의 개인적 능력에 대한 판단과 관련된 정보보다 대통령의 전반적 국정 수행에 대한 판단과 관련된 정보를 시청자에게 활성화시킬 가능성이 더 크다고 예측했다.

우리는 이 논리에 따라 대통령의 청렴도 판단에서 점화 효과가 가장 작을 것으로 예상했다. 우리는 국민들이 실업이나 물가 상승-우리의 실험적 편차의 초점-과 같은 국가적 문제는 대통령의 개인적 청렴도와 사실상 관계가 없다고 여길 것이라고 가정했다. 만약 이 가정이 옳다면 대통령의 청렴도에 대한 판단은 텔레비전 보도의 실험적 조작에 의해 사실상 영향을 받지 않아야 할 것이다.[2]

분석 및 결과

우리는 차등을 보이는 점화 효과에 대한 이런 전반적인 예상을 7장에서 기술한 6개의 실험을 다시 검토함으로써 검증했다. 다시 말해, 이들 실험을 재검토함으로써 점화 효과는 대통령의 전반적인 국정 수행 평가에서 가장 크게, 대통령의 능력에 대한 평가에서는 중간 정도로, 그리고 대통령의 청렴도에서는 무시할 정도는 아니지만 매우 미미하게 나타날 것이라는 우리의 예측을 검증했다는 것이다. 이들 실험 각각에서 참가자들은 대통령의 전반적인 국정 수행에 대해 평가를 했을 뿐만 아니라 일련의 특성에 의해 대통령이 얼마나 잘 설명될 수 있는지도 동시에 평가했다. 예를 들면, 실험1에서의 구체적 자질은 똑똑한(smart), 약한(weak), 유식한(knowledgable), 부도덕한(immoral), 권력에 굶주린(power-hungry), 부정직한(dishonest) 등이었다. 앞의 세 특성은 능력이라는 전반적인 주제를 반영했고, 뒤의 세 특성은 청렴도를 반영했다. 6개의 실험 전체로 보면 특성에 관한 질문에는 그 길이와 형식에 있어서 약간의 편차가 존재했지만, 능력과 청렴도를 묻는 질문은 항상 등장했고, 그렇게 등장할 경우 적어도 세 항목은 늘 포함되었다. 각각의 경우에서 우리는 능력에 대한 답변을 평균해 능력 지수(competence index)를 만들었고, 청렴도에 대해서도 답변을 평균화함으로써 청렴도 지수(integrity index)를 만들었다.[3]

텔레비전 뉴스 보도가 대통령의 자질 평가를 어느 정도 점화시키는지 파악하기 위해 우리는 7장에서 기술한 다양한 점화 효과를 간단히 재평가했다. 대통령의 전반적인 국정 수행에 대한 평가를 먼저 능력에 대한 평가로 바꾸고, 그 다음에는 대통령의 청렴도에 대한 평가로 바꾸었다. 만약 점화 경사도(priming gradient)가 유효하다면, 점화 효과는 전반적 국정 수행에서 능력, 청렴도로 갈수록 줄어들어야 할 것이다.

그림8.1은 두 번의 어셈블러지 실험(3, 4)을 통해 얻은 결과를, 그림8.2는 네 번의 시퀀셜 실험(1, 2, 8, 9)을 통해 얻은 결과를 보여주고 있다. 전

체 점화 경사도를 검토하기 위해, 양 수치 모두에는 7장에서 도출된 전반적인 국정 수행과 관련된 점화 효과가 마찬가지로 포함되었다.

두 번의 어셈블러지 실험 결과는 원래 기대했던 양상과 잘 부합되었다 (그림 8.1을 참고하라). 표를 보면, 카터 대통령의 전반적인 국정 수행 평가에 대해 4개의 점화 효과는 평균 .11로 통계적으로 유의미했다. 반면, 카터 대통령의 능력 평가와 관련된 점화 효과는 눈에 띌 정도로 작아졌다. 평균은 .05였고, 4개의 점화 효과 중 3개는 통계적 유의미성에 접근했지만 유의미성에 도달하지는 못했다($.15 < p < .25$). 마지막으로 카터 대통령의 청렴도 평가에서는 점화 효과가 훨씬 더 낮아졌다. 그림8.1의 마지막 부분에서 볼 수 있듯 네 개의 점화 효과 추정치 중 3개는 사실상 마이너스 값을 가졌다. 하지만 어느 값도 0과 신뢰할만한 차이를 보여주지는 않았다($p > .25$). 평균 효과는 -.03이었다. 따라서 이들 두 실험에서는 점화 효과가 대통령의 국정 수행 평가에서 가장 뚜렷했고, 능력에 대한 평가에는 매우 미미했으며, 청렴도 평가에서는 존재하지 않았다. 이것은 우리가 이미 예상했던 바로 그 결과였다.

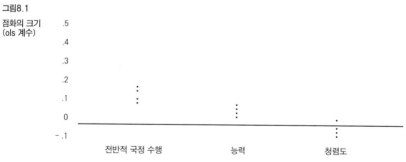

그림8.1

점화의 크기
(ols 계수)

대통령 평가에 대한 점화: 국가적 문제 직무 수행 평가가 TV 뉴스 보도 함수로서의 대통령 국정 수행, 능력, 청렴도 평가에 미치는 영향: 실험 3과 4(최소자승법 추정)

4번의 시퀀셜 실험의 결과는 좀 더 모호했고, 보는 이에 따라 더 흥미롭기도 했다(그림8.2를 참조하라). 이들 결과는 어떤 측면에서는 경사도 가설(gradient hypothesis)을 뒷받침한다. 그것은 시청자가 대통령의 자질에 대한 평가를 요청받을 때보다 대통령의 전반적인 국정 수행에 대한 평가를 요청받을 때 전반적으로 더 뚜렷한 모습을 보였기 때문이다. 하지만 경사도 가설과는 반대로 점화 효과는 대통령의 능력에 대한 평가보다 청렴도에 대한 평가에서 종종 더 큰 것으로 나타났다. 그러나 자세히 살펴보면 이런 역전 현상이 레이건 대통령에 대해서만 한정되어 나타난다는 것을 알 수 있다. 실험8, 9에서는 레이건 대통령이 표적이었고, 네 개의 실험 중 어떤 것도 기존 예상과 부합하지 않았다. 레이건 대통령의 경우 평균적인 점화 효과가 능력에 대해서는 .18, 청렴도에 대해서는 .34였다. 그렇다면 왜 레이건 대통령의 청렴도에 대한 평가는 그렇게 강력하게 점화되었는가?

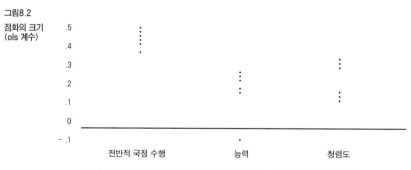

그림8.2
점화의 크기
(ols 계수)

대통령 평가에 대한 점화: 국가적 문제 직무 수행 평가가 TV 뉴스 보도 함수로서의 대통령 국정 수행, 능력, 청렴도 평가에 미치는 영향: 실험 1, 2, 8, 그리고 9(최소자승법 추정)

우리는 이 수수께끼에 대한 연구를 더 진전시키는 동안 1980년과 1982년의 국민선거연구(National Election Studies)를 활용해 경사도 가설에 대한 추가적인 검증을 할 수 있었다. 1980년 국민선거연구는 두 부분으로 구성되어 있었다. 하나는 대통령 선거가 막바지에 이르렀던 1980년 9월과 10월에 진행된 전국적인 미 유권자 표본과의 직접적인 인터뷰였고, 다른 하나는 한 번은 뉴햄프셔 예비선거 직전에, 그리고 다른 한 번은 마지막 예비선거 직후였던 6월에, 그래서 이미 두 번에 걸쳐 인터뷰를 한 적이 있는 전국적인 미 유권자 패널과의 1980년 9월에 행한 직접적인 인터뷰였다. 이들 표본과 패널 인터뷰 모두에서 응답자들은 인플레이션, 에너지, 실업, 이란 인질 사태, 소련의 아프간 침공 등 구체적인 다섯 분야에서의 카터 대통령의 국정 수행을 평가하라는 질문을 받았다.[4] 응답자들은 또 대통령으로서의 전반적인 국정 수행, 능력, 청렴도 등 카터 대통령 전반에 대해서 평가해 줄 것을 요청받았다.[5] 9-10월의 표본과 9월의 패널 연구를 별도로 활용함으로써, 우리는 평가 표적으로서의 카터 대통령과 관련해 경사도 가설에 대한 두 개의 동시적이지만 독립적인 검증을 제공할 수 있었다.

표8.2가 보여주듯 표본과 패널 설문조사 결과 모두는 모든 세부사항에서 경사도 가설을 뒷받침하고 있다(추정치에 대한 자세한 내용은 부록B를 참조하라). 이들 결과에 따르면 1980년 가을 동안 카터 대통령에 대한 국민들의 전반적인 평가는 인플레이션 대처 능력에 대한 평가에 의해 지배되었다. 그리고 이보다 좀 더 낮게는 국가 에너지 문제와 이란 인질 사태에 대한 대처 능력에 대한 평가에 의해 영향을 받았다. 경사도 가설이 예측하듯, 이들 국가적 문제에 대한 수행 평가의 영향은 대통령의 전반적인 국정 수행 평가에서 가장 컸고, 능력에 대한 평가에서는 훨씬 덜 눈에 두드러

졌지만 여전히 존재하기는 했다. 하지만 청렴도에 대한 평가에서는 사실상 사라진 모습을 보여주었다.

따라서 두 개의 별도의 표본과 상당히 다른 분석 방법에 기초한 이 두 설문조사 결과 모두는 우리의 실험 결과를 강력히 뒷받침해 주었고, 적어도 카터 대통령에 관한 한 경사도 가설은 다양한 검증을 상당히 잘 통과했다고 할 수 있다.

표8.2
문제 직무 수행 평가가 카터 대통령의 전반적 평가에 미치는 영향 추정치

	문제	카터 대통령에 대한 평가:		
		전반적 국정 수행	능력	청렴도
1980년 9월 -10월[+]	인플레이션	.45**	.20**	.10*
	에너지	.16**	.12**	.07
	실업	.10*	.08*	.06
	인질 사태	.18**	.10*	.08*
	아프가니스탄	.04	.03	.03
	사례 수	1387	1386	1375
1980년 9월[++]	인플레이션	.50**	.29**	.17*
	에너지	.33**	.13*	.04
	실업	−.09	−.09	−.06
	인질 사태	−.09	−.03	−.01
	아프가니스탄	.06	−.04	−.01
	사례 수	634	624	624

*p < .10
**p < .01
[+]출처: 1980년 국민선거표본연구 (최소자승법 추정)
[++]출처: 1980년 국민선거패널연구 (2단계 최소자승법 추정)

하지만 레이건 대통령은 달랐다. 중간 하원 선거 후에 진행된 1982년 국민선거연구에서, 미 유권자 대표 표본은 대통령으로서의 전반적 국정 수행, 능력, 그리고 청렴도에 대한 평가와 함께 무기 제한, 실업, 국방, 인플레이션을 포함한 다양한 구체적 분야에서의 레이건 대통령의 직무 수행을 평가하라는 요청을 받았다.[6] 표8.3은 구체적 평가가 전반적 평가에 미치는 영향을 보여준다. 표에 따르면, 2년 전 카터 대통령에 대한 평가에서와 마찬가지로 인플레이션이 레이건 대통령에 대한 국민 평가를 지배했다는 것을 알 수 있다.[7] 그리고 카터 대통령에 대해 유효했던 것처럼 인플레이션에 대한 레이건의 직무 수행 평가가 자질에 대한 평가에 영향을 주었던 것보다 그의 전반적인 국정 수행에 대한 평가에 더 많은 영향을 주었다. 이런 측면에서 결과는 경사도 가설과 완벽하게 일치했다. 그러나 경사도 가설과는 반대로 인플레이션에 대한 레이건 대통령의 직무 수행 평가는 그의 능력에 대한 미국인들의 생각(점화 계수= .16)에서보다 그의 청렴도에 대한 미국인들의 생각(점화 계수= .21)에서 좀 더 중요했다. 이런 여론조사 결과는 경사도 가설과 모순되었는데, 그것도 우리가 진행한 레이건에 대한 실험 결과와 정확하게 동일한 방식으로 모순되었다. 따라서 무언가 경사도 가설과 일치하지 않는 것은 확실했다.[8]

표8.3
문제 직무 수행 평가가 레이건 대통령의 전반적 평가에 미치는 영향 추정치:
1982년 11월-12월(최소자승법 추정)

문제	레이건 대통령에 대한 평가:		
	전반적 국정 수행	능력	청렴도
무기 제한	.08	.08	.06
실업	.21	.09	.07
국방	.11	.09	.08
인플레이션	.44	.16	.21
참가자 수	877	907	899

출처: 1982년 국민선거연구
주: 모든 계수는 통계적으로 유의미한 p < .01이었다.

결론

이 장에 기술된 결과에 따르면, 텔레비전 뉴스는 시청자가 대통령의 국정 수행에 적용하는 기준 뿐 아니라 대통령 자질에 부여하는 기준에도 마찬가지로 영향을 미친다는 사실이다. 예상했던 대로 점화는 대통령의 자질 평가에서보다 국정 수행 평가에서 일관되게 더 강력한 양상을 보였다. 그럼에도 불구하고 대통령의 개인적 자질에 대한 국민의 생각이 텔레비전 뉴스가 국정의 어떤 측면을 보도하고 어떤 측면을 무시하는가에 따라 달라진다는 사실에는 의심의 여지가 거의 없었다. 마치 국정 수행에 관한 판단 조건이 부분적으로 텔레비전 뉴스에 의해 설정되듯, 자질에 관한 판단 조건도 마찬가지였다.

우리는 또 점화 효과가 대통령에 대한 시청자의 청렴도 평가에서보다 능력에 대한 평가에서 더 뚜렷할 것이라고 예상했다. 하지만 이 예상은 카터 대통령에게만 유효했다. 레이건 대통령의 경우에는 예상과 달리 점화 효과가 능력에 대한 시청자의 평가에서보다 청렴도에 대한 평가에서 전반적으로 더 뚜렷하게 나타났다. 실험과 여론조사 검증 모두에서, 우리의 예상과 반대되는 이 결과는 쉽고 단순한 경사도 가설이 완전한 폐기는 아닐지라도 수정되어야 한다는 것을 시사해 준다.

경사도 가설은 시청자가 뉴스 기사의 의미를 상당히 논리적으로 이해한다는 것을 가정한다. 따라서 실업에 대한 보도는 대통령의 청렴도가 아니라 능력에 대한 의미를 갖게 된다. 하지만 그런 단순하고 직접적인 논리는 시청자의 실제 행위와 상응하지 않을 수도 있다. 그렇게 보면 우리의 연구 결과는 또 다른 과정이 작동하고 있음을 시사해 준다.

일반적으로 뉴스 미디어, 좀 더 구체적으로 네트워크 뉴스는 취약성(weakness)이나 논란(controversy)에 초점을 맞춤으로써 대통령에 관한 기사를 틀 짓는 경향이 있다. 1980년 텔레비전 뉴스는 카터 대통령이 품위 있는 사람인가(청렴도)가 아니라 국정을 잘 수행하고 있는가(능력)를 묻는 기사들로 넘쳐났다. 반대로 1982년 레이건은 깜짝 놀랄 정도로 많은 입법에 성공하게 되는데, 이후 레이건에 가해지는 핵심 질문은 국정을 잘 수행할 수 있는가(능력)가 아니라 그가 구상하는 프로그램이 공정한지, 혹은 가난한 사람들에게 관심이 있는지(청렴도의 변종) 등에 모아졌다. 그리고 카터 재임 시 발생한 사건들은 대체로 언론에 의해 그리고 국민들에 의해 대통령의 능력 혹은 능력 부족의 증거로 해석되고 이해되었다. 반면, 레이건 재임 시 발생한 사건들은 대체로 대통령의 공감 능력 혹은 그것의 부족으로 언론에 의해 해석되고 국민들에 의해 이해되었다. 따라서 대통령의 자질 중 문제적 측면이 미디어의 관심을 사로잡았고, 어쩌면 그 결과로 그런 측면이 국민의 관심을 사로잡는 핵심적 특성이 되었을 수도 있다.

물론 이것은 우리의 단순한 추측에 불과하다. 그 주장은 우리의 연구 결과와 부합하는 것이지만 그렇다고 그것을 대단한 발견이라고 할 수는 없다. 왜냐하면 단순히 그런 추측을 하기 위해 우리는 그 주장을 가정했기 때문이다. 좀 더 설득력 있게 말하면, 그 주장은 다른 연구자들이 밝힌 연구 결과와 대체로 일치한다. 이들의 연구에 따르면, 능력과 청렴도에 부여하는 유권자의 상대적 중요도는 맥락에 따라 크게 달라진다는 것이다. 따라서 우리 역시 부분적으로 이것이 미디어가 특별히 관심을 갖는 후보자의 특수한 자질과 관련되어 있다고 가정한다는 것이다. 예를 들면, 1972년 대통령 선거에서의 조지 맥거번(George McGovern)의 선거 운동 실패는 엄청난 양의 언론 보도와 논평을 만들어 내었다. 그러는 동안 두드러지지 않는 방식으로 유권자들은 민주당 후보였던 맥거번의 능력에 많은 관심을 쏟았다. 1972년 선거를 분석한 한 연구는 맥거번의 결과적인 낙선은 대체로 선거 운동을 적절하게 펼치지 못한 명백한 무능력과 관련되어 있었다고 설득력 있게 지적했다(Popkin, Gorman, Phillips & Smith 1976). 마찬가지로 극적이지만 청렴도에 무게 중심이 있었던 또 다른 사례는 에드워드 케네디(Edward Kennedy)였다. 케네디의 특이한 개인적 이력 때문에 일단의 1980년 대통령 후보자들 사이에서 유독 케네디에 대해서만 청렴도에 대한 평가가 능력에 대한 평가보다 선호도를 결정하는 데 더 중요한 요소가 되었다(Kinder & Abelson 1981).

좀 더 일반적으로 말하면, 대통령 평가에서 시대적 상황 역시 유권자가 능력과 청렴도에 부여하는 상대적 중요도에 영향을 미칠 수 있다는 것이다(Barber 1980; Page 1978). 이를테면, 1976년 선거의 경우 워터게이트(Watergate)라는 "기나긴 국가적 악몽"이 청렴도의 중요성을 더 중요한 요소로 만들었을 수 있다. 따라서 그것은 품위와 신뢰에 대한 엄청난 강조와 함께 지미 카터의 당선에 영향을 미쳤을 수도 있었다. 반대로 1980년 카터 행정부가 마주한 국내외적 경제적 어려움은 능력을 핵심 문제로 만드는 데 영향을 미쳤을 수 있다. 이것은 좀 더 거대한 영역에서 발생하는 점화 효과이고, 때로는 거대한 정치적 결과를 초래하기도 한다.

9
점화와
대통령의
책임

　지금까지 우리는 시청자가 대통령 국정 수행 및 자질을 평가할 때 활용하는 기준을 텔레비전 뉴스가 재조정한다는 것을 보여주었다. 이제 우리는 이 장에서 그런 점화 효과가 뉴스 기사의 프레임(frame) 방식에 의해 영향을 받는지를 검토하려고 한다. 특히 점화 효과가 뉴스에 등장하는 대통령의 현저성(prominence)에 의존하는지를 살펴보려고 한다. 과연 점화 효과는 텔레비전 뉴스가 시청자로 하여금 대통령에게 책임(responsibility)을 부여하도록 자극할 때 더 강화되는가?

국가적 문제에 대한 책임 부과

　카터 대통령은 두 자리 인플레이션의 주범이었는가, 아니면 희생자였는가? 1982년의 경제 불황은 레이건 정책의 결과였는가, 아니면 전임자들이 시행한 정책의 결과였는가? 이런 질문은 어렵다. 따라서 이런 문제에 답변하려고 하는 국민들은 대통령의 책임이 어느 정도인지를 암시해 주는 정도에서 커다란 차이를 보이는 텔레비전 뉴스 기사에 의해 영향을 받게 된다. 예를 들어, 식료품 가격 상승에 관한 기사는 가능한 원인으로 계속되는 가뭄을 지적할 수도 있고, 이와는 달리 대통령의 농업 정책 때문에 농작물 감소가 발생했고 그로 인해 물가가 상승했다고 암시할 수도 있다. 그런 차이는 결과적으로 매우 중요할 수 있다. 이 장에서 우리는 현재의 상황이 마치 대통령이 시행한 조치의 결과인 것처럼 해석하는 텔레비전 보도가 많으면 많을수록, 그런 보도는 대통령의 국정 수행에 대한 국민의 평가를 점화하는 데 더 많은 영향을 미칠 것이라고 주장한다.

지금 우리의 이 추론은 사회심리학의 귀인 이론(attribution theory)으로부터 도출되었다. 귀인 이론은 평범한 사람들이 일상생활에서 마주하는 흔한 수수께끼를 어떻게 설명하는가에 관한 체계적인 설명을 제공하는 데 초점을 맞추고 있다. "만약 어떤 사람이 매우 경쟁적으로 행동할 경우, 그는 원래 그런 사람인가, 아니면 그는 지금 상황적 압박에 반응하고 있는가? 만약 어떤 사람이 시험에 떨어졌을 경우, 그는 능력이 부족한 사람인가, 아니면 시험 자체가 어려워서인가?"(Kelley 1973, 107). 정치적 사고 역시 그와 유사한 인과적 수수께끼로 가득 차 있다. 예를 들어, 만약 국가 경제가 침체기에 접어들 경우, 이것은 대통령이 취한 조치 때문인가, 아니면 의회, 기업, 노조, OPEC, 소비자와 같은 여타의 원인 때문인가?

제한된 정보 상황에서 미래 귀인자(would-be attributor)는 먼저 어떤 종류의 인과적 힘이 어떻게 조합되어 현재 관찰되는 결과를 야기할 수 있었는지에 대한 가정에 의존하면서 그런 질문에 답한다. 켈리(Kelly)에 따르면, "성숙한 개인(mature individual)은 인과적 요인의 작동과 상호작용에 관한 그와 같은 추상적 아이디어의 레퍼토리를 가지고 있다. 그런 관념은 나름 그럴듯한 인과적 추론을 끌어내기 위해 부분적이고 파편적인 관련 정보를 적절하게 끼워 맞출 수 있는 틀을 제공하게 되는데, 이를 통해 성숙한 개인은 원인에 대한 분석을 경제적이고 신속하게 할 수 있게 된다"(1972, 2).

이런 관념 중 가장 간단한 것은 다중 충족(multiple sufficiency)이다. 즉, 하나의 관찰된 결과는 몇몇 그럴듯한 원인들 중 그 어떤 것에 의해서도 발생할 수 있다는 가정이다. 이런 가정 하에서는 만약 다른 그럴듯한 원인이 동시에 존재할 경우, 현재의 관찰 효과가 나타나는 데 어떤 특정 원인이 기여하는 역할은 줄어들게 될 것이다. 따라서 예를 들어, 만약 (1) 미국인들이 OPEC의 엄청난 석유가 상승 요구를 인플레이션의 그럴듯한 하나의 원인으로 여긴다면, 그리고 (2) OPEC의 그런 요구를 전국적인 미디어에서 눈에 두드러지게 다루어 준다면, 미국인들은 인플레이션에 대한 대통령의 책임을 덜 묻게 될 것이다. 실제로 힙스 등(Hibbs, Rivers & Vasilatos)은 미 대통령에 대한 국민의 지지도 분석에서 이런 주장과 부합되는 증거를 제시했다. 이들은 "국민들이 활용하는 국정 수행 평가 기준은 상당히 복잡할 수 있는데, 그것은 정치 지도자들이 자신들의 통제 밖에 존재하는 불리한 경제적 혼란에 대해 책임을 지지 않거나 혹은 덜 책임을 진다는 의미에서 그렇다"고 결론을 내렸다(1982a, 443). 같은 논리로 텔레비전 뉴스가 국가적 어려움을 대통령이 시행한 조치 때문인 것처럼 묘사할 경우 대통령은 더 많은 책임을 져야 한다. 다시 말해, 점화 효과는 더 강화된다는 것이다.

앞으로 우리는 대통령의 책임과 점화 효과 사이의 관계를 검토하기 위해 설계된 4개의 어셈블러지 실험 결과를 기술하려고 한다. 우리는 이들 각각의 실험에서, 점화 효과는 텔레비전 보도가 책임을 대통령에 초점을 맞추면 대통령의 책임이 강화될 것이고, 다른 곳으로 그 원인을 돌리면 약화될 것이라는 귀인 이론에서 도출된 명제를 검증할 것이다.[1]

책임과 점화

책임 가설(responsibility hypothesis)에 대한 예비 연구의 하나로 우리는 1981년 4월과 5월 예일 대학교 학부생을 대상으로 실험3을 진행했다. 학생들은 5가지 실험 조건에 무작위로 배정되었다. 참가자들은 에너지에 관한 기사가 전혀 없는, 혹은 몇몇 기사가 실린, 또는 많은 기사가 실린 뉴스를 보았다. 그리고 그 기사들은 미국의 에너지 부족에 대한 대통령의 책임을 암시하기도 했고, 또 암시하지 않기도 했다.[2] 실험3을 반복하는 것이자 확장하는 것으로서의 실험4는 1981년 여름에 진행되었다. 다시 한 번 두 수준의 노출과 두 정도의 책임이 결합되었고, 이번에는 에너지, 국방, 인플레이션 등 세 가지 문제와 관련되어 진행되었다. 하나의 특정 문제(예를 들면, 국방)의 네 가지 처치 조건 중 하나에 배정된 참가자들은 나머지 두 문제(에너지, 인플레이션)에 대한 기사를 전혀 볼 수 없었다. 실험4에서 우리는 통상적인 관행에 따라 뉴헤븐 지역 전체를 대상으로 지역 신문의 구인광고를 통해 참가자들을 모집했다.

이 두 실험을 위한 뉴스 편집본은 1979년과 1980년에 이미 방송된 뉴스 기사들을 조합해 완성되었다. 어느 실험에서든 높은 노출 조건에 배정된 참가자들은 편집본 전체에 섞여 있는 표적 문제에 대한 6개의 기사를 보았다. 반면, 낮은 노출 조건에 배정된 참가자들은 단 3개의 기사만을 보았다. 높은 책임을 부여하는 편집본의 경우, 대통령-항상 카터였다-이 국가적 문제에 대해 책임이 있다고 묘사된 기사의 수는 대통령에 대해 아무런 언급도 하지 않은 기사의 수보다 2:1의 차이로 많았다. 반면, 중간 책임 조건에서의 그 비율은 정반대로 역전되었다.[3]

우리는 7장을 통해 실험3과 4 모두가 기본적인 점화 가설에 강력한 지지를 제공했다는 사실을 이미 알고 있다. 실험3에서 에너지에 관한 국정 수행 평가는 에너지에 관한 어떤 뉴스에도 노출되지 않은 사람들보다 그 뉴스를 본 시청자 사이에서 카터 대통령의 전반적인 국정 수행 평가에 더 많은 영향을 미쳤다. 그리고 실험4의 에너지, 국방, 인플레이션에 관해서도 그 결과는 모두 마찬가지였다. 지금 이 장에서 우리가 수행해야 될 가장 중요한 임무는 텔레비전 보도가 대통령이 어쨌든 국가적 문제에 책임이 있다는 것을 암시할 때 그 효과가 강화되는지를 파악하는 것이다(추정치에 대한 자세한 내용은 부록B를 참조하라).

표9.1은 실험3과 4의 결과를 보여준다. 표에 따르면, 대통령이 어떤 문제의 책임자로 묘사되는 기사를 본 시청자들은 실제로 대통령의 전반적인 국정 수행을 평가할 때, 특별히 그 문제에 대한 대통령의 직무 수행 능력을 고려했다는 것을 알 수 있다. 또 표9.1이 보여주듯, 비교되는 4개의 실험 모두에서 대통령의 역할이 강조된 조건은 보다 커다란 점화 효과를 낳았다. 예를 들어, 실험3에서 에너지에 대한 대통령의 국정 수행은 대통령이

등장하지 않는 에너지 관련 기사를 본 시청자보다 대통령이 등장하는 에너지 관련 기사를 본 시청자 사이에서 대통령의 전반적인 국정 수행 평가를 하는 데 대체로 두 배 정도 더 중요한 요소로 작용했다. 후자에서는 에너지 문제 대처 능력에 대한 대통령의 평가가 1포인트 상승할 경우-예를 들면, C(fair)에서 B(good)로-대통령의 전반적인 국정 수행 평가에서는 .38의 상승을 가져왔다. 반면, 전자에서는 단지 .18의 상승에 불과했다. 네 실험 모두를 평균하면, 높은 대통령 책임 조건은 점화 효과를 약 2/3배 정도 더 강화시켰다. 이 정도면 상당한 크기의 효과에 해당하지만, 표9.1의 마지막 칸에 제시되어 있는 것만큼 그 효과가 실제로 존재하는지 우리는 확신할 수는 없다. 그렇게 보면, 전체적으로 그 결과가 우리가 기대했던 것만큼 그렇게 결정적인 것은 아니라고 할 수 있다. 우리가 살펴본 모든 곳에서 책임 가설에 부합되는 증거를 발견할 수는 있었지만, 어디에서도 그 증거는 명확하지 않았다.

표9.1
대통령 평가의 점화: TV 뉴스 보도의 대통령 책임 함수로서의 문제 직무 수행 평가가
대통령의 국정 수행 평가에 미치는 영향(최소자승법 추정)

실험	문제	대통령을 강조하지 않는 TV 보도	대통령을 강조하는 TV 보도	차이: 높은 대통령 책임 빼기 낮은 대통령 책임
3	에너지	.18	.38	.20**
4	에너지	.28	.46	.18***
4	국방	.14	.32	.18**
4	인플레이션	.42	.57	.15*

***p < .4
**p < .5
*p < .6

이런 불확실성을 제거하고 보다 엄밀한 책임 가설의 검증을 위해 우리

는 실험12와 13을 진행했다. 어쩌면 실험3과 4의 결과가 불분명했던 이유는 애초의 대통령 책임에 대한 우리의 실험 조작이 불분명한 데서 비롯된 것일 수도 있었기 때문이다. 실험3과 4에서 핵심적이었던 것은 2:1의 비율로 대통령의 책임을 주로 강조한 기사를 본 사람들과 역시 동일한 2:1의 비율로 대통령의 책임을 주로 부각하지 않은 기사를 본 사람들 사이의 비교였다는 것을 기억할 필요가 있다. 따라서 모든 시청자들은 대통령의 책임과 의무를 묘사하는 기사를 어느 정도 본 셈이었다. 되돌아보면, 높은 책임 조건과 중간 정도의 책임 조건 사이의 차이는 상당히 미묘하다고 할 수 있다. 게다가 더 인상적인 것은 비록 명백한 것은 아닐지라도, 그 둘 사이의 차이가 점화에서 식별 가능한 차이를 만들어 내었다는 사실이다.

1983년 봄과 여름에 진행된 실험12와 13은 책임 가설에 대한 보다 더 강력하고 일치된 검증 결과를 제공했다. 실험12에서 앤아버 지역의 참가자들은 일련의 뉴스 편집본을 보았다. 각각의 뉴스 편집본에는 에너지 부족이나, 혹은 실업에 관한 기사 하나만이 포함되었다. 또 각각의 기사는 대통령이 그 문제의 원인 제공과 해결 모두에 책임이 있다는 것(강화 조건)을 암시하거나, 혹은 대통령 이외의 힘이나 요인들도 그 문제에 책임이 있다는 것(에누리 조건)을 암시하거나, 또는 책임 문제를 전혀 거론하지 않았다(불가지 조건). 우리는 실험12를 부분적으로 반복하기 위해 실험13을 설계했다. 실험13에 참가하는 앤아버의 주민들은 6개 대신 4개의 시청 조건 중 하나에 배정되었다. 참가자들은 에너지 부족이나 실업에 관한 기사를 포함한 일련의 뉴스 편집본을 보았다. 에너지 부족에 관한 기사는 대통령의 책임을 강조했다. 반면, 실업에 관한 기사는 대통령의 책임을 강조하거나 축소했고, 혹은 책임에 대해 전혀 언급하지 않았다.

따라서 실험12와 13은 대통령의 책임을 강조하는 뉴스 편집본에서부터 그것을 도외시하는 편집본에 이르기까지 대통령의 책임을 광범위하게 조작했다. 책임 가설에 따르면, 점화 효과는 에누리 조건에서 가장 약하고, 불가지 조건에서는 중간 정도, 그리고 강화 조건에서는 가장 뚜렷해야 한다.[4]

표9.2
대통령 평가의 점화: TV 뉴스 보도의 대통령 책임 함수로서의 문제 직무 수행 평가가 대통령의 국정 수행 평가에 미치는 영향(최소자승법 추정)

실험	문제	대통령 책임에 대한 TV 뉴스 실험 처치			차이: 강화 빼기 에누리
		에누리	불가지	강화	
12	에너지	.13	.31	.49	.36*
12	실업	.29	.42	.55	.26**
13	실업	.90	.94	.98	.08*

*p < .3
**p < .2

표9.2에서 볼 수 있듯, 결과는 책임 가설을 강력하게 확인시켜 주었다. 텔레비전 보도가 대통령의 역할을 에누리하면, 시청자들 역시 그렇게 했다. 반면, 보도가 대통령의 역할을 강조하면, 시청자들도 그렇게 했다. 책임 효과가 두 표적 문제 모두에서 주목할 만했지만 에너지 문제와 관련해서 특히 두드러졌다. 에너지에 대한 직무 수행 평가가 대통령의 전반적인 국정 수행 평가에 미치는 영향은 대통령의 책임이 에누리될 때와 비교해 대통령의 책임이 강조될 때 거의 4배에 달했다(.49 대 .13).

국가적 문제 사이의 이런 차이는 실험3과 4에서 나타났던 유사한 차이를 연상시킨다. 거기에서 대통령 책임을 강력히 암시하는 실험 조작이 이루어졌을 때, 에너지 문제에서 점화 효과가 가장 많이 강화되었고, 인플레이션에서는 가장 약하게 나타났다. 어쩌면 이 차이는 국가적 에너지 문제라는 상대적 새로움(novelty)과 국가 경제의 어려움이라는 상대적 익숙함(familiarity)이라는 이 두 문제 사이의 차이를 반영한 것일 수도 있다. 적어도 프랭클린 루즈벨트(Franklin Roosevelt)와 대공황(Great Depression) 이래로, 미국인들은 경제적 문제에 관한 한 대통령이 책임져야 한다는 생각을 유지하고 있는 것처럼 보인다. 하지만 에너지 부족은 누구의 책임인가? 또 그런 에너지 부족이 재발하지 않기 위해서는 도대체 어떤 기관이 책임을 져야 하는가? 이에 대한 시청자 마음속의 답변은 훨씬 덜 명확할 수 있다. 따라서 저녁 뉴스에 암암리에 책임 당사자로 지목된 이들은 보다 더 커다란 책임을 짊어지게 되었다고 할 수 있다.

물론 앞의 두 실험과 마찬가지로, 실험12와 13의 핵심 내용은 점화가 단순한 보도량 뿐 아니라 보도의 내용에도 의존한다는 것이다. 다시 말해, 뉴스가 국가적 문제의 원인과 해결에 대통령이 책임이 있다고 암시할 때 점화 효과는 강화되지만, 뉴스가 대통령의 역할을 에누리하면 점화 효과도 약해진다는 것이다.

책임과 불확실성

저녁 뉴스가 암시하는 대통령 책임 정도의 차이는 간접적인 방식으로도 점화 효과에 영향을 미칠 수 있다. 대통령이 특정 분야에서 직무를 얼마나 잘 수행하고 있는지는 항상 명확한 것은 아니다. 이를테면, 미국이 충분한 국방력을 갖추고 있는지 혹은 그렇지 않은지는 대단히 복잡한 문제다. 마찬가지로 일반 국민들이 국방 준비 태세를 갖추기 위해 대통령이 실제로 얼마나 많은 노력을 하고 있는지 파악하는 것도 쉽지 않다. 대통령을 군의 총사령관(Commander-in-Chief)으로 묘사하는 뉴스 기사는 대통령이 국방에 책임이 있다는 추론을 유발한다. 반면, 의회의 국방비 삭감이나 미 동맹 국가들의 다양한 조치를 담은 기사는 시청자가 대통령에 대해 비난하거나 책임을 추궁할 수 있는 여지를 약화시킨다. 따라서 우리가 강화 보도(augmentation coverage)라고 부르는 것은 대통령의 국정 수행에 대한 시청자의 보다 큰 확신-그것이 좋은 것이든 나쁜 것이든-과 관련될 수 있다. 반면, 대통령의 책임을 에누리하는 보도는 대통령이 얼마나 국정을 잘 수행하고 있는지에 대한 시청자의 불확실성(uncertainty)을 낳게 된다.

우리는 대통령의 국정 수행에 대한 시청자 의견의 강도를 살펴봄으로써 이 생각을 검증했다. 만약 앞의 가정이 옳다면, 시청자들은 어느 특정 분야와 관련해서 문제의 책임이 다른 곳에 있음을 암시하는 기사를 본 후보다 대통령의 책임을 강조한 기사를 본 후에 대통령이 그 분야에서 얼마나 직무를 잘 수행하고 있는지와 관련해 더 분명한 생각을 가져야 할 것이다. 표 9.3은 실험3, 4, 12, 13의 서로 다른 책임 조건에서, 에너지, 국방, 인플레이션, 실업과 관련해 대통령이 얼마나 자신의 직무를 잘 수행하고 있는지 알고 있다고 말한 사람들의 비율을 보여준다. 표가 보여주듯, 예상된 결과는 에너지, 오직 에너지와 관련해서만 도출되었다. 국방, 인플레이션, 실업에 대해서는 사실상 모든 조건의 모든 시청자들이 상당히 적극적으로 대통령의 국정 수행에 대해 의견을 제시했다. 시청자들은 에너지 문제에 대한 대통령의 국정 수행에 대해 일반적으로 덜 확신하는 태도를 보였다. 그리고 예상했던 대로 대통령의 역할을 도외시하거나 에누리하는 에너지 관련 뉴스 기사를 본 후에는 특별히 더 그런 모습을 보였다.

표9.3
**TV 뉴스 보도의 대통령 책임 정도의 함수로서의 특정 문제에 대한
대통령의 직무 수행을 평가한 시청자 비율**

실험	문제	대통령 책임에 대한 언급이 없는 TV 보도	대통령의 책임을 강조하는 TV 보도	차이: 높은 책임 빼기 책임 언급 없는 보도
3	에너지	81	100	19**
4	에너지	95	100	5*
4	국방	94	96	2
4	인플레이션	98	100	2
12	에너지	77	100	23***
12	실업	97	100	3
13	에너지	72	95	23***
13	실업	100	95	−5

*p < .3
**p < .1
***p < .05

요약 및 결론

　텔레비전 보도가 대통령의 국정 수행에 대한 미국 국민들의 평가에 미치는 영향은 대통령의 책임을 뉴스가 어떻게 묘사하는가에 따라 부분적으로 달라진다. 이 장에서 보았듯, 국가적 문제에 대한 대통령의 책임을 암시하는 기사는 두 측면에서 보다 더 강력하게 영향을 미친다. 하나는 그런 기사들이 해당 국가적 문제에 대한 대통령의 직무 수행 평가 시 시청자에게 훨씬 더 많은 자신감을 부여한다는 것이다. 다른 하나는 대통령의 전반적인 국정 수행 평가 시 시청자들이 해당 국가적 문제에 대한 대통령의 직무 수행 평가를 더 중요하게 여기도록 한다는 것이다.

　이러한 두 효과는 미 정치권의 의제에서 상대적으로 새로운 문제에 대

해 더 두드러지게 나타났는데, 그것은 그 문제에 대한 국민들의 생각이 아직 확고하지 않은 데에서 비롯된 것일 수 있다. 이를테면, 에너지 위기와 같은 문제에 직면한 국민들은 그것의 원인과 해법에 대해 상당히 불확실한 태도를 취할 가능성이 크다. 좀 더 구체적으로 말하면, 국민들은 에너지 부족 문제 발생에 대통령의 정책이 무슨 역할을 했는지, 또 앞으로 그 문제의 재발을 막기 위해 대통령이 무슨 역할을 할 수 있고, 또 해야 하는지에 대해 확실한 태도를 가질 수 없다는 것이다. 따라서 그런 조건은 점화 효과를 더 크게 만드는 요인이 된다. 즉, 새로움과 불확실성에 직면한 시청자들은 텔레비전 뉴스가 책임을 어떻게 부여하는가에 의해 상당히 큰 영향을 받을 수 있다는 것이다.

이 장에 기술된 몇몇 실험은 부분적으로 귀인 이론으로부터 영감을 얻었다. 지난 10년 동안 이 주제에 관한 사회심리학(social psychology)에서의 연구는 사람들이 일상적 설명에서 흔히 범하는 다양한 오류를 밝혀내었다. 그런 오류 중 하나는 사람들이 주로 순간적인 가시성이나 현저성에 의해 식별되는 원인을 너무나 쉽게 어떤 사태에 대한 원인으로 단정한다는 것이다(Fiske & Taylor 1984). 물론 정치 영역에서는 그 누구도 대통령보다 더 가시적인 인물은 없다(Gans 1979; Grossman & Kumar 1981). 따라서 미국인들은 대통령에 대해 엄청난 요구를 한다. 사람들은 대통령이 경제적 번영, 평화, 질서, 정의 등등을 제공해 줄 것으로 생각한다(Broday & Page 1975; Greenstein 1978). 귀인 이론은 이 두 관찰이 서로 연결되어 있다는 것을 시사해 준다. 부분적으로는 대통령의 특별한 가시성 때문에 그에게 부여되는 책임은 어떤 대통령도 성취했으면 하고 바라는 그 범위를 늘 넘어설 수 있다는 것이다. 어쩌면 정치에 대한 근본적인 귀인 오류는 대통령이 할 수 있는 일에 대한 미국인들의 과도한 가정에 놓여 있다고도 할 수 있다. 이 장에서 우리가 살펴보았듯이, 그런 가정은 비록 무의식적이긴 하지만 텔레비전 뉴스에 의해 조장될 수도 있다.

10
점화의
희생자

　이미 제시된 증거에 따르면, 텔레비전 뉴스는 국민이 대통령을 평가할 때 적용하는 기준에 영향을 미친다. 대통령의 전반적인 국정 수행을 평가할 때이든, 혹은 대통령 자질의 장단점을 평가할 때이든, 이 두 경우 모두에서 영향을 미친다. 이제 우리는 이 장에서 이런 효과에 시청자 자신을 더 혹은 덜 취약하게 만드는 시청자 특성에 대해 알아보려고 한다. 과연 점화의 희생자는 누구인가?

　6장의 의제설정에 대한 분석에서와 마찬가지로, 우리는 교육, 당파성, 그리고 정치적 개입과 같은 시청자 특성에 대해 특별한 관심을 가지고 살펴보았다. 6장에서 우리는 텔레비전 뉴스가 국민의 우선순위에 미치는 힘은 시청자의 정치적 지식과 관심이 적을수록 증가한다는 것을 발견했다. 시청자가 공적 사안의 세계와 멀리 떨어져 있으면 있을수록 텔레비전의 의제설정 힘은 더 강력해진다는 것이다. 어쩌면 점화도 마찬가지일 수 있다. 점화 역시 교육을 적게 받은 사람, 정당에 소속되지 않은 사람, 정치권에 무관심하고 잘 알지 못하는 사람 등 한정된 정치 자원을 가진 사람들 사이에서 더 클 수 있다는 것이다.

점화는 또 대통령 책임과 관련해 시청자가 추측하는 가정에 의존할 수 있다. 9장에서 살펴보았듯이, 어떤 국가적 문제에 대해 대통령이 책임이 있다는 것을 암시하는 뉴스 기사는 그 책임이 다른 곳에 있음을 암시하는 기사보다 더 효율적으로 점화를 유발할 수 있다. 따라서 점화는 부분적으로 뉴스가 어떤 문제를 대통령과 관련시키는 정도의 문제라고 할 수 있다. 하지만 그와 동시에 점화는 또 시청자가 어떤 문제를 대통령과 연관시키는 정도의 문제라고도 할 수 있다. 다시 말해, 미국인들은 무엇을 대통령의 책임과 의무로 여길 것인가에 있어서 서로 상당한 차이를 보일 수 있다는 것이다. 따라서 어떤 특정한 국가적 문제와 대통령 국정 수행 사이의 관계는 일부 시청자의 마음속에서는 확고한 것일 수 있지만, 또 다른 일부 시청자의 마음속에서는 아무런 관련이 없을 수도 있다. 예를 들면, 어떤 사람들은 실업률의 변동이 주로 대통령의 국정 수행에 따라 달라진다고 보는 반면, 어떤 사람들은 그 가능성을 전혀 고려하지 않을 수도 있다. 우리는 국가적 문제에 대한 시청자의 이런 이해를 "암묵 이론(tacit theories)"이라 부를 것이다. 이와 관련해 우리는 어떤 시청자가 특정 국가적 문제에 대한 자신의 암묵 이론 속에 대통령과의 관련성을 포함하고 있을 경우, 그런 시청자는 점화에 특별히 취약할 것이라고 가정했다.

분석 및 결과

누가 점화에 더 혹은 덜 취약한지를 알아보기 위해 우리는 3개의 시퀀셜 실험에 의존했다. 실험1은 미국의 국방 능력이 충분치 않다는 것을 강조했다. 실험2는 미 군사력과 장비의 낡은 상태, 인플레이션의 극성, 혹은 자연환경 오염 중 하나의 문제로 시청자의 관심을 유도했다. 마지막으로 실험8은 참가자들에게 레이건 정부가 시행한 직업 훈련 프로그램에 대한 삭감을 자세히 설명하는 기사, 혹은 1965년 투표권법(Voting Rights Act)에 대해 반대하는 레이건의 모습을 담은 기사, 또 군사비 지출을 강조하면서 무기 제한 협상에 소극적인 레이건 대통령을 보여주는 뉴스 기사 중 하나를 보여주었다.[1]

교육, 당파성, 정치 개입에 대한 측정은 이 세 실험 모두에 포함되어 있었다(정확한 질문은 6장에 기술되어 있다). 그러나 시청자의 암묵 이론에 대한 측정은 오직 실험8에서만 등장했다. 따라서 그것은 새로운 것이기 때문에 여기에서 좀 언급을 하고 넘어가는 것이 좋을 것 같다. 우리는 먼저 암묵 이론은 부분적으로 사람들이 생각하기에 국가적 문제에 대한 원인이라고 여기는 것들로 구성된다고 가정했다. 이를테면, 인플레이션이 탐욕스러운 아랍의 석유상들에 의해 야기되었다고 이해하는 것은 물가 상승의 원인을 대통령의 잘못된 조치에서 찾는 것과는 완전히 다르다는 것이다. 또 암묵 이론은 도덕적 책무(moral accountability)에 관한 가정을 포함한다. 우리는 미국인들이 최소한 자신들이 보기에 문제가 어떻게 발생했는가에 관심이 있는 만큼, 누가 그 문제를 해결해야 되는지를 아는 것에 대해서도 그만큼 관심이 있다고 가정했다. 인과관계에 대한 가정이 주로 문제의 원인과 관련되어 있다면, 도덕적 책무는 주로 그런 문제의 해결책과 관련되어 있다고 할 수 있다. 행위 주체(agents)든 기관(institutions)이든 그것이 해결책을 제시할 의무가 있는 것으로 여겨지는 정도만큼 도덕적 책무가 부여된다는 것이다. 따라서 암묵 이론을 측정하기 위해, 우리는 현재의 국가적 문제의 주요 원인 중 하나로 대통령을 거론하는 시청자,[2] 또는 문제 해결이나 악화에 대한 책임이 완전히는 아니지만 부분적으로 대통령에게 있다고 믿는 시청자를 단순하게 파악하는 데 초점을 맞췄다.[3]

지금 우리의 일차적인 목표는 점화가 시청자의 기존 관념에 의해 얼마나 영향 받는지를 파악하는 것이다. 의제설정에서와 마찬가지로 점화도 단순히 누가 시청하는가에 의해 영향을 받는가? 특히 점화는 저학력자, 정치적 무당층, 정치적 무관심자 사이에서 더 강화되는가? 또 점화는 암묵 이론이 대통령을 국가적 문제의 핵심에 위치시키는 사람들 사이에서 더 강화되는가? 우리는 각각의 실험과 문제에 대해 별도로 분석하면서, 이들 각각의 가능성을 차례차례 살펴보았다.

표10.1은 분석 결과이다. 거기에 표시된 계수는 뉴스 보도에 의해 유발된 점화 효과가 다양한 유형의 시청자 사이에서 강화되는지, 줄어드는지, 아니면 아무런 변화도 없는지를 보여준다. 어떤 계수가 양의 값을 갖고 통계적으로 유의미할 경우, 그 계수는 점화가 표적 시청자 유형에서 더 크다는 것을 의미한다. 예를 들면, 실험1의 교육에 대한 +.24 항목은 뉴스 보도의 점화 효과가 적어도 전문대 재학 이상자보다 고졸자 이하자 사이에서 더 크지만, 그 차이가 통계적 유의미성을 갖는 데까지는 이르지 못했다는 것을 보여준다(이런 계수의 계산과 해석에 대한 자세한 설명은 부록B를 참조하라).

표10.1
서로 다른 시청자 유형에서의 점화의 영향

시청자 유형		실험1	실험2			실험8		
		국방	국방	환경	인플레이션	무기 제한	민권	실업
교육	고졸 이하	.24	-.21	.20	.45	.29*	-.11	-.18*
당파성	민주당	-.29	.01	.41**	-.09	-.41**	.23	.19*
	공화당	.31	.26	-.43**	1.47**	.58**	-.67*	1.00
개입	공적 사안에 거의 관심이 없음	.07	.11	.11	-.15	-.23**	.31*	-.01
	정치에 대한 신문 보도에 거의 관심이 없음	.01	-.04	.01	-.09	.07	.04	-.08
	일간 신문을 구독하지 않음	.06	.37*	-.22	-.01	-.11	.49*	-.13
	TV 뉴스를 거의 보지 않음	-.05	-.07	.19*	-.14	.07	-.08	.01
	정치에 관해 거의 이야기 하지 않음	-.10	-.02	.09	.03	-.05	.18	-.10
	정치적 활동을 하지 않음	.19	-.02	.02	.02	.08	-.01	-.09*
	전문 지식이 없음		-.01	-1.25	-.09	.11*	-.00	-.06
암묵이론	대통령이 원인이다					-.08	-.01	.10
	대통령이 해결자이다					-.11	-.05	-.01
	참여자 수	28	43	43	43	62	59	62

*p 〈 .20
**p 〈 .05

표10.1은 점화가 교육과 관련해 어떤 일관성이 존재하는 것은 아니라는 사실을 명확히 보여준다. 저학력자의 경우, 텔레비전 뉴스에 의해 때로는 좀 더 많이 점화되었지만, 때로는 좀 더 약하게 점화되었다. 이 결과는 우리가 의제설정과 관련해 발견했던 것과 일치한다. 그것은 텔레비전 뉴스의 힘과 관련해 교육 그 자체가 보호막이 되지는 않는다는 것이다.

그러나 우리는 당파성과 관련해서는 크고 일관된 차이를 발견했다. 돌아보면 의제설정의 경우, 당원과 무당층 사이에 커다란 차이가 존재했다. 다시 말해, 의제설정 효과는 민주당원이나 공화당원, 즉 정당 소속원보다 무당층에게 더 큰 영향을 미친 것으로 나타났다는 것이다. 하지만 점화의 경우, 민주당원 공화당원 사이에 더 큰 차이가 존재했다.[4] 민주당원은 환경, 실업, 민권 관련 뉴스에 의해 좀 더 강력하게 점화되었다. 반면, 공화당원은 인플레이션, 실업, 무기 제한, 국방 관련 뉴스에 의해 좀 더 강력하게 점화되었다. 그리고 이런 양상은 양당이 추구하는 우선순위나 정책과 잘 부합되었다. 지난 수십 년에 걸쳐 환경을 보호하고, 실업률을 낮추며, 미 흑인에 대한 인권을 신장하고 기회를 확대하는 것은 민주당이 우선적으로 생각하는 의제였다. 반면, 인플레이션을 억제하고 미국의 강력한 군사력을 유지하는 것은 공화당의 주요한 관심사였다. 이런 결과는 텔레비전 뉴스가 먼저 그 메시지를 받아들일 준비가 되어 있는 시청자를 가장 강력하게 점화시킨다는 것을 시사해 준다. 따라서 민주당원은 공화당원보다 환경에 관한 기사에 의해 더 많이 점화되었는데, 그것은 어쩌면 자연 환경 보존이 중요하고 핵심적인 문제라는 것을 민주당원에게는 더 이상 설득할 필요가 없었기 때문이라고 할 수 있다. 거기에서 텔레비전 뉴스는 이미 그들이 알고 있는 것을 단순히 환기시켜 주기만 하면 된다. 마찬가지로 공화당원은 민주당원보다 국방에 관한 기사에 의해 더 뚜렷하게 점화되었는데, 그것은 어쩌면 강력한 국방의 필요성이 이미 그들의 우선순위에서 뚜렷하게 중요한 지위를 차지하고 있었기 때문이라고 할 수 있다. 따라서 보도는 그들의 마음을 바꿀 필요 없이, 그들이 진실이라고 알고 있는 것을 환기시켜주기만 하면 되었던 것이다.

표10.1에 드러난 계수는 또 점화가 대체로 시청자의 정치 개입과 무관함을 보여준다. 표에 요약된 48개의 별도의 검증 가운데 단지 7개만이 유의미성(p < .20, 양측 t-검증)에 접근하고 있다. 하지만 그것은 우연과 다를 바 없다. 또 7개의 계수 중 5개는 양의 값을 가지고 있는데, 이는 점화가 정치적 무관심자 사이에서 더 크다는 것을 보여준다. 이런 경향성은 6장의 의제설정에 대한 결과와 일치하는 것이지만, 그 정도가 너무나 미미했기 때문에 우리는 그것을 진지하게 고려하지 않았다. 따라서 지배적인 결과는 아무 관련이 없다고 할 수 있다. 그렇지만 정치 개입과 관련해 점화는 광범위하게 존재하는 것처럼 보인다. 즉, 공적 사안을 면밀히 주시하는 시청자, 정치 정보를 찾아 신문을 샅샅이 뒤지는 시청자, 텔레비전 뉴스를 놓치지 않고 보는 시청자, 끊임없이 정치 이야기를 나누는 시청자, 열렬히 정치에 참여하는 시청자, 또 쟁점이 되는 문제에 많은 것을 알고 있는 시청자 등 서로 다른 유형의 시청자 사이에서 점화는 줄어들지 않는다는 것이다. 의제설정과는 반대로 점화는 정치 개입자와 무관심자 모두에서 크게 나타났다고 할 수 있다.[5]

마지막으로 우리는 우리의 예상과 반대로 점화가 국가적 문제에 대한 암묵 이론에 대통령을 포함하고 있는 시청자 사이에서 더 강화될 것이라는 생각에 대해 어떤 증거도 발견하지 못했다. 실험8에서 텔레비전 뉴스가 강조하는 특정 문제에 대해 적어도 대통령이 부분적으로 책임이 있다고 말한 시청자 사이에서 점화 효과가 더 크게 나타나지는 않았다. 마찬가지로 적어도 대통령이 그 문제에 대해 나름의 해결책을 제시해야 한다고 말한 시청자 사이에서도 점화 효과가 더 크게 나타나지는 않았다.

이런 혼란스런 결과를 이해하기 위해 우리는 연구를 좀 더 진행했다. 어쩌면 암묵 이론은 중요한 것일 수 있지만, 그것은 오직 접근 가능할 때에만 그럴 수 있을지 모르기 때문이다. 다시 말해, 시청자는 반드시 적절한 이론-이 경우에는 대통령을 연루시키는 이론-이 필요하지만, 이와 동시에 그것을 활용할 수도 있어야 한다는 것이다. 확실히 시청자는 이론의 내용-일부는 대통령을 연루시키고 일부는 연루시키지 않는다-에서 뿐만 아니라 자신의 이론에 대한 접근 가능성의 정도에서도 차이를 보인다(Fiske & Kinder 1981). 일부 시청자에게는 정치적 문제와 대통령을 하나로 연결한다는 생각은 우발적이고 그 구성 자체가 제대로 되지 않을 수 있다. 또설사 그런 생각이 하나의 "이론"으로 구성된다 하더라도, 그것은 인지적활용에 크게 적용되지 않는 이론이 될 수도 있다. 하지만 일부 시청자에게는 국가적 문제와 대통령을 관련시키는 생각은 사려 깊고 폭넓은 사고의결과를 반영하는 것일 수 있다. 그런 생각은 그들이 매일 매일의 뉴스 흐름을 이해하려고 할 때 자주 의존하게 되는 그런 이론이 되기 때문에 매우 중요한 것이 될 수 있다.

우리는 대통령을 연관시키는 암묵 이론을 가지고 있고, 그런 이론에 접근 가능한 시청자 사이에서 점화가 더 강화되는지를 알아보기 위해, 실험8의 마지막 날 참가자들에게 제시되었던 질문을 활용하기로 했다. 개별 참가자들은 전주(preceding week)에 보았던 뉴스에 대해 가능한 한모든 것을 기억하도록 요청받았다.[6] 우리는 접근 가능한 이론을 지닌 참가자가 표적 문제와 대통령의 정책을 밀접하게 관련시킨 편집본의 삽입기사로부터 더 많은 것을 기억할 것이라고 추정했다. 비록 접근 가능성(accessibility)이 관련 뉴스 기사로부터 파편적인 정보를 기억할 수 있는능력에 의해 조악하게 측정되기는 했지만, 그럼에도 불구하고 우리는 대통령을 연계시키고 접근 가능한 이론을 지닌 시청자 중에서 점화가 더 강화될 것이라고 예측했다.

검증 결과, 3개의 사례 중 2개에서 그 예측은 지지되었다(자세한 내용은 부록B를 참조하라). 특히 점화는 적어도 대통령이 무기 경쟁(arms race)에 부분적으로 책임이 있다고 여기고, 앞 주에 보았던 기사로부터 무기 경쟁에 관한 정보를 기억할 수 있었던 시청자 사이에서 더 강화되었다. 마찬가지로, 점화는 어쨌든 대통령이 민권 문제와 관련되어 있다-현재 상황에 영향을 미쳤든 혹은 미래에 해결해야 될 책임이 있든-고 여기면서, 우리가 편집본에 삽입해 놓은 기사로부터 민권에 관한 정보를 기억할 수 있었던 시청자 사이에서 더 강화되었다. 이런 결과는 국가적 문제에 대해 시청자가 지니고 있는 이론이 점화의 취약성에 영향을 미친다는 것을 시사해준다. 따라서 점화는 시청자가 잘 다듬어지고 접근 가능한 이론을 통해 대통령의 책임과 국가의 현재 상황 사이의 연관성을 파악하려고 할 때 가장 크게 강화된다고 할 수 있다.

결론

의제설정과 마찬가지로 점화 역시 메시지 뿐 아니라 수용자에게도 의존했다. 하지만 의존의 성격은 많이 달랐다. 의제설정에서 가장 중요한 수용자 특성은 정치 개입이었다. 정치적 경험이나 관심이 부족한 시청자 사이에서 의제설정은 가장 큰 효과를 발휘했다. 반면, 점화는 이와는 대조적이었다. 텔레비전 뉴스는 정치 개입자와 정치 무관심자 모두에게서 강력한 점화 효과를 만들어내었다. 정치 개입이 의제설정에 대해서는 보호 자원을 제공했지만, 점화에 대해서는 아무런 보호막도 제공하지 않았다.

이런 차이는 의제설정과 비교해 점화가 지닌 좀 더 미묘한 성격을 반영한 것일 수 있다. 이를테면, 의제설정을 위해서는 텔레비전 뉴스가 시청자의 관심을 단순히 끄는 것만으로 가능하지만, 점화를 위해서는 2차적인 단계(second step)를 필요로 한다는 것이다. 시청자는 특정 문제에 집중해야 될 뿐만 아니라 그 문제가 대통령의 평가와 관련성이 있다는 것을 깨달아야 한다. 그 두 단계가 진행되는 동안 정치 개입자는 정치 무관심자와 정반대의 차이를 보일 수 있고, 따라서 그들 사이의 전반적인 차이는 상쇄될 수 있다. 첫 번째 단계에서 정치 개입자는 텔레비전 뉴스의 초점에 의해 사로잡힐 가능성이 더 적다. 이것은 6장에서 제시한 의제설정에 관한 결과와 일치한다. 하지만 두 번째 단계에서 그들은 국가적 문제와 대통령 사이의 관련성을 파악하려고 할 가능성이 더 많다.[7] 요약하면, 정치 개입자는 텔레비전의 일일 의제에 의해 영향을 덜 받기 때문에 점화에 덜 취약한 경향성을 보이기도 하지만, 대통령의 국정 수행에 기초해서 대통령을 평가를 하고자 하는 보다 커다란 성향 때문에 점화에 더 취약한 경향성을 보이기도 한다는 것이다. 정치 개입은 양날의 칼이기 때문에 정치 개입자와 정치 무관심자 모두를 결국은 점화효과에 동일하게 그리고 크게 취약하게 만든다고 할 수 있다.

비록 정치 개입이 점화에 대한 취약성을 좌우하지는 않았지만, 당파성과 국가적 문제에 대한 이론은 점화에 대한 취약성에 영향을 미쳤다. 점화는 민주당 의제와의 관련성이 뚜렷한 문제에 대해서는 민주당원 사이에서 더 강화되었고, 공화당 의제와의 관련성이 뚜렷한 문제에 대해서는 공화당원 사이에서 더 강화되었다. 그리고 국가적 문제와 대통령을 서로 관련지을 수 있는 잘 다듬어진 이론을 가진 시청자 사이에서 더 강화되는 경향성을 보여주었다.

이들 가운데 가장 강력한 결과는 당파성과 관련되어 있었다. 그 결과는 매우 흥미로웠는데, 그것은 그 결과가 점화와 관련해 직접 보여준 내용에서 뿐만 아니라 그것이 당연히 증명해 줄 것이라고 예측되었던 것과 대비되는 결과를 보여주었기 때문이다. 예를 들면, 점화에 있어서 정당 차이에 대한 하나의 그럴듯한 예측은 적어도 "나쁜" 뉴스는 현 대통령이 속한 정당의 지지자보다 그 정당의 반대자에게 더 강력한 점화를 야기할 것이라고 주장하는 것이다. 실제로도 반대자들은 점화의 자발적인 희생자가 될 것이다. 왜냐하면 민주당원은 무엇이든 현재 잘못되고 있는 것에 대해 현직 대통령을 기꺼이 비판할 것이고, 공화당원 역시 민주당 출신 대통령이 등장하면 그때 그 빚을 다시 갚아 주면 되기 때문이다. 하지만 우리의 연구 결과는 이와는 달랐다. 레이건 대통령 재임 시절, 핵무기 경쟁에 대한 끔직한 뉴스가 제공되었을 때 민주당원은 공화당원보다 덜한 점화 효과를 보여주었다. 마찬가지로, 카터 대통령 시절에도 악화되고 있는 환경에 관한 설득력 있는 설명이 제공될 경우, 공화당원은 민주당원보다 덜한 점화 효과를 보여주었다. 요약하면, 우리가 발견한 점화에서의 정당 차이는 상당히 미묘했고, 정당에 따라 단순히 비난하거나 신뢰를 부여하는 것과는 상응하지 않았다.

두 번째 차이는 6장의 의제설정에서 발견한 당파성 효과와 관련되어 있었다. 비록 당파성이 의제설정과 점화 모두에 영향을 미쳤지만, 그 방식은 달랐다. 의제설정의 경우, 큰 차이는 무당층과 당원 사이에 존재했다. 즉,

무당층은 더 많은 영향을 받았고 당원은 덜 영향을 받았다. 그것은 당원의 경우 정치적 우선순위가 보다 더 확고하게 고정되어 있었기 때문이다. 반면, 점화의 경우 큰 차이는 민주당원과 공화당원, 즉 서로 다른 당원 사이에 존재했다. 그것은 민주당원과 공화당원이 다양한 국가적 과제 가운데 중요하게 생각하는 과제가 서로 다른 데에서 기인한 것이라고 할 수 있다. 이 차이는 이 장 전체를 통해 제시된 바와 같이, 의제설정과 점화는 텔레비전 뉴스가 정치적으로 힘을 행사할 때, 서로 관련되어 있지만 별도로 발휘되는 영향력의 발현 방식이라는 것을 시사해 준다.

물론 그런 힘이 무제한인 것은 아니다. 점화를 한편으로 하고, 정당 지지와 암묵 이론을 다른 한편으로 하는 이들 사이의 관계는 점화에 대한 일부 제한이 있을 수 있음을 시사한다. 이 두 관계는 점화 기사의 방향과 부합되지 않는 성향의 사람들 사이에서는 점화가 줄어든다는 것을 암시해 준다. "민주당" 문제에 관한 뉴스를 마주한 공화당원과 마찬가지로, "공화당" 문제에 관한 뉴스를 마주한 민주당원은 덜 쉽게 점화된다. 마찬가지로 국가적 문제에 관한 이론이 엉성하고 그 문제와 대통령을 서로 연결시키지 못하는 사람들도 점화에 덜 취약한 모습을 보이게 된다. 앞장의 연구 결과들과 이 결과를 하나로 종합해보면, 점화는 뉴스 내용의 특성과 수용자 특성 모두에 의존한다고 할 수 있다. 따라서 점화는 뉴스가 어떤 특정 문제를 마치 그것이 대통령의 직무인 것처럼 묘사할 때, 또 시청자가 그 문제를 중요한 것으로 여길 준비가 되어 있을 때, 그리고 그 문제가 대통령의 직무 및 책임과 관련되어 있다고 여길 때 가장 큰 효과를 보인다고 할 수 있다.

11
점화의
선거 결과

공직 후보자는 "뉴스를 만들기(make news)" 위해 모든 노력을 다 한다. 그들은 언론 기관의 요구와 일상적 업무에 맞춰 일정표를 짜고 활동을 조율한다. 또 가능한 한 언론의 많은 주목을 받으려 하고, 보도되는 내용 역시 통제하려고 한다. 이를 통해 후보자는 더 많은 유권자가 자신에게 표를 행사하도록 점화시키려고 한다. 이 장에 제시되는 실험들은 그런 희망이 얼마나 현실적인지 부분적으로 살펴본다. 여기에서 우리는 의원 선거와 대통령 선거를 검토한다. 이를 통해 점화에 대한 연구를 민주주의의 핵심이라고 할 수 있는 선거로 확장시킨다. 각각의 사례에서 우리는 텔레비전 뉴스가 중요하게 생각하는 의제와 투표일에 이루어지는 유권자의 결정 사이에 어떤 관계가 있는지 밝히고자 한다.

미 하원 선거 투표

대통령 선거나 윤리 교과서를 기준으로 하면, 하원에 대한 국민들의 투표는 의원 후보에 대해 잘 알지도 못하면서 좀 가볍게 행사되는 것처럼 보인다. 대부분의 유권자는 현직 의원에 대해 잘 모르고, 그에 도전하는 후보자에 대해서는 더 잘 모른다(Stokes & Miller 1962; Mann & Wolfinger 1980). 이것은 의심의 여지없이 국민의 삶 속에서 차지하는 의원 선거의 주변적 지위, 그리고 의원 선거에 부여되는 일반적인 가벼운 언론 보도를 반영하고 있다고 하겠다(Behr 1985; Clarke & Evans 1983). 보통 유권자들이 그런 낮은 관심과 제한된 정보 환경에 처하게 되면 단순한 경험칙(rules of thumb)에 의존하게 된다. 특히 유권자들은 자신이 지지하는 정당에 따라 후보를 지지하는 경향-이 경향은 4반세기 전보다 다소 약화되었다(Stokes & Miller 1962; Mann & Wolfinger 1980)-을 보이고, 후보가 어느 당이든 현직 의원을 지지하는 경향-이 경향은 점점 더 강해졌다(Cover & Mayhew 1977; Jacobson 1981)-을 보인다. 따라서 정당(party)과 현직 재임(incumbency) 여부는 의원 선거의 지배적인 고려사항이 된다.

그러나 우리는 만약 점화만 된다면, 작동할 수 있는 추가적인 두 개의 고려사항이 더 있다고 생각한다. 하나는 국가 경제 상황에 대한 유권자의 평가다. 경제 상황이 좋지 않으면 대통령이 속한 정당의 하원 의원 후보는 좋은 성적을 내기 어렵고, 상황이 좋으면 대통령이 속한 정당의 후보는 선전할 수 있다는 것이다(Kramer 1971; Tufte 1978; Kinder & Kiewiet 1979, 1981). 다른 하나는 후보 자신의 개인적 자질에 대한 유권자의 평가다. 하원 후보들과 관련해 무엇이 좋고 무엇이 좋지 않은지에 대해 질문을 받으면, 보통 유권자들은 리더십(혹은 좀 더 흔하게는 리더십 부재), 능력과 경험, 그리고 다양한 개인적 속성을 가장 많이 언급한다(Jacobson 1981; Mann & Wolfinger 1980).

요컨대, 하원 선거 투표는 당파성, 현직 재임, 국가 경제 상황, 그리고 개별 후보자 자질의 상호작용이 반영된 결과라고 할 수 있다. 여기에서 우리의 주장은 이들 고려사항 중 상대적으로 중요해지는 것은 부분적으로 이들 각각이 어떻게 점화되는가에 의존한다는 것이다. 따라서 이 주장에 따르면, 만약 유권자가 국가 경제에 초점을 맞춘 지역 뉴스에 노출될 경우, 그는 국가 경제 상황에 대한 지역 뉴스의 평가에 크게 영향을 받게 된다. 또 유권자가 하원 후보에게 초점을 맞춘 지역 뉴스에 노출될 경우에는 후보 개인의 자질에 대한 지역 뉴스의 평가에 따라 후보를 선택할 가능성은 더 커지게 된다. 그리고 이 둘 중 어느 것도 강조하지 않는 지역 뉴스에 노출된 유권자의 경우에는 정당과 현직 재임 여부에 더 많이 의존하게 될 가능성이 커지게 된다.

실험10과 코네티컷 주 제3선거구 의원 선거

의원 선거의 점화 효과를 검증하기 위해, 우리는 1982년 중간 하원 선거 막바지에 코네티컷(Connecticut) 주의 제3선거구(third district)에서 하나의 실험을 진행했다.[1] 제3선거구는 코네티컷 주의 중남부 지역에 걸쳐 있고, 뉴헤븐을 포함한 지역이었다. 1982년 선거는 공화당 현직 초선인 로렌스 드나르디스(Lawrence DeNardis)와 민주당 후보 브루스 모리슨(Bruce Morrison)과의 경쟁이었다. 시퀀셜 실험으로 진행된 실험10은 10월 25일에 시작해 선거 3일 전인 30일까지 진행되었다. 실험 참가자들은 반드시 유권자 등록을 해야 한다는 추가적인 규정과 함께 통상적인 방식으로 모집되었다(실제로 이들 중 91퍼센트는 등록했다). 참가자들은 3개의 실험 조건 중 하나에 무작위로 배정되었다. 그리고 각각의 조건에는 내용이 약간 다른 지역(local) 저녁 뉴스가 제공되었다.

첫 번째 조건의 참가자들은 매일 30분짜리 뉴스 편집본을 보았는데, 거기에는 3-5분 분량의 후보 관련 기사가 포함되어 있었다. 기사의 내용은 공공 의제에 관한 드나르디스와 모리슨의 입장, 두 후보를 지지하는 집단, 그리고 이들 후보의 개인적 배경에 관한 것이었다. 예를 들면, 한 기사에서 기자는 그 지역의 한 교원노조가 드나르디스에 대한 지지를 표명했다는 사실을 알려주었다. 그런 후 연방 교육 보조금에 관한 지지 여부와 그것에 대한 입장을 둘러싼 후보자 사이의 논쟁 일부가 이어서 보도되었다.

두 번째 조건에 배정된 참가자들 역시 동일한 뉴스를 보았다. 다만 거기에서는 후보에 관한 기사가 경제 관련 기사로 대체되었다. 이들 기사 대부분은 현재의 경제 상황과 레이건 대통령의 정책, 그리고 현재 진행 중인 중간 선거, 이 세 요인이 서로 직접적으로 관련되어 있다는 것을 시사해 주었다. 예를 들어, 한 기사는 레이건 대통령이 "끝까지 지지해줄 것(stay the course)"을 촉구하는 내용을 보여주었다. 반면, 또 하나의 기사는 "레이거노믹스(Reaganomics)"와 높은 실업률 때문에 민주당이 큰 폭의 승리를 예상하고 있다고 밝혔다.

세 번째 조건에 배정된 참가자들은 중립적인 비교 집단의 역할을 했다.

그들은 동일한 지역 뉴스를 보았지만 후보, 경제, 혹은 임박한 선거에 대해 어떤 언급도 하지 않는 뉴스를 보았다.

이 장에서 우리의 주요한 관심은 점화에 있다. 따라서 일주일 동안 방송되는 지역 텔레비전 뉴스 초점의 차이가 유권자들이 자신의 대표를 선택할 때 부여하는 기준에 체계적인 차이를 만들어내는지를 파악하는 것은 우리에게 매우 중요하다. 비록 하원 선거라는 비교적 유권자가 무관심한 세계이긴 하지만, 그럼에도 불구하고 지역 텔레비전 뉴스는 좀 더 근본적인 역할을 수행할 수도 있다. 일반적으로 유권자들은 워싱턴에서 자신들을 대표하겠다고 경쟁하는 후보자에 대해 거의 아는 것이 없기 때문에 일주일 동안의 선거 보도는 상당히 중요할 수 있다. 그것은 유권자들이 지역 텔레비전 뉴스를 통해 후보자가 누구인지, 이들이 어떤 당을 대표하는지, 또 이들 사이에는 어떤 이슈의 차이가 존재하는지 등등에 대해 보다 더 많은 것을 알게 되기 때문이다. 따라서 우리는 텔레비전 뉴스 보도가 정말로 유권자를 점화시킬 뿐만 아니라 더 많은 정보를 제공하는지 살펴보고자 한다.

유권자에 대한 정보 제공

마지막 방송 만 하루 뒤 참가자들은 두 후보의 당 소속을 알고 있는지 질문을 받았다. 통제 조건에 배정된 참가자들-이들은 후보에 관한 기사를 전혀 보지 않았다-의 경우, 단지 56퍼센트만이 드나르디스가 공화당 소속이고, 모리슨이 민주당 소속이라는 것을 알았다. 반면, 후보자 조건에 배정

된 참가자들은 사실상 모두-94퍼센트-가 이들 두 후보의 당 소속을 정확히 알고 있었다.[2]

실험 참가자들은 또 각각의 후보에 대해 자신이 좋아하는 특별한 무언가가 있는지, 그리고 별도의 질문으로 자신이 싫어하는 특별한 무언가가 있는지도 질문을 받았다. 예상대로 이 질문에 대해 후보자 조건에 배정된 참가자들은 통제 조건에 배정된 참가자들보다 더 많은 응답을 했다. 이런 응답 차이는 현직 의원인 드나르디스보다 도전자인 모리슨에 대해 시청자가 직접 논평을 할 때 좀 더 크게 나타났다.[3]

다음으로 참가자들은 핵무기 제한, 사회보장제도, 실업, 국방비, 연방 교육 보조금 등 다섯 가지 정책 질문과 관련해 먼저 드나르디스, 다음엔 모리슨의 입장에 동의하는 정도에 대해 질문을 받았다. 우리는 자신이 동의하는지 혹은 그렇지 않은지를 말할 수 없다고 느끼는 참가자의 비율이 통제 조건에서 상대적으로 더 높을 것이라고 예상했다. 결과 역시 그렇게 나타났다. 통제 조건에 배정된 참가자의 경우, 44퍼센트가 이들 다섯 가지 정책에 대한 드나르디스의 입장에 동의하는 정도를 표시하지 못했다. 반면, 후보자 조건에서는 그 비율이 26퍼센트에 머물렀다. 이런 차이는 44퍼센트 대 16퍼센트로 모리슨의 입장에 대한 참가자들의 동의 판단에서 좀 더 크게 나타났다.[4]

마지막으로, 우리는 참가자들이 후보의 개인적 자질에 대한 인상을 어느 정도 가지고 있는지를 검토했다. 참가자들에게는 11가지 자질에 대한 특성이 제시되었고, 이들 각각이 먼저 드나르디스를, 다음엔 모리슨을 얼마나 잘 묘사하고 있는지에 대해 답하라는 질문이 제시되었다. 예상했던 대로 후보에 대한 기사가 실린 뉴스 프로그램을 본 참가자들이 후보에 대한 어떤 기사도 포함하고 있지 않은 조건의 참가자들보다 자질 판단을 더 잘 할 수 있는 준비가 되어 있었다. 하지만 그 차이는 놀라울 정도로 작았다. 후보자 조건에 배정된 참가자들은 드나르디스와 관련되어 제시된 자질 질문 중 평균 65퍼센트에 대해, 모리슨과 관련해서는 평균 61퍼센트에 대해 답변을 했다. 한편, 통제 조건에 배정된 참가자들의 경우에는 평균이 약간 떨어져 각각 60퍼센트, 53퍼센트에 머물렀다.[5]

요약하면, 우리는 예측되는 방향에서 비록 그 차이는 작았지만 일관된 차이를 발견했다. 하원 후보에 대한 상당한 기사를 제공한 지역 뉴스 조건에 배정된 유권자들은 후보에 대한 기사를 전혀 보도하지 않은 통제 조건 속의 참가자들보다 후보에 대해 더 많은 것을 알고 있었다. 후보자 조건의 참가자의 경우, 더 많은 사람들이 후보의 당 소속을 정확하게 알고 있었고, 후보에 대해 더 많은 논평을 할 수 있었으며, 후보의 정책적 입장과 개인적 자질에 대해 더 많은 것을 알고 있거나 혹은 최소한 더 많은 것을 알고 있다고 느끼고 있었다.[6] 후보에 대한 인상의 경우, 비록 차이가 그렇게 큰 것은 아니었지만, 참가자들은 전반적으로 드나르디스에 대한 인상보다 모리슨에 대한 인상에서 좀 더 큰 차이를 보여주었다. 일반적으로 재임 중인 후보가 도전자보다 더 많이 알려져 있기 때문에(Mann & Wolfinger 1980) 우리의 실험 개입은 사실상 드나르디스보다 모리슨에 대해 더 많은 것을 전달했다고 할 수 있다.

우리는 또 참가자들이 또 하나의 실험 조건의 초점인 국가 경제 상황에 대해 얼마나 잘 알고 있는지와 관련해 서로 다른 조건 사이의 차이를 찾아보려고 했지만 별다른 성과를 얻지 못했다. 참가자들은 국가 경제가 작년 이맘때와 비교해 더 향상되었는지, 더 악화됐는지 혹은 그대로인지에 대한, 또 내년 이맘때 경제가 더 좋아질 것인지, 더 악화될 것인지 혹은 그대로일 것인지에 대한 질문을 받았다. 그들은 또 경제 문제 해결에 관한 레이건 대통령의 성공 여부에 대해 평가해 줄 것을, 그런 후 경제 문제가 전반적으로 민주당에 의해 더 잘 해결될 수 있는지, 혹은 공화당에 의해 더 잘 해결될 수 있는지에 대해 판단해 줄 것을 요청받았다. 결과는 경제에 관한 뉴스 보도에 노출된 참가자들이 실험 기간 동안 어떤 경제 뉴스도 보지 않은 참가자들보다 경제 문제에 대한 답변을 하는 데 더 많은 준비가 되어 있지는 않은 것으로 드러났다. 그것은 사실상 모든 사람들이 실험 조건과 관계없이 모든 경제 문제에 대해 의견을 피력했기 때문이다. 이로 미루어볼 때, 국가 경제 상황에 대한 우리의 실험 조작은 참가자들이 여타의 정보원-신문, 잡지, 전국적인 텔레비전 뉴스, 일상적 대화, 자신의 경험-으로부터 이미 수집한 정보를 단순히 반복한 것에 불과했다고 하겠다.[7]

유권자에 대한 점화

또 하나의 별도의 문제는 우리가 실험 조작을 통해 유도한 경제 상황에 대한 강조가 유권자가 드나르디스와 모리슨을 선택할 때, 경제에 부여하는 중요도에 영향을 미쳤는지의 여부였다. 이것은 기준 점화 가설(standard priming hypothesis)인데, 바로 검토하기로 한다. 우리는 이와 관련해 세 가지 별도의 명제를 검증했다. 이들 각각은 점화의 구체적 발현 방식이라고 할 수 있다. 첫째, 경제에 관한 뉴스에 노출된 시청자는 후보에 관한 뉴스에 노출된 시청자나, 혹은 선거에 관한 어떤 뉴스에도 노출되지 않은 시청자와 비교해, 투표 시 경제 상황에 대한 자신의 평가에 좀 더 많이 의존하는가? 둘째, 후보에 관한 보도에 노출된 시청자는 나머지 두 처치 조건에 배정된 시청자보다 자신이 존경하는 후보의 자질에 투표 시 더 많은 중요도를 부여하는가? 셋째, 선거에 관한 어떤 정보도 제공받지 못한 시청자는 경제나 후보자 조건에 배정된 시청자보다 투표 시 당파성이나 현직 재임에 더 많이 의존하는가?

이러한 질문에 답하기 위해 우리는 참가자들이 어떻게 투표했는지 알 필요가 있었다. 여기에서 우리는 우회로를 선택했다. 각각의 참가자는 드나르디스와 모리슨을 백점 척도의 "온도계(thermometer)"로 평가해 줄 것을 요청받았다. 거기에서 0도는 매우 부정적인 평가(매우 차가운), 100도는 매우 긍정적인 평가(매우 따뜻한), 그리고 50도는 중립적인 즉, 모호한 평가를 의미했다. 선거에 관한 이전 연구들은 선거 직전 경쟁 후보에 대한 국민의 온도계식 평가와 최종적으로 투표하는 표 사이에 밀접한 관련이 있다는 것을 밝혀주었다(예를 들면, Brody & Page 1973; Mann 1978). 그리고 그것은 1982년 제3선거구에서도 마찬가지였다. 예상했던 대로 드나르디스와 모리슨에 대한 참가자의 온도계식 평가의 최종적인 차이는 참가자의 선호도를 거의 완벽하게 예측했다. 56명의 참가자 가운데 55명은 자신들이 더 따뜻하게 평가한 후보에게 표를 실제로 행사할 의도를 가진 것으로 판명되었다.[8] 온도계식 평가가 너무나 강력하게 투표를 예측했기 때문에, 그리고 보다 민감한 척도를 제공했기 때문에 우리는 점화의 검증에서 온도계식 평가를 투표 그 자체의 대체물(surrogate)로 활용했다.

의원 선거에 관한 광범위한 연구의 결과에 맞춰 우리는 유권자가 후보의 당 소속,[9] 상대적 가시성(현직의 이점),[10] 후보의 개인적 자질,[11] 국가 경제 상황[12] 등 이들 네 가지 고려사항을 염두에 두면서 두 후보에 대한 평가에(그리고 마침내 투표에) 이르게 될 것이라고 가정했다. 따라서 전체적으로 다음과 같이 가정했다. 공화당 지지자는 드나르디스를, 민주당 지지자는 모리슨을 선호할 것이다. 드나르디스를 알고 있지만 모리슨을 모르는 유권자는 드나르디스를 지지할 것이다. 유권자는 자신이 보기에 존경할만한 자질을 더 많이 가지고 있다고 여기는 후보를 지지할 것이다. 그리고 마지막으로 경제 상황에 대해 비관적 전망을 가지고 있는 유권자는 모리슨을 더 선호할 것이지만, 경제 상황에 대해 좀 더 낙관적 전망을 가지고 있는 유권자는 드나르디스를 더 선호할 것이다. 그리고 이 관계는 유권자가 어떤 편집본의 지역 뉴스를 보든, 이와는 상관없이 모두에게 유효할 것이다. 하지만 만약 점화 가설이 유효하다면, 지역 뉴스가 국가 경제에 초점을 맞출 때 경제 상황에 대한 영향력은 증가하게 될 것이고, 지역 뉴스가 후보에 초점을 맞추면, 후보 개인의 자질에 관한 영향력은 증가하게 될 것이다. 그리고 지역 뉴스가 경제에 대해서도 또 후보에 대해서도 전혀 보도를 하지 않을 때, 당과 현직의 영향력은 자연스럽게 증가하게 될 것이다.

우리의 분석 결과는 앞의 두 예측은 지지해 주었지만 세 번째 예측은 그렇지 않았다(자세한 내용은 부록B를 참조하라). 표11.1의 결과가 보여주듯, 국가 경제 상황에 대한 평가는 실험 조건과 상관없이 온도계식 평가를 강력하게 예측해 주었다. 경제 뉴스에 의해 점화되지 않았을 때조차도 국가 경제에 더 낙관적인 유권자는 국가 경제에 대해 더 비관적인 유권자보다 드나르디스를 모리슨보다 더 지지했다. 좀 더 구체적으로 보면, 경제 낙관주의 지표에서의 4점 차이(약간 낙관적인 것과 약간 비관적인 것 사이의 차이)는 드나르디스의 선호도에 있어서 약 12도의 온도계 평가 차이와 관련 있었다. 이것은 주목할 만한 차이였지만, 더 중요한 것은 그것이 경제에 관한 뉴스를 시청한 유권자 사이에서 상당히 커지는 차이라는 점이었다. 실제로 시청자가 경제 뉴스에 의해 점화될 때, 경제에 대한 평가가 후보자 평가에 미치는 영향은 세 배 이상 증가했다. 그것은 경제 낙관주의 지표에서 4점 차이가 날 경우, 드나르디스가 40도 이상의 이점을 갖게 된다는 것을 의미했다.

후보의 자질과 관련해서는 훨씬 더 강력한 점화 효과가 등장했다. 모리슨보다 드나르디스에게서 더 많은 긍정적 자질을 보았던 시청자들은 드나르디스에 대해 더 따뜻하게 느꼈는데, 그것은 지역 뉴스가 후보에 대해 전혀 다루지 않았을 때도 마찬가지였다. 하지만 그것은 그리 눈에 두드러질 정도는 아니었다. 이를테면, 드나르디스에 대해 두 가지의 긍정적 자질을 언급했지만, 모리슨에 대해서는 좋은 점이 전혀 생각나지 않는다고 언급한 시청자들은 드나르디스를 평균 약 13도 정도 더 따뜻하게 평가했다. 하지만 이 동일한 차이의 영향력은 후보에 관한 정보에 의해 점화된 시청자들 사이에서는 거의 4배까지 상승했다. 모리슨에 대해서는 하나도 좋은 점을 언급하지 않았지만, 드나르디스와 관련해서는 두 가지의 자질을 좋아한다고 언급한 시청자들은 드나르디스를 온도계 상에서 60도 이상 더 따뜻하게 평가했다. 이것은 크고 정치적으로 매우 중요한 점화 효과에 해당했다.

표11.1
의원 투표의 점화: TV 뉴스 보도의 함수로서의 경제 상황과 후보 자질이 의원 후보자 평가에 미치는 영향력 추정치: 실험10(최소자승법 추정)

	TV 보도 없음 (기준)	TV 보도 (점화)	차이: 점화 빼기 기준
경제 평가	3.08	10.49	7.41*
후보 자질	6.45	31.07	24.62*

*$p < .01$

한편, 예상과 반대로 우리는 유권자가 경제에 관한 뉴스나 후보에 대한 정보에 의해 "방해받지(distracted)" 않을 때, 현직 재임과 당파성, 이 두 요소가 더 강력한 영향력을 행사할 것이라고 예측한 부분에 대해서는 이를 지지하는 어떤 증거도 발견하지 못했다. 두 후보의 이름을 말할 수 있는 유권자와 비교해, 드나르디스의 이름은 말할 수 있었지만 모리슨의 이름은 말하지 못한 시청자는 온도계 평가에서 현직 재임에 10점의 이점을 부여했다. 하지만 이런 이점이 선거에 관한 어떤 정보에도 노출되지 않은 시청자 사이에서 더 강화되지는 않았다. 따라서 우리는 어떤 조건 속에서도 당파성의 효과를 발견할 수는 없었다. 우리가 국가 경제 상황에 대한 유권자의 평가나 두 후보자에 대한 유권자의 평가 및 친숙함의 정도를 고려사항에 포함시키기만 하면, 당파성의 직접적인 영향력은 완전히 사라졌다.

하지만 당파성은 국가 경제 상황에 대한 유권자의 평가나 후보에 대한 인상에 대해 간접적인 방식으로 강력하게 영향을 미쳤다. 민주당원은 공화당원보다 국가 경제에 대해 좀 더 비관적 의견을 피력했고, 이와 유사하게 민주당원은 드나르디스보다 모리슨에 대해 좀 더 많은 장점을 이야기했다. 요컨대, 당파성은 후보에 대한 유권자의 온도계식 평가에 영향을 미쳤지만, 그것은 간접적인 방식이었다는 것이다. 게다가 이런 당파성의 간접적인 효과는 점화 가설과 마찬가지로 뉴스 보도의 초점에 의해 강화되었다. 이를테면, 국가 경제 상황의 견해에 대한 당파성의 영향은 국가 경제를 다룬 지역 뉴스를 본 시청자 사이에서 증가했다. 다시 말해, 공화당원에 비해 민주당원은 지역 뉴스가 국가 경제 상황에 초점을 맞췄을 때, 경제 상황에 대한 평가에서 더 비관적이 되었고 레이건 정부의 경제 정책에 대해 더 비관적이 되었다는 것이다.[13] 또 두 후보의 평가에 대한 당파성의 영향은 후보를 다룬 지역 뉴스를 본 시청자 사이에서도 증가한 모습을 보여주었다. 다시 말해, 공화당원에 비해 민주당원은 지역 뉴스가 후보에 대해 초점을 맞췄을 때, 드나르디스보다 모리슨에 대해 더 많은 장점을 이야기 했다는 것이다.[14]

우리가 여기에서 발견한 그런 종류의 점화 효과의 선거 영향은 상당히 중대할 수 있다. 선거에 작동하는 여타의 다양한 힘을 고려하면, 그 효과는 결정적일 수도 있다. 설명에 도움이 될 수 있도록 드나르디스와 모리슨 둘 모두를 알고 있지만, 아직 어느 한 후보를 결정하지 못한 코네티컷의 제3선거구 유권자들(그러니까 이들은 드나르디스와 모리슨에 대해 다양한 장점을 얘기할 수 있는 유권자들이다)을 예로 들어 생각해 보자. 만약 그런 유권자들이 국가 경제에 대해 다소나마 긍정적 태도를 가지고 있다면, 우리 분석에 따라 이들은 드나르디스를 지지하는 경향을 보일 것이다. 하지만 드나르디스 입장에서 볼 때 이런 유권자들이 자신을 강조하는 뉴스를 볼 때보다 국가 경제에 관한 뉴스를 볼 때 자신에게 훨씬 더 많은 지지를 보낼 것이라고 기대할 수 있다. 그것은 우리가 후자의 경우에서 가상의 유권자가 46도 정도, 그리고 전자의 경우에서는 단 10도 정도 더 드나르디스를 좋아하게 될 것이라고 추정했기 때문이다. 이런 차이는 국가 경제에 대해 비관적인 가상의 유권자 사례에서도 마찬가지로 뚜렷했다. 우리의 실험 결과는 만약 이런 유권자가 후보에 관한 뉴스에 노출될 경우에는 모리슨을 약간의 차이(평균 9도)로 더 선호할 것이지만, 경제에 관한 뉴스에 노출될 경우에는 좀 더 큰 차이(평균 17도)로 모리슨을 선호할 것이라고 예측했다.

이런 우리 실험 결과가 제공하는 예측에 따르면, 텔레비전 뉴스 보도만으로도 유권자는 미결정의 망설임 상태에서 강력한 지지로 이동할 수 있다는 것을 시사해 준다. 그렇다면 점화가 후보의 승부를 결정짓는다고 결론을 내려도 그렇게 지나치다고 할 수는 없을 것이다. 1972년 제3선거구에서 로렌스 드나르디스는 30만 불 이상을 사용했고, 8만 8천표보다 좀 많은 표를 얻었다. 하지만 그것은 충분한 것이 아니었다. 유효 투표의 50.5퍼센트를 획득한 모리슨이 당선되었고, 드나르디스는 집으로 돌아갔다.[15]

대통령 선거 투표

우리는 이어서 점화가 대통령 선거에서 담당할 수 있는 역할에 대해 탐구했다. 유권자의 관점에서 볼 때, 대통령 선거는 대단히 복잡하다고 할 수 있다. 그것은 부분적으로 주요 정당 사이의 격돌이고, 정부가 추구해야 될 정책에 대한 이념적 투쟁이며, 지난 4년 동안 정부의 직무 수행에 대한 평가이다. 또 후보자가 어떤 유형의 인물인지에 대한 상대적 평가이기도 한데, 그런 평가는 부분적으로 후보자가 환기시키는 특정한 감정에 대한 반영이기도 하다. 너무나 많은 요소가 유권자의 선택에 개입하기 때문에 점화는 다양한 방식으로 나타날 가능성이 크다.

1980년의 사례

1980년 대통령 선거는 그런 특징을 매우 잘 드러낸 사례라고 할 수 있다. 당시 그 선거는 투표일이 다가옴에 따라 점점 더 박빙의 모습을 보였다. 대부분의 뉴스는 레이건이 앞서 있다고 했지만, 카터 대통령에 대한 레이건의 우세는 매우 미미했다. 또 전례 없이 많은 부동층으로 선거 결과는 예측하기가 어려웠다. 대규모 유권자를 표본으로 한 선거 전날 밤의 여론조사에서 CBS와 〈뉴욕타임스〉는 레이건이 겨우 1퍼센트 정도 앞섰다고 밝혔다. 또 ABC와 해리스(Harris)는 5퍼센트 앞섰다고 보도했고, 갤럽(Gallup)은 3퍼센트 앞섰다고 발표했다. 하지만 며칠 뒤 밝혀진 바에 따르면, 레이건은 유효 투표의 51퍼센트를 얻음으로써, 41퍼센트를 얻은 카터를 압도적인 표차로 물리치며 당선되었다. 그렇다면 도대체 여론조사는 왜 그렇게 부정확했는가?

하나의 가능성은 여론조사가 기본적으로 맞았지만, 그것이 진행된 시점과 투표일 사이에 대규모 유권자가 레이건으로 이동했을 가능성이다. 선거 막바지에 가장 두드러졌던 것은 이란 인질 사태 해결을 둘러싼 일련의 사건들이었다. 언론은 인질 사태의 전개 과정과 마지막 협상 실패에 엄청난 관심을 보이면서 이에 대해 자세히 보도했다. 선거 전날 밤, 세 네트워크 뉴스는 모두 방송의 대부분을 이란 인질 사태의 전개과정 요약, 테헤란 주재 미 대사관 점거, 교착상태에 빠진 수개월 동안의 협상, 구조 임무의 실패, 그리고 특별히 이란 측 요구의 수용과 관련되어 증폭된 복잡성 등을 보여주는 데 할애했다. 어떻게 보면 그런 보도는 많은 유권자들로 하여금 자신들이 직면한 결정을 카터 대통령의 외교적 직무 수행에 대한 평가를 중심으로 판단하도록 유도하면서 카터의 재선에 파괴적이고 치명적인 영향을 미쳤다고 할 수도 있을 것이다.[16]

이 주장은 우리의 이론적 관점과 잘 부합된다. 그리고 그것은 단순히 점화의 한 특정한 유형이지만, 또 대단히 중요한 유형이라고 할 수 있다. 게다가 지금까지 우리가 밝힌 실험 결과와 그 주장은 일치하고 있다. 그럼에도 불구하고 우리는 더 나아가 1980년 대통령 선거 막바지에 있었던 이란 인질 사태에 대한 집중적인 보도, 그리고 이와 관련된 점화 효과를 재구성하기 위해 마지막 실험을 설계했다.

1980년 선거의 실험적 재구성

실험7은 1982년 6월 진행되었다. 실험 참가자는 뉴헤븐에서 통상적인 방식으로 모집되었고, 세 개의 처치 조건 중 하나에 배정되었다. 중립적, 즉 통제 조건의 참가자들은 밴더빌트 대학 텔레비전 뉴스 아카이브(Vanderbilt University Television News Archive)로부터 수집한 최근 기사 9개로 구성된 네트워크 뉴스 편집본을 보았다. 반면, 인질 조건(hostage treatment)에 배정된 참가자들은 두 가지를 제외하면, 모든 면에서 통제 조건의 참가자와 동일한 편집본을 보았다. 먼저 멸종 위기에 처한 캘리포니아 콘도르(California Condor)에 관한 기사가 빠졌다. 대신, 1980년 선거 막바지에 방송되었던 인질 석방에 대한 이란의 요구를 자세히 설명하는 기사가 삽입되었다. 그 기사는 만약 이란의 요구가 수용되지 않을 경우, 인질 모두가 간첩 혐의로 재판받게 될 것이라고 지적하면서 마무리했다. 다음으로 시베리아 횡단 철도(trans-Siberian railroad)에 대한 기사가 빠졌다. 대신, 이란이 지금 자신의 요구에 대한 워싱턴의 답변을 기다리고 있다고 설명하는 기사가 삽입되었다. 그 기사는 그런 설명이 제시되는 동안 아야톨라 호메이니(Ayatollah Khomeini)가 테헤란의 강경파 학생들에게 연설하고 있는 모습을 보여주었다.

실험7의 주요한 목적은 이란 인질 사태에 관한 기사로 인해 점화된 시청자가 중립적 조건의 시청자보다 카터 대통령의 전반적인 국정 수행을 평가할 때 외교적 사안을 더 중요하게 여기는지 알아보는 것이었다. 부차적인 목적은 점화가 불리한 뉴스(bad news) 뿐 아니라 유리한 뉴스(good news)에 의해서도 발생할 수 있는지 알아보는 것이었다. 세 번째 조건에 무작위로 배정된 참가자들은 동일한 방송을 보았다. 하지만 이번에는 지미 카터의 가장 중요한 외교적 성과인 캠프 데이비드 평화 협정(Camp David Peace Accords)에 대한 조인 과정을 요약한 두 개의 기사를 대신 끼워 넣었다. 이런 실험 조건을 통해 우리는 실책에 관한 기사와 마찬가지로 성과에 초점을 맞춘 기사도 점화를 유발시킬 수 있는지, 이를 확인하는 것이 가능했다.

우리는 실험7의 세 개의 실험 조건 속에서, 카터의 외교적 직무 수행에 대한 시청자의 평가가 대통령으로서 카터의 전반적 국정 수행에 대한 평가에 미치는 영향을 상호 비교함으로써 점화를 검증했다. 실제로 우리는 네 개의 별도의 검증을 했다. 그리고 이들 각각은 카터의 외교적 직무 수행과 관련된 별도의 내용을 포함하고 있었다. 참가자들은 다음의 내용을 평가해 줄 것을 요청받았다. (1) 카터 대통령의 인질 사태에 대한 대응 능력(대부분은 실패라고 생각했다), (2) 카터의 캠프 데이비드에서의 중동 문제 협상에 대한 직무 수행(대부분은 그에게 높은 점수를 주었다), (3) 카터 정부 아래서의 전 세계에 대한 미국의 힘과 도덕적 권위(대부분은 미국의 영향력이 약화되었다고 생각했다), 그리고 마지막으로 (4) 세계 문제를 대처하는 카터 대통령의 효율성(대부분은 그다지 실효적이지 않다고 생각했다)이었다.[17] 만약 점화 가설이 옳다면, 텔레비전 뉴스가 외교적 사안에 초점을 맞출 때 카터의 외교에 관한 직무 수행과 관련된 이들 각각의 측면은 카터 대통령의 전반적 국정 수행 평가에 보다 큰 영향력을 행사해야 할 것이다.

카터 대통령의 외교적 직무 수행의 구체적 측면을 포함하고 있는 첫 두 검증에 대한 결과는 표11.2에 제시되어 있다(추정치에 대한 세부적인 설명은 부록B를 참고하라). 결과는 점화가 성공과 실패 모두에 의해 유발될 수 있다는 것을 보여준다. 캠프 데이비드에서 이룩한 카터의 외교적 성공에 관한 기사는 유감스런 인질 사태의 경과를 되풀이 해 보여 준 기사와 마찬가지로 외교적 직무 수행의 중요도를 높여 주었다.

연구 결과는 또 점화는 점화되는 판단과 점화를 유발하는 뉴스 기사 사이에 밀접한 관련성을 필요로 한다는 것을 시사해 주었다. 카터 대통령의 전반적 국정 수행 평가에서, 인질 사태에 대한 카터의 대응 능력에 부여된 중요도는 인질 사태에 대한 뉴스의 노출에 의해서는 증폭되었지만, 캠프 데이비드에 관한 뉴스의 노출에 의해서는 증폭되지 않았다. 마찬가지로 카터 대통령의 캠프 데이비드 협정에 대한 시청자의 평가가 전반적인 국정 수행 평가에 미치는 영향은 캠프 데이비드 뉴스 노출에 의해서는 크게 증가되었지만, 인질 사태에 대한 뉴스 노출에 의해서는 그렇게 크게 증가되지 않는 상호보완적인 형태를 취했다.

표11.2
대통령 평가에 대한 점화: TV 뉴스 보도의 함수로서의 인질 사태와 캠프 데이비드 직무 수행이 카터 대통령의 전반적인 국정 수행 평가에 미치는 영향: 실험7(최소자승법 추정)

	캠프 데이비드에 대한 TV 보도	TV 보도 없음 (기준)	인질 사태에 대한 TV 보도
캠프 데이비드 직무 수행	.43*	.08	.30
인질 사태 직무 수행	.37	.31	.53*

*p 〈 .20 (점화와 기준 영향 사이의 차이에 대한 것임)

    한편, 표11.3은 점화의 검증을 보다 포괄적인 지평으로 이동시킨다. 1980년 대통령 선거에서 반복적으로 등장했던 하나의 주제는 세계무대에서 미국의 영향력이 쇠퇴하고 있다는 주장이었다. 레이건 측 선거본부는 이 주제를 반복적으로 강조했고, 이란 인질 사태는 그것의 전형적인 사례에 해당했다. 첫 번째 행(row)은 인질 사태(또는 캠프 데이비드)에 관한 뉴스가 카터 대통령의 국정 수행을 평가할 때 시청자가 그 기준에 맞춰 평가한 정도를 얼마나 더 강화시켜 주었는지를 보여준다. 결과는 그런 효과가 전혀 없었다는 것이다. 왜냐하면 첫 번째 행에서 우리는 그런 점화 효과의 어떤 흔적도 찾을 수 없기 때문이다. 여기에서 우리는 세계무대에서의 미국 영향력 감소라는 주제가 중요했다는 것을 주목해 볼 필요가 있다. 비록 카터 재임 중 세계무대에서 미국의 입지가 약화되었다고 생각하는 시청자가 카터 정부 아래서도 여전히 미국이 존경받고 있다고 여기는 시청자보다 평균적으로 카터를 훨씬 덜 우호적으로 평가하기는 했지만, 그렇다고 이런 실질적 관계가 구체적인 외교적 사안과 관련된 텔레비전 뉴스 보도에 의해 더 강화되지는 않았다.

표11.3
대통령 평가에 대한 점화: TV 뉴스 보도의 함수로서의 미 영향력 쇠퇴와 외교에 대한 카터 대통령의 효율성에 대한 판단이 카터 대통령의 전반적 국정 수행 평가에 미치는 영향: 실험7(최소자승법 추정)

	캠프 데이비드에 대한 TV 보도	TV 보도 없음 (기준)	인질 사태에 대한 TV 보도
미국의 쇠퇴	.63	.65	.60
카터의 외교적 효율성	.57*	.30	.69**

*p 〈 .20 (점화와 기준 영향 사이의 차이에 대한 것임)
**p 〈 .05

표11.3의 두 번째 행에 제시된 결과는 이런 점화 효과의 실패가 미 영향력의 감소라는 주제 자체의 순수한 일반론 때문이 아니라, 그 내용과 관련되어 있다는 사실을 시사해 준다. 둘째 행은 두 번째 일반적 주제인 외교 문제를 다루는 카터 대통령의 효율성에 대한 판단에 상당한 점화가 작동하고 있다는 것을 보여준다. 그리고 다시 한 번 대통령의 성과와 실패 모두에 의해 점화가 유발된다는 것을 보여준다. 게다가 각각의 사례에서 그 효과가 상당한 것으로 나타났다. 표에 따르면 시청자가 캠프 데이비드나 인질 사태에 관한 뉴스에 노출될 경우, 이들이 내리는 카터의 외교 문제 대처 효율성에 대한 평가가 대통령으로서 카터의 전반적인 국정 수행 평가에 미치는 영향력은 배가되었다는 것을 보여준다.

이런 점화 효과가 얼마나 거대한가에 대한 느낌은 다음의 사례를 통해 경험할 수 있다. 스미스(Smith)와 존스(Jones)라는 두 명의 유권자가 있는데, 스미스가 카터 대통령의 외교적 능력을 전반적으로 효율적(5점 척도에서 2점)이라고 판단하는 반면, 존스는 대체로 비효율적(5점 척도에서 4점)이라고 판단하고 있다는 것을 제외하면, 이들 둘은 모든 면에서 동일하다고 가정해 보자. 만약 우리의 실험에서 스미스와 존스 둘 모두가 통제 조건에 배정된다면, 이 하나의 차이는 카터 대통령의 국정 수행에 대한 전반적 평가에서 미미한 차이를 만들어낼 것이다. 이를테면, 스미스는 카터 대통령의 전반적 국정 수행에 대해 약간의 긍정적인 평가를 내리는 반면 존스는 약간의 부정적인 평가를 내리게 될 것이다. 하지만 이와 달리 만약 스미스와 존스가 인질 사태에 대한 뉴스 기사를 보게 된다면, 카터의 외교적 효율성 평가의 1점 차이는 훨씬 더 중요한 역할을 하게 된다. 이란 인질 사태에 관한 기사에 의해 점화된 스미스는 이제 카터 대통령을 좀 더 긍정적으로 평가하는 반면, 존스의 평가는 매우 부정적으로 변하게 된다. 그런 차이는 일반적으로 대통령 선거에서, 구체적으로는 1980년 대통령 선거에서 점화가 담당했던 역할을 시사해 준다고 하겠다.[18]

요약 및 결론

우리가 수행한 한 쌍의 선거 실험은 점화가 유권자의 선택에서도 작동한다는 것을 보여준다. 즉, 대통령이나 미 하원의원을 선출하기 위해 유권자가 투표소로 가는 동안 이들의 마음속에 가장 중요하다고 여겨지는 우선순위는 선거 막바지의 텔레비전 뉴스에 의해 큰 영향을 받는다는 것이다.

이런 효과가 힘을 발휘하게 된 하나의 원인은 우리가 미리 준비한 뉴스 조작이 의심의 여지없이 후보자가 책임이 있다고 여겨지는 사건이나 결과, 혹은 고려사항 등에 초점을 맞추었던 데에 있을 수 있다. 9장에서 우리가 발견했던 것처럼, 점화는 뉴스 보도가 사건과 평가 대상 사이에 긴밀한 관계가 있다는 것을 넌지시 암시하면서 사건을 해석할 때 더 강화된다. 우리가 수행한 이 두 개의 선거 실험은 그 조건을 충분히 충족시켰다. 1982년 중간 하원의원 선거의 경우 우리는 후보자 자신이 확실하게 관련된 개인적 자질에 초점을 맞추거나, 혹은 시청자가 국가의 경제 정책과 의회 구성 사이의 연관성을 충분히 도출할 수 있도록 명확하게 틀지어진 국가 경제 상황에 연구의 초점을 맞췄다. 그리고 1980년 대통령 선거 막바지에서의 실험 연구는 캠프 데이비드 협정이나 혹은 인질 사태 중 하나를 강조했는데, 이 두 사건은 일반적으로 카터 대통령의 개인적 성과 혹은 참사로 각각 이해되었다. 이런 관점에서 보면 결과의 폭이 비록 불안정하기는 했지만 이해할만한 수준이었다고 할 수는 있을 것이다.

투표 당일의 실험은 여기에서 반복해 기술해도 좋을 추가적인 두 개의 교훈을 더 가지고 있다. 먼저, 점화는 실패뿐 아니라 성과에 의해서도 유발될 수 있다는 것이다. 이를테면, 캠프 데이비드 협정을 부각시킨 기사는 인질 사태에 대한 우울한 기사만큼 카터 대통령에 대한 시청자의 평가와 관련된 점화를 유발시키는 데 효과가 있었다. 우리는 단 하나의 비교 사례에 의존했기 때문에 성과와 실패가 항상 똑같이(equally), 그리고 대칭적으로 (symmetrically) 영향을 준다고 주장할 생각은 없다. 다만 우리는 이 하나의 결과를 점화가 유리한 뉴스와 불리한 뉴스, 둘 모두에 의해 유발될 수 있다는 단지 하나의 증거로만 여기고자 한다.

두 번째 교훈은 의도된 점화 대상인 판단의 영역과 점화를 구성하는 뉴스 기사가 서로 면밀하게 상응할 필요가 있다는 것이다. 이 교훈은 두 실험 결과에 의해 제시된다. 첫째, 카터 대통령의 전반적 평가에서 인질 사태 대처 능력에 부여된 중요도는 인질 사태 기사의 노출에 의해 강화되었다. 하지만 캠프 데이비드 기사 노출을 통해서는 그런 효과가 나타나지 않았다. 마찬가지로 카터 대통령의 캠프 데이비드 협상 성공에 대한 시청자의 평가가 시청자의 전반적 국정 수행 평가에 미치는 영향은 캠프 데이비드 뉴스 노출에 의해서는 큰 영향을 받았지만 인질 사태 기사 노출에 의해서는 그렇지 않았다. 둘째, 1980년 선거 막바지에 이루어진 캠프 데이비드 평화 협정 혹은 인질 석방 관련 협상에 관한 보도는 시청자가 카터 대통령의 전반적인 국정 수행을 평가할 때 외교 문제의 효율적 대처라는 주제를 더 중요한 고려사항으로 여기도록 만들었지만, 세계무대에서 미국 영향력 감소라는 주제와 관련해서는 그것을 더 이상 중요한 고려사항으로 여기도록 하지는 않았다. 그것은 카터의 국제 관계 효율성이 캠프 데이비드의 성공과 이란 인질 협상의 실패에 의해 직접적인 형식으로 강력하게 암시된 반면, 쇠퇴하는 미국의 힘과 지위는 덜 직접적인 형식으로 덜 강력하게 암시되었기 때문이다. 후자의 경우에서 시청자의 더 많은 추론적 작업이 필요했지만, 사실상 어떤 시청자도 그런 추론 작업을 시도할 준비가 되어 있지는 않았다. 이 결과는 어떤 측면에서 국민은 놀라울 정도로 차별적이라는 것을 시사해 준다. 결론적으로 점화 효과는 뉴스에 등장하는 영상과 이야기가 시청자에게 요구되는 선택과 판단에 얼마나 잘 상응하는가에 따라 크게 달라질 수 있다고 하겠다.

이 장의 판단에 따르면, 텔레비전 뉴스는 선거 과정에 강력한 영향력을 행사한다. 그렇다면 이런 영향력은 환영할만한 일인가 아니면 개탄할 일인가? 텔레비전 뉴스는 민주주의 발전에 기여하는가 아니면 오히려 해가 되는가? 명확한 답변을 약속할 수는 없지만, 마지막인 다음 장에서 그 문제를 다루어 보려고 한다. 거기에서 우리는 텔레비전 시대의 민주 정치의 실천 및 전망과 관련해 지금까지 우리가 수행한 연구 결과가 갖는 의미에 대해 살펴보기로 한다.

12
중요한
뉴스

　얼마 전까지만 해도 텔레비전은 "사업가의 막연한 생각에 불과했다"(Weaver 1975, 81). 하지만 이젠 그렇지 않다. 40년이 지난 지금 텔레비전은 편안하고 안락한 습관이 되었고, 우리 삶에 강고하게 뿌린 내린 필수품이 되었다. 텔레비전이 미국인의 삶 중심부로 이동하는 동안, 텔레비전 뉴스는 정치 관련 정보원 중 가장 중요한 정보원이 되었다. 지금까지 우리는 텔레비전의 확산과 함께 등장한 이러한 새로운 관계를 체계적으로 점검했다. 이제 마지막 장인 여기에서 우리는 지금까지 제시한 핵심 연구 결과를 요약하고, 이를 매스커뮤니케이션과 정치학이라는 보다 광범위한 연구의 맥락 속에서 자리매김해 보고자 한다. 그리고 그 과정에서 우리는 좋든 싫든, 텔레비전이 이미 미국의 정치 과정의 단골 참여자가 되었다는 사실을 주장하고자 한다. 마지막으로 우리는 우리의 연구 결과가 민주 사회에 대해 갖는 규범적 의미(normative implications)를 평가하는 하나의 수단으로 텔레비전 뉴스가 정치에 대해 가지고 있는 특이하고 독특한 견해-이것은 결국 우리 자신의 견해가 된다-를 어떻게 전달하는지에 대해서도 논의해 보고자 한다.

연구 결과의 요약

의제설정

사회나 국가에 대한 미국인의 견해는 저녁 뉴스에 등장하는 기사에 큰 영향을 받는다. 우리의 연구 결과에 따르면, 특정 문제에 주목하도록 편집된 네트워크 뉴스에 노출된 시청자들은 그 문제를 좀 더 중요하게 생각했다. 즉, 이들은 그 문제에 대해 실험 전 자신이 부여한 중요도보다 실험 후에 더 큰 중요도를 부여했고, 다른 문제가 강조된 통제 조건 속의 시청자들이 부여한 중요도보다 이들은 더 큰 중요도를 부여했다. 실험 참가자들은 또 표적 문제를 국가적으로 더 중요한 문제로 여겼고, 걱정했으며, 그와 관련해 정부가 좀 더 신경을 써야한다고 믿었다. 또 표적 문제에 대해 보다 분명한 생각을 밝혔고, 그것을 국가의 가장 중요한 문제 중의 하나로 더 많이 지목했다. 그런 차이는 방송 하루 뒤에도, 또 일주일 뒤에도 뚜렷했다. 그것은 또 의제설정 효과 검증을 위한 실험에서도, 다른 연구 목적을 가진 실험에서도 마찬가지로 나타났다. 좀 더 구체적으로 말하면, 일주일 동안 매일 표적 문제에 시청자의 관심을 유도했던 시퀀셜 실험에서도, 그리고 단지 한 시간 동안 진행되었던 어셈블러지 실험에서도, 그 차이는 뚜렷했으며, 또 국방, 환경오염, 핵무기 제한, 민권, 에너지, 사회보장제도, 마약,

교육 등 보다 더 광범위한 국가적 문제들에서도 마찬가지로 뚜렷하게 나타났다. 또 이러한 실험 결과는 네트워크가 방송한 뉴스 보도의 흐름과 국민 여론 동향에 대한 상관관계 분석을 통해서도 전반적으로 확인되었다. 다양한 연구방법을 사용했음에도 불구하고, 본질적으로 동일한 결과가 발견되었다는 사실은 텔레비전 뉴스가 다양한 국가적 문제에 대해 미국인들이 부여하는 상대적 중요도에 영향을 미친다고 하는 우리의 결론을 더 확고하게 만들어 주었다.

좀 놀라웠던 것은 생생한 뉴스 묘사가 기본 의제설정 효과를 강화시키지는 않았다는 사실이다. 오히려 국가적 문제를 묘사하기 위해 선택한 개인적 어려움에 대한 극적 묘사가 의제설정 효과를 더 약화시키는 결과를 초래하기도 했다. 특히 어려움을 겪는 희생자가 자신이 겪는 문제에 책임이 있다고 여겨질 때, 의제설정 효과는 오히려 약해지는 결과를 초래했다. 또 우리는 시청자가 문제의 희생자에 대해 아무런 책임이 없다고 여길 경우에는 생생한 뉴스 묘사가 의제설정 효과를 강화시킬 수 있을 것이라고 가정했다. 이를테면, 굶주림으로 죽어가는 에티오피아 아이들의 자극적이고 가슴 뭉클한 영상은 글로 표현할 수 없는 기근의 의미를 전달할 수 있을 것이다. 그리고 일반적으로 그런 아이들은 죄 없는 잔인한 운명의 희생자로 이해될 수 있기 때문에, 아프리카의 기근이 심각한 문제라는 시청자의 믿음을 강화시킬 수 있을 것이다. 하지만 우리의 연구 결과는 개인이 겪는 고통을 감동적으로 묘사한 기사라 하더라도 그 기사가 표적 문제에 부여하는 시청자의 우선순위를 앞당기지는 못했다는 것을 보여주었다.

실험 결과는 또 보도물 내 기사의 위치가 의제설정 효과에 영향을 미친다는 사실을 보여주었다. 일반적으로 머리기사는 비머리기사보다 더 큰 영향력을 발휘했다. 설문조사 자료에 대한 분석은 머리기사가 비머리기사보다 의제설정에 훨씬 더 심대한 영향을 미친다는 것을 보여주었다. 우리는 이에 대해 두 가지 설명이 가능하다고 생각한다. 하나는 단순히 시청자가 뒤에 나오는 기사보다 앞머리에 등장하는 기사에 더 많은 주의를 기울일 수 있고, 특히 집에서 시청할 경우 시청을 방해하는 요소가 더 많을 수 있다는 설명이다. 다른 하나는 국민들이 머리기사를 특별히 뉴스 가치가 있는 것으로 인식할 수 있다는 것이다. 네트워크는 머리기사를 선택할 때 그런 뉴스 가치를 근거로 선택한다고 주장한다.

물론, 사람들이 국가적 문제를 생각할 때 텔레비전 뉴스만을 유일한 정보원으로 삼지는 않는다. 개인적 경험 역시 또 하나의 정보원이 된다. 실험과 국민 여론조사 자료를 활용하면서, 우리는 일상적인 삶 속에서 표적 문제를 경험한 사람들이 그런 문제를 경험하지 않았던 사람들보다 전반적으로 그것을 더 중요한 국가적 문제로 인식한다는 것을 발견했다. 특히 흑인이 백인보다 민권에 대해 더 많은 중요도를 부여하고, 노인이 청년보다 사회보장제도의 지속가능성에 대해 더 많은 중요도를 부여한다는 사실도 발견했다. 사람들은 또 스스로를 희생자 집단의 일원으로 파악할 경우, 자신이 겪는 문제를 국가가 당연히 진지하게 고민해야 될 국가적 문제로 더 많이 인식한다는 것을 보여주었다.

우리는 개인적 상황에 대해 특별히 관심을 가졌는데, 그 이유는 그것이 시청자를 특정한 뉴스 의제에 대해 더 취약하게 만드는 요인으로 작용할 가능성 때문이었다. 대체로 우리의 실험 결과는 정확하게 그런 가능성을 확인해 주었다. 이를테면, 민권에 대한 뉴스 보도는 백인보다 흑인 사이에서, 실업에 대한 보도는 직장인보다 실업자 사이에서,[1] 사회보장제도의 붕괴 가능성에 대한 보도는 청년보다 노인 사이에서 더 영향력이 있는 것으로 나타났다. 이 연구의 전반적인 요점은 만약 텔레비전 뉴스가 개인이 겪는 일상적인 삶의 문제와 일상적 투쟁에 대해 사회적인 지지와 정치적 정당성을 부여하면서 그런 개인적 경험을 사회적으로 확증해 줄 경우, 그런 뉴스는 가장 강력한 효과를 발휘할 수 있다는 것이다.

전반적으로 우리는 의제설정에 대한 우리의 연구 결과가 약 반세기 전 리프만이 제시했던 언론에 대한 논평을 입증한 것으로 생각한다. 비록 리프만이 염두에 둔 것은 신문이었지만, 그의 분석은 현재 미국 사회에서 텔레비전이 차지하고 있는 지위와 매우 깊은 관련이 있다고 할 수 있다. 시민들은 스스로 경험할 수 없는 국가적 그리고 세계적 문제에 대한 뉴스는 반드시 여타의 정보원에 의존해야 한다는 그의 지적은 이 연구를 통해 충분히 확인되었다고 하겠다.[2] 따라서 이 연구를 통해 우리가 이룩한 성과는 "저 너머 수수께끼"에 대한 국민들의 생각을 텔레비전 뉴스가 어떻게 규정하는지에 대한 다양하고 구체적인 방식을 밝혀냈다는 점이 될 것이다.

점화

의제설정에 대한 우리의 연구 결과는 리프만에 의해 주창되고 여타 학자들에 의해 지속되어 온 오랜 전통에 기여했지만, 점화에 대한 연구 결과는 좀 더 독창적인 관점을 제시했다. 점화는 사람들이 복잡한 정치 현상을 판단할 때, 자신이 알고 있는 모든 것을 고려하면서 판단하지는 않는다는 것, 또 심지어 그렇게 해야 될 때조차도 그렇게 하지 않는다는 것을 가정한다. 대신 머릿속에 떠오르는 것, 즉 접근 가능한 정치적 기억의 파편들을 고려사항으로 여긴다고 가정한다. 이와 관련해 우리는 시청자의 머릿속에 무엇이 상기되고, 또 무엇이 잊혀지거나 무시되어야 하는지를 결정하는 강력한 결정 요인으로 텔레비전 뉴스를 가정했다. 다시 말해, 점화-정치권의 어떤 측면에 대해서는 시청자의 관심을 유도하면서, 다른 측면에 대해서는 무시하는 것-를 통해 텔레비전 뉴스는 시청자의 정치적 판단이 이루어지거나 정치적 선택이 이루어지는 조건을 결정하는 데 영향을 미칠 수 있다고 우리는 예측했다.

연구 결과는 이런 주장을 명확하게 지지해 주었다. 이를테면, 국방에 초점을 맞춘 텔레비전 뉴스 기사에 의해 점화되면, 사람들은 대체로 자신이 보기에 대통령이 국방 문제에 대해 얼마나 잘 대처해 왔는지를 두고 대통령을 판단했다. 또 인플레이션에 관한 기사에 의해 점화될 경우, 사람들은 스스로 보기에 물가 상승을 대통령이 얼마나 잘 억제해 왔는지를 두고 대통령을 평가했다. 그리고 이것은 나머지 국가적 문제들에 대해서도 마찬가지였다. 또 다양한 검증 결과, 점화는 강력하면서도 광범위하게 존재했다. 점화는 무기 제한, 민권, 국방, 인플레이션, 실업, 에너지 등의 국가적 문제에 대한 다양한 독립적 검증에서도 나타났다. 또 공화당 대통령(레이건)에 대해서 뿐만 아니라 민주당 대통령(카터)에 대해서도, 또 서로 다른 실험에서도, 그리고 좋은 뉴스뿐 아니라 나쁜 뉴스에서도, 또 투사의 가능성을 통제하면서 점화 효과를 측정하는 분석에서도 점화는 나타났다. 이 모든 것은 텔레비전 뉴스가 대통령의 국정 수행 평가 기준에 실제로 영향을 미친다는 것을 시사해 주었다.

한편, 우리가 실험을 통해 조작한 것은 주요 국정 과제에 대한 시청자의 관심이었기 때문에 우리는 시청자의 대통령에 대한 전반적인 국정 수행 평가가 대통령 자질에 대한 평가보다 더 효과적으로 점화될 것으로 예측했다. 왜냐하면 대통령의 자질에는 정치적인 부분과 개인적 부분이 서로 얽혀 있고, 따라서 이를 평가하는 데에는 더 많은 결정 요인이 작용할 것으로 판단했기 때문이다. 이런 예측은 확인되었다. 우리는 또 국방, 인플레이션, 무기 제한과 같은 분야에서의 성공이나 실패는 대통령의 청렴도보다 대통령의 능력을 좀 더 많이 반영할 것이라는 판단 아래 이와 관련된 점화는 대통령의 청렴도에 대한 평가에서보다 능력에 대한 평가에서 더 뚜렷하게 나타날 것이라고 예측했다. 이런 예측은 카터 대통령의 경우 모든 면에서 입증되었지만, 레이건 대통령의 경우에는 전반적으로 크게 빗나갔다. 이런 예상치 못한 결과는 국민들이 대통령의 자질 중 논란의 여지가 가장 많은 부분에 대한 점화에 가장 민감할 수 있다는 것을 시사해 준다. 구체적으로 보면, 카터 대통령에게 그것은 그가 대통령직이 요구하는 업무를 수행할 능력이 있는가와 같은 능력의 문제였던 반면, 레이건 대통령의 경우에 그것은 그가 모든 미국인들의 행복에 관심을 가질 것인가와 같은 신뢰의 문제와 더 관련되어 있었다. 하지만 좀 더 전반적인 수준에서 보면, 국민들이 진지하게 여기는 대통령의 자질적 측면은 좀 더 폭넓은 정치적 맥락에 의해 결정될 수도 있다. 이를테면, 충격적인 스캔들이 발생하면 대통령의 자질 중 신뢰와 청렴도가 좀 더 중요한 요소로 부각될 수 있지만, 인플레이션이 걷잡을 수 없는 상태가 된다면 능력과 리더십이 보다 더 중요한 요소로 부각될 수 있다는 것이다. 만약 그렇다고 한다면, 그것은 어쩌면 실제 결과를 유발하는 역사적 차원에서의 점화 사례라고 할 수 있을 것이다.

여기에서 한 걸음 더 나아가 우리는 대통령 평가 기준에 영향을 미치는 텔레비전 뉴스의 힘은 기사의 초점이 대통령에게 맞추어지면 더 커지고,

대통령 이외의 요인에 맞추어지면 더 작아진다는 것을 발견했다. 즉, 텔레비전 보도가 문제 원인 혹은 문제 해결의 책임자로 대통령을 암시할 경우 점화 효과는 더 강화되지만, 보도가 대통령 이외의 힘이나 요인들에 문제의 책임이 있음을 암시하면 점화 효과는 줄어든다는 것이다. 이런 효과는 특히 상대적으로 미 정치권의 관점에서 볼 때 새롭다고 여겨지는 의제들에 대해 더 뚜렷했는데, 그것은 그 문제에 대한 국민들의 이해가 아직 확고하지 않고, 따라서 텔레비전이 책임 문제를 어떻게 규정하는가에 국민들이 더 많이 의존했기 때문이다.

우리의 마지막 두 실험은 네트워크의 의제가 유권자의 선택을 점화시킨다는 점을 확인시켜주었다. 먼저, 현재의 경제 상황, 대통령의 경제 정책, 그리고 임박한 중간 선거에서 대통령의 경제 정책이 갖는 의미를 강조한 지역 뉴스를 본 유권자의 경우, 그가 어떤 의원 후보를 최종적으로 지지할 것인가를 결정할 때, 자신이 현재 경제 상황을 어떻게 평가하는가에 크게 의존했다. 이와는 반대로, 의원 후보들을 다룬 지역 뉴스-정책에 대한 후보의 입장, 후보를 지지하는 단체, 혹은 후보의 개인적 배경-를 시청한 유권자의 경우에는 그가 후보를 선택할 때, 후보의 자질에 더 많은 중요도를 부여했다. 이런 결과는 텔레비전 뉴스-이 경우에는 지역 뉴스-가 선거 경쟁의 기준을 바꿀 수 있다는 것을 보여준다. 따라서 지역 텔레비전 방송사의 이익이나 방침에 따라 의원 선거는 대통령의 경제 정책 운영 능력에 대한 국민투표가 될 수도 있고, 혹은 서로 다른 입장을 가진 두 후보 사이의 순수한 지역적 경쟁이 될 수도 있다.[3]

두 번째 실험은 1980년 대통령 선거 막바지에 이루어졌던 이란 인질 사태에 대한 대대적인 보도를 재구성함으로써 대통령 선거에서도 점화가 작동하는지 살펴보았다. 그 결과 대통령 선거에서의 점화도 점화 가설의 주장과 부합되었다. 실험 결과에 따르면, 선거 막바지에 있었던 대대적인 보도는 시청자로 하여금 대통령 투표 시 카터 대통령의 외교적 직무 수행에 대한 평가에 기초해서 자신의 표를 행사하도록 유도했다는 것을 시사해 주었다. 일반적으로 카터는 외교에 무능한 사람으로 여겨졌기 때문에, 이 경우에서의 점화는 토요일에는 숨 막히는 접전처럼 보였던 선거를 화요일에는 압도적인 공화당의 승리로 바꾸는 주요 요인으로 작용하면서 카터 대통령의 재선에 결정적이고 치명적인 타격을 준 것으로 추정해 볼 수 있다.

최소 효과에 대한 재검토

우리의 연구 결과는 텔레비전 뉴스가 미국인들의 정치적 관념을 광범위하게 규정하는 위엄을 지닌 권위자(imposing authority)가 되었음을 암시해 준다. 이런 결론은 매스미디어의 정치적 영향력에 관한 대부분의 경험적 연구가 제시한 최소 효과(minimal effects) 판정과는 모순되는 것처럼 보인다. 그렇다면 이런 차이는 어떻게 이해해야 되는가?

매스미디어와 미국 정치에 관한 진지하고 체계적인 경험적 연구는 1930년대에 시작되었다. 그런 연구들은 해외에서는 파시즘 확산에 의해, 그리고 미국 내에서는 선동적 메시지를 담은 라디오의 확산에 의해 자극을 받았다. 하지만 1940년 대통령 선거를 매우 독창적으로 연구한 〈국민의 선택 The People's Choice〉에서 라자스펠드 등(Lazarsfeld, Berelson & Gaudet 1948)은 미디어는 선거 전에 존재했던 기존 성향

(predispositions)을 단순하게 강화시키는 데 그칠 뿐이라는 결론을 내렸다. 그러는 동안 2차 대전 중 수행된 광범위하고 잘 통제된 일련의 실험 연구에서도 신병 교육을 위해 설계된 영화가 오히려 보란 듯이 실패하고 있다는 사실이 발견되었다(Hovland, Lumsdaine & Sheffield 1949). 이런 선구적이며 야심찬 시도 뒤에 이어진 정치 설득에 관한 엄청난 양의 연구 역시 같은 논리를 반복적으로 설득력 있게 전달했다. 즉, 선전(propaganda)은 국민의 선호도를 강화시킬 뿐 그것을 변화시키지도, 또 변화시킬 수도 없다는 것이었다.[4]

정치적 설득(political persuasion)이란 실현되기 어려운 일이다. 하지만 의제설정이나 점화가 광범위하게 존재하는 것은 확실하다. 우리의 연구 결과에 따르면, 텔레비전 뉴스는 국민들이 다양한 국가적 문제에 부여하는 우선순위와 정치 지도자를 평가하거나 공직 후보자를 선택할 때 염두에 두는 고려사항에 확실하면서도 결정적인 영향을 미쳤다. 만약 우리가 설득 연구에 관심이 있었다면, 아마도 우리는 다른 실험을 했을 것이고 이와는 다른 별도의 연구서를 집필했을 것이다. 물론 어떤 책도 쓰지 않았을 가능성이 가장 많았을 것이다. 왜냐하면 설득 연구에 대해서는 새롭게 이야기할 내용이 별로 없다고 판단했을 것이기 때문이다. 다시 말해, 텔레비전 뉴스에 대한 우리의 실험이 민주당원을 공화당원으로, 혹은 낙태 찬성자를 낙태 반대자로 전향시키는 것을 설명하고자 한 것이었다면, 우리의 연구 결과는 오히려 최소 효과를 뒷받침하는 증거를 훨씬 더 많이 내놓았을 것이라고 우리는 생각한다. 예를 들면, 1980년 대통령 선거 막바지에 발생한 며칠 동안의 점화에 관한 우리의 연구 결과를 보면, 설득은 가능하지만, 그것은 오직 특별한 상황 아래에서만 가능하다는 것을 암시해 준다.

그런 특별한 상황에는 다음과 같은 것이 포함된다: (1) 많은 유권자가 선거 막바지까지 부동층으로 남아 있을 것, (2) 막바지에 발생한 정치적 사건이 미디어의 상당한 보도를 유발하고 사람들의 관심을 오직 그런 국가적 상황의 한 측면으로만 유도할 것, (3) 그리고 정치적 상황이 어느 한 후보자에 대해 결정적으로 유리하게 전개될 것. 하지만 전반적으로 볼 때, 텔레비전 뉴스-일반적으로 매스커뮤니케이션-의 힘은 설득에 있는 것이 아니라, 국민의 관심을 집중(의제설정)시키고 국민의 판단 근거가 되는 기준을 규정(점화)하는 데 있다고 할 수 있다.

그렇다고 우리가 공적 의제를 설정하고 국민의 정치적 선택을 점화시키는 텔레비전의 힘이 무한하다고 주장하는 것은 아니다. 실제로 우리의 연구 결과는 텔레비전의 힘에 명확한 한계가 있음을 시사해 준다. 그런 한계는 연구 결과가 지닌 보다 포괄적 의미를 해석하려고 할 때 반드시 염두에 두어야만 한다.

그런 한계 중 하나는 실험에서 발견된 의제설정 효과가 편집된 보도물에 담긴 특정 문제에 대체로 한정된다는 것이다. 이를테면, 에너지 관련 기사는 에너지의 중요성에 관한 믿음에만 영향을 주었고, 국방에 관한 기사는 국방에 관한 생각에만 영향을 주었다. 나머지 문제들도 마찬가지였다. 그런 제한성은 주로 두 요인으로부터 발생한다. 하나는 일반적으로 뉴스를 빈틈이 없고 모든 것이 완비된 묶음의 형태로 내보내는 네트워크의 방송 포장방식이다(Weaver 1972). 그리고 다른 하나는 하나의 국가적 문제가 여타의 국가적 문제와 관련될 수 있다는 보다 포괄적인 이념적 틀을 갖지 못한 채 정치를 인식하는 미국인들의 정치 인식 방식이다(Converse 1964; Kinder 1983). 그 원인이 무엇이든 의제설정의 제한성은 텔레비전의 영향력을 억제하고 일정한 방향으로 유도하는 역할을 한다. 그런 의제 설정 효과의 제한적 성격 때문에 미국인들은 미국이 직면한 문제 전체에 대해 어떤 일관성 있는 시각에 의해 휩쓸리게 될 가능성은 낮아지게 된다. 오히려 더 큰 가능성은 각각의 문제들이 등장해 주목을 끌다가 사라지는 동안, 미국인들이 다양한 방향으로 휘둘리게 되는 것이다.

둘째로, 미국인들은 자기 자신의 정보원을 가지고 있다는 사실이다. 우리는 공적인 사안에 가장 깊숙이 개입하고 있는 시청자 중에서 의제설정이 약해진다는 사실을 발견했다. 그것은 그들이 마음속에 두고 있는 우선순위가 좀 더 확고하기 때문이라고 할 수 있다. 국가적 상황에 대한 의견이 보다 더 확고하기 때문에, 이들은 네트워크 의제의 일간(day-to-day) 변동에 덜 휩쓸리게 된다는 것이다. 우리는 또 당파성 때문이든, 혹은 국가적 문제에 대한 암묵적 이론 때문이든, 사실상 점화될 준비가 되어 있지 않은 사람들 사이에서 점화가 약해진다는 것을 발견했다. 이를테면, "민주당" 문제에 관한 뉴스를 접한 공화당원은 "공화당" 문제에 관한 뉴스를 접한 민주당원과 마찬가지로 점화에 덜 취약한 모습을 보였다. 또 국가적 문제에 관한 이해가 부족하거나, 대통령과 국가적 문제를 서로 관련시키지 못하는 시청자들 역시 점화에 덜 취약한 모습을 보였다. 따라서 텔레비전 뉴스는 일부 미국인들에 대해서는 좀 더 약하게, 또 다른 일부 미국인들에 대해서는 보다 더 완벽하게 정치 현실을 규정한다고 할 수 있다.

텔레비전 뉴스가 지닌 힘의 제한성과 관련해 밝혀야 될 마지막이자 어쩌면 가장 중요할 수도 있는 점은 다음과 같은 것이다. 그것은 우리가 수행한 의제설정에 관한 각각의 실험 모두가 국가적 이해와 관련해 중요한 것으로 여겨질 수 있는 문제들에 한해 주로 주목도를 조작했다는 점이고, 또 이들 각각의 문제는 수백만의 미국인들에게 심각하면서도 부정적으로 영향을 미칠 수 있는 잠재력을 가진 것으로 일반적으로 이해되는 그런 문제였다는 점이다. 우리는 우리가 수행한 실험을 통해 그럴듯해 보이지 않는 문제들(implausible problems)의 경우에는 사실상 어떤 우려도 유발시킬 수 없을 것이라고 예측했지만, 불행히도 우리는 그것을 검증하지는 못했다. 예를 들어, 왼손잡이가 겪는 차별을 다룬 기사를 삽입했다고 해 보자. 이를 본 시청자들이 갑자기 실업이나 국방, 또 환경악화에 관한 우려를 더 이상 하지 않게 되었을 것이라고는 생각하지 않는다. 마찬가지로 우리는 텔레비전 뉴스가 여타의 신뢰받는 정보원과 근본적으로 상충되는 기사를 지속적으로 내볼 낼 수 있다고도 생각하지 않는다. 경기가 호조를 보이는 상황에서, 경제가 실제로는 휘청거리고 있다고 네트워크는 미국인들에게 설득할 수 있는가? 또 거꾸로 심각한 경제 침체기에 빠져 있는 상황에서 네트워크가 경기가 호조를 보인다고 국민들을 납득시킬 수 있는가? 비록 직접적 증거를 가지고 있지는 않지만, 우리는 그렇게 할 수 없다고 생각한다. 우리는 존재하지 않는 국가적 문제를 네트워크가 만들어낼 수도 없고, 실제로 존재하는 문제를 감출 수도 없다고 믿는다. 대신, 텔레비전 뉴스의 역할은 제한된 일련의 문제들에 대해 미국인들이 부여하는 우선순위를 바꾸는 것이고, 그런 문제는 모두 국민의 관심을 끄는 그럴듯한 경쟁 의제들이라는 점이다.

마찬가지로, 점화에 관한 우리의 실험은 뉴스가 시청자로 하여금 정치적 평가와 관련해 여러 가지 그럴듯한 기준에 부여하는 중요도를 재정비하도록 해준다는 것을 보여주었다. 다시 말해, 우리가 수행한 실험은 네트워크 뉴스가 시청자로 하여금 대통령이나 정치 후보자에 대한 사소하거나 혹은 중요치 않은 평가 기준을 적용하도록 유도할 수 있는지를 알아보려고 하는 것은 아니었다는 점이다. 다만 우리는 만약 그런 실험이 수행되었다면, 텔레비전 뉴스가 유권자로 하여금 전통적인 평가 기준을 폐기하도록 유도하는 것은 사실상 가능한 일이 아니었을 것이라고 추측해 볼 수는 있을 것이다.

요약하면, 텔레비전 뉴스는 미국인들이 여러 국가적 문제에 부여하는 우선순위와 정부의 국정 운영, 그리고 지도자의 자질에 적용하는 기준에 영향을 미친다. 비록 그것이 우선순위나 기준을 날조할 수는 없다는 점에서 제한적이긴 하지만, 정치적 우선순위에 미치는 영향력은 상당하다. 그렇다면 시민에 대한 이런 견해는 민주 시민, 즉 식견이 있고, 회의적이며, 공적 사안에 대해 깊이 개입하고, 국가적 상황이나 지도자의 자질에 대해 심사숙고하는 시민이라는 낭만적 이상과는 모순된다. 하지만 우리는 시민에 대한 이런 낭만적 견해가 대단히 이상적이라는 것을 여타의 증거를 통해 알고 있다. 실제로 미국인들은 공적 사안에 대해 피상적으로, 또 간헐적으로 관심을 가지며 오늘날 정치가 지닌 세부적인 내용에 대해서는 놀라울 정도로 무지하다(Kinder & Sears 1985).

이런 무관심과 무지의 일부분은 의심의 여지없이 책임 회피와 기만을 일삼는 후보와 정부 관료, 그리고 마치 평균 일곱 살의 아이를 대하듯 운영되는 매스미디어, 그 중에서도 특히 텔레비전 뉴스에 책임이 있다. 하지만 그런 무관심의 일부는 정치가 일상생활에서 차지하는 사소한 지위와도 관련이 있다. 만약 평범한 국민들에게 뉴스를 주의 깊게, 그리고 회의적으로 검토하라고 요구한다면, 그것은 꽤나 비합리적일 수 있다. 따라서 정치가 일반적으로 볼 때, 생계를 꾸리거나 가족을 부양하는 것 그리고 친구를 사귀거나 만나는 일보다 중요치 않은 일이라고 한다면, 국민들이 뉴스의 흐름을 파헤치기 위해 날마다 많은 시간과 에너지를 소비할 것이라고 기대하기는 어려울 것이다. 그렇다면 도대체 미국인들은 정치를 어떻게 "이해하는가?"

이에 대한 답은 사람들은 나름대로 해법을 찾는다는 것이다. 이를테면, 최적화할 동기나 분별력을 갖추지 못한 채, 정치권의 엄청난 복잡성과 불확실성에 직면한 사람들은 다양한 타협을 시도한다. 그 과정에서 사람들은 인지적 지름길(cognitive shortcuts, Tversky & Kahneman 1974)에 의존하고, 그런대로 괜찮은 해법(Simon 1955)에 만족한다. 그런 타협의 결과 사람들의 판단은 종종 상황의 산물이 된다. 다시 말해, 연방재정 적자, 남미의 혼란, 혹은 대통령의 국정 운영에 대해 생각할 때 사람들이 의존하는 것은 알고 있는 전체라기보다 당시 머릿속에 떠오르는 생각이라는 것이다.

여기에서의 전반적 요점은 판단과 선택이 아무리 순간적으로 이루어진다 하더라도 접근 가능한 고려사항에 의해 불가피하게 영향을 받는다는 점이다. 그리고 정치적 판단이나 선택과 관련해, 지금까지 발명된 어떤 매체도 무엇을 고려대상으로 삼아야 할지 드러내 보이고, 또 무엇을 계속해서 어둠 속에 가두어 놓을지를 결정하는 데 있어서 텔레비전 뉴스와 경쟁할 수 있는 것은 아무 것도 없다는 점이다.

정치적 영향

비록 우리의 목적이 의제설정과 점화의 정치적 영향을 직접적으로 탐구하는 것은 아니었다 하더라도, 이에 대해 좀 더 자세히 설명할 필요성은 있을 것 같다. 그 과정에서 우리는 우리의 연구를 촉발시켰던 가정(assumption)의 의미를 좀 더 명확히 할 수 있을 것이라고 생각하기 때문이다. 만약 텔레비전 뉴스가 국가적 상황에 관한 시청자의 관념에 주요하게 영향을 미치는 힘이라고 한다면, 그것이 갖는 정치적 영향력은 상당히 클 것이라는 가정 아래 우리는 다양한 연구를 시도했다. 이미 결과를 알고 있는 지금, 우리는 텔레비전 뉴스가 의제설정과 점화를 통해 결국은 세 가지 중요한 방식으로 미국 정치에 영향을 미친다고 생각하게 되었다. 그 세 방식은 다음과 같다. 첫째, 정부가 어떤 문제를 중요하게 취급해야 되고 어떤 문제를 아무런 문제없이 무시해도 되는가를 결정함으로써, 다음으로 현직 대통령의 국정 운영의 힘에 동력을 부여하거나 약화시킴으로써, 그리고 마지막으로 때로는 극적이면서 결정적인 방식으로 선거운동이나 당선에 개입함으로써 정치에 영향을 미친다는 것이다.

정부의 의제

만약 텔레비전 뉴스가 미국인들이 부여하는 국가적 문제의 우선순위에 영향을 미치고, 또 그런 우선순위가 결과적으로 정부의 의사결정에 영향을 미치게 된다면, 의제설정에 대한 우리의 연구 결과는 공공 정책 수립과 관련해 새로운 사실을 밝혀냈다는 점에서 중요하다고 할 수 있다. 그렇다면 이어지는 본질적 질문은 정책 입안자들이 어떤 문제를 중요하게 고려하거나, 혹은 무시할 때 국민의 그런 명령에 실제로 신경을 쓰는지의 여부가 될 것이다.

우리는 여론이 정부의 정치 의제에 영향을 미친다고 믿는다. 그러나 우리는 또 여론이 정부 정책의 초점과 방향에 영향을 미치기는 하지만, 그것은 매우 제한적이라는 키(Key)의 견해에도 동의한다.

> 정책의 시행과 여론 사이의 접합 상태(articulation)는 상대적으로 느슨하다. 그것은 행위와 의견 사이의 일치가 세부적 문제로 들어가면 정확하게 일치하지 않는 경향과 비슷하다. 오히려 그런 일치는 보다 포괄적인 목표와 관련해 지배적인 것이 된다. 따라서 목표와 행위의 상관관계에서, 다수 목표 의식의 구체화와 그것을 공적 조치를 통해 실행하는 것 사이에는 시간 지체 현상이 발생할 수 있다. 그럼에도 불구하고 종국적으로 다수의 목표와 공적 조치는 일치하는 경향성을 보인다(1961, 553).

정부 정책과 여론이 "일치하는" 것은 느슨하고, 때로는 매우 서서히 진행된다. 그것은 부분적으로 평범한 미국인의 경우, 세부적인 정책 내용에 대해서는 무관심하기도 하거니와 제대로 알지도 못하기 때문이다. 또 부분적으로는 조직화되지 못한 국민들과 다른 우선순위를 가지고 있는 조직화된 이익집단의 개입이 성공적으로 이루어지기 때문이기도 하다(Edelman 1964; McConnell 1966; Schaattschneider 1960). 하지만 비록 늦고 불완전 할지라도 정부의 정책 시행은 결국 국민의 요구에 반응하는 모습을 보인다(예를 들면, Burstein 1979; Burstein & Freduenburg 1978; Page & Shapiro 1983; Verba & Nie 1972; Weissberg 1976). 요컨대 국민의 초기 목표와 관심이 결과적으로 정부 정책으로 결정되는 복잡한 과정에서 텔레비전 뉴스가 중요한 역할을 수행한다는 것은 의심의 여지가 없다고 하겠다.

대통령의 권력

텔레비전 뉴스는 또 현직 대통령의 통치 권력에 영향을 미칠 수도 있다. 노이슈타트(Neustadt 1960)와 여타의 연구자들(Kernell 1986; Rivers & Rose 1985)이 밝혀주었듯이 대통령의 권력은 부분적으로 국민의 지지로부터 비롯된다. 국민의 존경을 받는 대통령은 워싱턴에서도 강력한 힘을 행사할 수 있다. 여론조사의 급격한 증가는 이런 관계를 더 가속화시켰다. 물론 국민의 지지가 대통령의 성공에 영향을 미치는 유일한 요소는 아니다. 하지만 여타의 상황이 동일할 경우, 행정부 자체를 포함해 의회, 정부 관료, 세계 지도자, 민간 분야 등 모두가 높은 국민적 인기를 구가하는 대통령에게 더 협조적이다. 텔레비전 뉴스는 대통령의 국정 수행 평가 기준에 영향을 미친다는 점에서 대통령의 권력에 간접적으로 영향을 미친다고 할 수 있다.

대통령이든 참모든 이 점을 피해갈 수는 없다. 따라서 텔레비전 시대의 대통령은 예외 없이 자신이 비춰지고 평가되는 기준에 영향을 미치기 위해 헌신적인 노력을 해왔다. 이제는 신중한 기자 회견의 연출에서부터 의사사건(pseudo-events)의 조작에 이르기까지, "뉴스 만들기(making news)"와 "얼굴 알리기(going public)"는 대통령직 수행의 본질적인 것이 되었다(Kernell 1986). 우리의 연구 결과는 만약 대통령이 이와 다르게 행동한다면 어리석은 사람으로 취급받게 될 것이라는 점을 시사해 준다.

따라서 대통령은 국민의 시선을 자신의 실책으로부터 자신의 업적으로 얼마나 잘 유도하는가와 관련해, 정확히 그 정도만큼 자신의 인기에, 그리고 결과적으로 국가 정책에 행사할 수 있는 자신의 영향력에 기여하게 된다고 하겠다.

선거 과정

마지막으로, 우리의 연구 결과는 텔레비전 뉴스가 어떤 문제는 고려사항으로 점화함으로써, 또 어떤 문제는 고려사항에서 제외함으로써 진행 중인 선거의 쟁점을 바꿀 수 있다는 것을 시사해 준다. 따라서 점화는 누가 어떤 임무를 가지고 공직에 취임할 것이고 누가 다시 집으로 돌아갈 것인지를 결정할 수 있는 중대한 요인이 된다. 더욱이 선거 결과는 매우 중요하다. 이를테면, 선출된 공직자는 자신의 핵심 지지층의 이익과 전반적으로 부합되는 정책을 추구한다(예를 들면, Bunce 1981; Cameron 1977; Hibbs 1977). 따라서 의도적인 것은 아니라 하더라고 텔레비전 뉴스가 어느 한 후보의 당선에 도움을 줄 수 있다고 한다면, 우리가 이 책에서 제시하고 있는 점화에 관한 연구 결과는 정치적인 측면에서 매우 중요하다고 하겠다.

우리가 보기에 텔레비전 뉴스가 미국의 정치 과정에서 주요한 힘(major force)이 되었다는 것은 이제 명확한 것처럼 보인다. 정부가 해결하고자 하는 문제, 국가 정책의 초점과 방향을 둘러싼 대통령의 권력, 그리고 선거의 실제적이고 눈에 드러나 보이는 결과 등 이들 모두는 텔레비전 카메라의 깜박거리는 불빛의 영향을 받는다. 이런 영향력이 반드시 바람직하지 않은 현상인지는 그렇게 명확하지 않다. 많은 사람들이 주장하듯 텔레비전이 여론을 왜곡하고 민주 정치를 위협하는지는 매일 밤 뉴스에 등장하는 영상과 기사가 실제로 중요한 일이 세상에서 일어나고 있다는 사실을 얼마나 충실하게 묘사해 주는가에 달려있다고 할 수 있다. 그것은 어려운 문제다. 마지막으로 그 문제를 다루어보기로 한다.

좋은 뉴스, 나쁜 뉴스?

연방통신위원회(Federal Communications Commission)에 따르면, 방송의 기본 목적은 "당대의 중요한 공적 이슈에 관한 뉴스와 의견을 전달함으로써 정보에 기초한 여론(informed public opinion)을 형성하는 것"이다(FCC 1949). 그렇다면 텔레비전 뉴스는 얼마나 이런 임무를 잘 수행하고 있는가? 또 네트워크는 "당대의 중요한 공적 이슈"라는 어구를 얼마나 정확히 그리고 현명하게 해석하고 있는가? 우리들 대다수가 별 생각 없이 실제 현실이라고 여기는 것과 실제 현실은 또 얼마나 일치하고 있는가?

국민의 이익을 생각한다면, 무엇보다도 먼저 텔레비전 뉴스는 뉴스 가치가 있는 사건을 선택할 때 신중을 기해야 될 것이다. 하지만 불행히도 이런 측면에서의 텔레비전의 수행 증거는 대체로 파편적이고 입증되지 않고 있다. 한 가지 예외는 베르와 아이엔가(Behr & Iyengar 1985)에 의해 제시되었는데, 이들은 실업에 대한 보도가 당시의 실업률을 상당히 면밀하게 추적했고, 에너지에 대한 보도는 에너지 가격 상승에 열심히 반응했으며, 인플레이션에 관한 보도는 급격한 물가 상승에 잘 반응했다는 것을 발견했다. 이런 결과는 텔레비전 보도가 때로는 국가에서 발생하는 실제 현실을 상당히 잘 반영할 수 있다는 것을 보여준다.

그러나 정보에 기초한 여론을 지지하는 이런 연구 결과와 그것이 선사하는 위안의 의미가 여타의 다양한 문제에도 무리 없이 일반화될 수 있는 지는 분명하지가 않다. 실제로 에너지, 실업, 인플레이션의 현실과 이에 대한 뉴스 보도와의 일치 정도는 관련 실제 세계의 상황에 대한 객관적이고 어느 정도 풍부한 지표들이 입수 가능했기 때문에 평가될 수 있었던 것이다. 그러나 이것은 전형적인 경우가 아니다. 이를테면, 무기 경쟁은 악화되고 있는가? 미국인들은 테러 공격에 얼마나 취약한가? 환경오염은 개선되고 있는가? 이런 문제들 역시 중요하지만, 현실에 대한 객관적이고 정확한 지표가 없기 때문에 그런 문제들이 얼마나 잘 보도되고 있는지를 평가하는 것은 매우 어렵다. 일반적으로 체계적인 사회적 기록이 덜 되어 있으면 있을수록 뉴스 보도는 현실의 충실한 전달자라기보다는 현실 자체를 대신하는 대체물이 될 가능성이 많다.

정보에 기초한 여론을 형성하려고 하면, 텔레비전 뉴스는 사려 깊게 관심을 할당해야 될 뿐만 아니라 주목할 가치가 있다고 판단되는 사건에 대해서도 현명한 해석을 할 필요성이 있다. 이런 측면에서 텔레비전이 성공하고 있는가를 평가해 보면, 그 결과는 훨씬 더 의심스럽다. 예를 들어, 1968년에 있었던 남베트남의 구정 공세(Tet offensive)에 대한 미 언론 보도를 꼼꼼히 검토한 브래스트럽(Braestrup 1977/83)의 연구를 생각해 보자.[5] 브래스트럽은 텔레비전 뉴스가 그 공세를 남베트남의 충격적인 패배로, 그리고 존슨 대통령의 정책을 거부한 것으로 해석했다고 지적한다. 그러나 브래스트럽에 따르면, 사실의 측면에서 구정 공세는 남베트남이 아니라 북베트남의 군사적 재난이자 정치적 실패였다고 한다. 또 브래스트럽은 구정 공세가 존슨의 평정 계획(pacification program)을 붕괴시켰다는 미디어의 견해에도 의문을 제기한다. 그럼에도 불구하고 이어지는 사건들에 영향을 미친 것은 구정 공세의 현실이 아니라 그것의 해석이었다는 것이다. 남베트남과 미국의 완벽한 실패로 묘사된 구정 공세는 워싱턴에 엄청난 정치적 회오리를 야기했고, 그것은 결국 1968년 대통령 선거에서 존슨의 사퇴로 이어졌으며, 전반적으로 의회와 나라 전체의 반전운동을 강화시키는 역할을 했다는 것이다.[6]

이런 사례는 현실에 대한 텔레비전 해석의 정치적 중요성을 잘 보여주지만, 동시에 그것은 또 현실이란 도대체 어떻게 규정되어야 하는가라는 엄청난 질문도 제기한다. 구정 공세 기간 동안 실제로 무슨 일이 있었는가를 설명하기 위해 브래스트럽은 자신이 직접 관찰한 것과 오버도퍼(Oberdorfer)의 〈구정 공세! Tet!〉(1971), 샨들러(Schandler)의 〈대통령의 해임 The Unmaking of a President〉(1977)과 같은 정보원에 의존했다. 그렇다면 우리는 왜 브래스트럽의 주장을 진실에 더 가까운 설명으로 받아들여야 하는가? 거기에는 그가 구정 공세 직후 텔레비전 보도를 병들게 했다고 지적한 그런 결점은 없는가?[7]

이와 관련해 이어지는 논의에서는 "진짜로 무슨 일이 있었는가"와 같은 사실상 도달 불가능한 기준에 대해 더 이상 언급하지 않는다. 그것은 텔레비전의 직무 수행과 관련해 이를 평가할 수 있는 완전무결한, 그리고 권위 있는 설명을 우리가 제공할 수 있다고 가정하지 않기 때문이다. 비록 〈뉴욕타임스 The New York Times〉의 "보도하기에 적합한 모든 뉴스를 보도한다(All the News That's Fit to Print)"와 같은 기준이 있긴 하지만, 실제로 앞에 언급된 것과 같은 그런 완전무결한 기준은 어디에도 존재하지 않기 때문이다.

따라서 우리의 질문은 텔레비전이 실제 세계를 정확하게 묘사하는지를 묻는 것으로부터 그것이 여타의 정보원과 다른 방식으로 세계를 묘사하고 있는지를 묻는 것으로 바뀐다. 그리고 만약 그런 묘사가 체계적인 차이를 보일 경우, 그런 차이는 정보에 기초한 여론을 강화시키는가 아니면 약화시키는가? 또 대의 정치를 강화시키는가 아니면 위협하는가? 이런 질문에 답하기 위해 우리는 네 가지 가능성을 검토한다. 일반적으로 텔레비전 뉴스는 미국 사회와 정치권의 재현된 모습을 전달한다고 할 수 있다. 그렇게 재현된 모습에는 다음과 같은 내용이 포함된다: (1) 전반적으로 대단히 국가 중심적이고, 구체적으로는 대통령 중심적이다, (2) 너무나 권위적이어서 국정에 대한 국민의 참여를 약화시킨다, (3) 선거를 사소화(trivialize)시키고 폄하한다, (4) 그리고 정치 기관의 권위를 약화시킨다.

대통령 뉴스

네트워크 뉴스는 전국 뉴스다. 대체로 지역적 이해에 관심을 가지고 있는 지역 수용자에 반응하는 신문과 비교해, 네트워크 뉴스는 전국적인 수용자를 끌어들이려고 한다. 이를 위해 네트워크는 백악관과 의회, 대법원이 있는 워싱턴과 국가적 이해를 위협하는 국제적 사건에 집중한다. 이런 관점에서 텔레비전 뉴스와 신문 뉴스의 차이는 뚜렷하다.

네트워크 뉴스는 우리가 예상하듯 단순히 외견상으로만 더 전국적인 것이 아니다. 내용적으로 신문보다 훨씬 더 전국적이다...네트워크 텔레비전은 신문보다 2 혹은 3 대 1의 비율로 전국적인 기사뿐 아니라 다양한 의회 위원회의 활동, 대통령의 조치, 혹은 현재 워싱턴에서 진행 중인 정당 활동과 같은 전국적인 정치 인물이나 기관 관련 기사에 초점을 맞춘다

(Rubin 1981, 152).[8]

    텔레비전 뉴스가 대단히 국가 중심적이긴 하지만, 사실은 훨씬 더 대통령 중심적이다. 신문 뉴스와 비교해 텔레비전 뉴스는 더 자주 현재 진행 중인 사태의 중심에 대통령을 위치시킨다. 예를 들면, 1980년의 뉴스 보도를 분석하면서 로빈슨과 쉬한(Robinson & Sheehan 1983)은 〈CBS 이브닝 뉴스〉가 보도의 60퍼센트를 대통령이 등장하는 기사로 시작했다는 것을 발견했다. 캠프 데이비드로 여행을 떠나거나 이름을 알 수 없는 대사들과 만나는 일은 이제 자연스런 일상적 보도의 일부가 되었고, 대통령의 중요한 연설은 엄청난 양의 보도를 만들어낸다. 대통령이 연설을 하면 네트워크는 듣고, 따라서 자연스럽게 수백만의 미국인들도 함께 듣게 된다(Behr & Iyengar 1985). 이런 모든 것은 공적 의제를 설정할 수 있는 대통령의 힘을 강화시킨다고 할 수 있다.

    그렇다면, 정말로 그런가? 텔레비전 뉴스가 대통령의 일거수일투족에 관심을 갖는다는 것, 따라서 거꾸로 백악관의 활동 스케줄 역시 텔레비전 네트워크 뉴스의 템포에 의해 크게 영향을 받는다는 것은 부인할 수가 없다. 결과적으로 네트워크의 그런 관심은 국민의 관심을 집중시킬 수 있는 기회를 대통령에게 부여한다. 또 자신의 국정 수행이 평가받을 때 어떤 조건을 중심으로 평가받을 것인가를 설정할 수 있는 기회를 부여하기도 한다. 따라서 대통령의 입장에서는 이런 기회를 가능한 한 잘 활용하려고 할 것이다. 하지만 그것이 얼마나 자주 또 얼마나 완벽하게 성공하는지는 명확하지 않다. 대통령은 어느 누구와도 비교되지 않을 정도로 네트워크의 희귀한 방송 시간에 접근할 수 있는 권한이 있고, 또 뉴스를 만들어낼 수 있는 힘도 있다. 그러나 대통령은 또 자신이 통제할 수 없는 사태전개에 대해서도 대응해야 한다. 노이슈타트(Neustadt 1960, 73)가 좀 자신만만하게 지적했듯이, "판촉행사(merchandising)만으로 역사(history)를 감당할 수는 없다."[9]

때로는 대통령에 대한 과도한 관심이 대통령의 신뢰에 위협적인 요소가 될 수도 있다. 미국인들이 세계에 관한 뉴스를 네트워크에 점점 더 많이 의존해 왔듯이, 정치적 사고에 있어서도 대통령 중심적이 되어왔다고 할 수 있다. 부분적으로 대통령에 대한 텔레비전의 지나친 관심 때문에 미국인들은 대통령이라면 누구든 그가 할 수 있는 일, 또 해야 될 일과 관련해 과도한 관념을 키워왔다고 할 수 있다. 그런 관점에서 장기적으로 보면, 텔레비전 뉴스는 비록 의도적인 것은 아니라 하더라도 대통령의 책임에 대한 국민의 의식에 영향을 미칠 수 있다. 물론 그런 영향은 어떤 공식적인 헌법적 차원에서가 아니다. 그것은 오히려 대통령의 국정 운영에 대한 평가에서 국민들이 적용하는 기준의 관점에서 그렇다고 할 수 있다.

하나의 사례로 경제에 관한 직무 수행을 생각해 보자. 높은 실업률, 물가 상승, 저조한 성장은 대통령의 지지율을 약화시킨다.[10] 텔레비전 뉴스가 이 둘 사이의 관련성을 분명하게 제시하지 않는다 하더라도 대통령을 공적 사안의 중심에, 그것도 특히 경제 상황의 중심에 위치시킴으로써 그런 관련성을 강화시킬 수는 있다. 요컨대, 자신의 잘못이 전혀 없지만, 또 있다고 하더라도 정책 입안 과정의 한 참여자에 불과하지만, 휘청거리는 경제를 이끌고 있는 대통령은 자신의 권력이 줄어들고 있고 재선 가능성 역시 낮아지고 있는 현실과 직면할 가능성이 크다(예를 들면, 다음의 자료를 참고하라. Dahl & Lindblom 1953; Kingdon 1984). 경제적 상황이 좋든 나쁘든 국민들이 대통령에게 책임을 묻는다는 것은 대통령이 미국인들의 마음속에서 얼마나 중요한 지위를 차지하고 있는가를 입증해 준다. 또 부분적으로 미국 사회에서 텔레비전 뉴스가 얼마나 우월적인 지위를 차지하고 있는가도 증명해 준다.

텔레비전 뉴스가 국정에 대한 대통령 중심적 사고에 기여를 해 왔지만, 그것은 또 의회와 관료, 이익단체 및 여타의 참여자들이 보다 더 중요한 역할을 하고 있다는 좀 더 현실적인 견해에 기여할 수도 있다. 몇몇 우리의 실험에서, 대통령의 책임을 에누리하는 국가적 문제에 관한 뉴스 보도를 보았던 사람들은 그런 국가적 문제를 중요한 것으로 여길 가능성은 더 많아졌지만, 대통령의 국정 수행 평가의 기준으로 그 문제를 활용할 가능성은 더 적어지기도 했다. 우리는 그것의 원인으로 이런 기사들이 대통령을 거론하지 않은 채 기사의 초점을 정치 과정의 여타 행위자들에게로 재조정한 데에서 비롯되었다고 생각한다. 네트워크의 경우, 대통령을 관찰하는 것은 뿌리 깊은 관행이다. 그럼에도 불구하고 우리가 정책 결정 과정을 좀 더 적절하고 현실적으로 다루는 기사를 보고 싶은 것도 사실이다. 실제로 텔레비전 뉴스는 좀 다른 기사, 즉 대통령을 보다 거대한 제도적 정치적 틀 안에 위치시키는 기사를 내보낼 수도 있다. 그런 기사에서 대통령이라는 직위는 매우 거대한 기계의 한 톱니바퀴로서 그 지위가 주어지게 될 것이다. 만약 그렇게 된다면 국민, 어쩌면 대통령도 좀 더 행복해질 수 있을 것이다.

권위적인 뉴스

텔레비전 뉴스는 국가, 특히 그 중에서도 대통령에 대해 많은 관심을 가지고 있다는 초점의 측면에서뿐만 아니라 내용의 제시방식에서도 독특하다. 텔레비전 뉴스는 모호함이나 애매함, 혹은 불확실성이 없는 뉴스다. 따라서 그것은 권위적인(authoritative) 뉴스, 혹은 그런 뉴스인 것처럼 처신한다. 위버(Weaver)는 텔레비전 뉴스와 신문 뉴스와의 차이를 유려하고 도발적인 문제로 분석하면서 다음과 같이 주장했다. "뉴스 프로그램의 대본, 출연자 선정, 무대 연출의 어느 한 측면도 사실상 권위(authority)와 전지전능(omniscience)의 인상을 전달하기 위해 디자인되어 있지 않은 부분이 없다. 이것은 확실히 신처럼 보이는 앵커의 역할에서 가장 뚜렷하게 드러난다. 월터 크롱카이트(Walter Cronkite)는 그 전형이다. 그는 마음대로 사람과 사건, 또 이미지를 자기 앞으로 불러낸다. 그리고 확신에 찬 목소리로 말한다. 모든 것은 그와 함께 시작해서 그와 함께 끝난다"(1975, 84). 이런 권위의 망토는 일반적으로 문제의 장소에 우뚝 서서 "자신의 시야에 들어오는 모든 것들에 대해 권위적이고 자신 있게 말하는 현장의 텔레비전 기자에게로 확장되기도 한다. 사람, 사건, 동기, 의도, 의미, 중요성, 경향, 위협, 문제, 해결책 등 이들 모두는 그의 완벽한 이해 아래 있고, 따라서 그는 한 치의 의구심도 없이 그것들에 대해 판단을 내린다"(Weaver 1975, 90).

대체로 미국인들은 뉴스가 진행되는 대부분의 시간 동안 이런 권위적인 태도를 불가항력적인 것으로 여기는 것 같다. 다양한 국민 설문조사에 따르면, 미국인들은 커다란 차이로 텔레비전-잡지, 라디오, 혹은 신문이 아니다-이 가장 지적이고, 완벽하며, 또 불편부당한 뉴스 보도를 제공한다고 생각한다(Bower 1985). 이를테면, 1984년 6월에 실시된 여론조사에서 미국인들은 뉴스 전달의 임무를 네트워크가 얼마나 잘 수행하고 있는

가라는 질문에 대해 79퍼센트가 잘 하고 있다며 지지를 표명했다.[11] 여타의 다수 국가 기관에 대한 국민의 신뢰가 점점 더 떨어지고 있는 동안 텔레비전 뉴스에 대한 신뢰는 사실상 상승했던 것이다(Bower 1985). 물론 텔레비전 뉴스의 그런 국민적 신뢰는 뛰어난 보도와 핵심을 꿰뚫는 분석을 통해 얻어진 것일 수도 있기 때문에 그런 신뢰를 받을 자격은 충분하다고 할 수도 있을 것이다. 어쩌면 그랬는지도 모른다. 그러나 우리는 그런 신뢰가 권위적인 태도와 권위 있는 것처럼 보이는 위장된 태도에 근거하고 있다고 생각한다. 우리는 미국인들이 필요 이상으로 저녁 뉴스를 신뢰하고 있다고 생각한다.[12]

텔레비전이 그런 특별한 뉴스 제시방식을 택함으로써 유발되는 하나의 유감스럽지만 의도적이지 않은 결과는 정치권에 대한 시청자의 적극적이고 비판적인 참여를 약화시킨다는 점이다. 텔레비전 뉴스는 커다란 자신감을 가지고 해석을 제공한다. 마치 그런 해석이 사건 그 자체에 내재되어 있는 것처럼, 그래서 그런 해석에는 의문의 여지가 전혀 없는 것처럼 제시된다. "CBS는 권위적인 정보 제공자로서 시청자에게 말한다. 그것은 시청자의 관심 밖에 있는 그 어떤 것에 대해서도 권유하지 않고, 또 보도되는 정치적 내용에 대해 시청자로부터 어떠한 적극적 역할도 권유하지 않는다. 오히려 뉴스 보도의 권위적이고 초연한 스타일과 방송 종료를 알리는 마지막 멘트는 거론된 문제들이, 적어도 다음 방송 때까지는, 사실상 끝났다는 인상을 남긴다"(Hallin 1985, 135). 또 텔레비전 뉴스는 정치란 언론인이나 여타 정치 엘리트들의 일이지 시청자의 일은 아니라는 사실을 자주 암시한다(Hallin & Mancini 1984). 다시 말해, 권위적인 겉치레 때문에 텔레비전 뉴스는 평범한 사람들은 정치에 참여할 수 없고 또 참여해서도 안 된다고 말하는 것처럼 보인다는 것이다. 또 정치는 시청자를 위한 것이 거나 시청자에 대한 것이 아니라 엘리트를 위한 것이거나 엘리트에 관한 것이라고 말하는 것처럼 보이기도 한다는 것이다. 이런 관점에서 보면 텔 레비전 뉴스는 대단히 반민주적이라고 할 수 있다.

피상적인 뉴스

텔레비전의 세 번째 독특한 특성은 피상성(superficiality)이다. 패터슨 과 맥클루어(Patterson & McClure 1976)는 텔레비전은 선거 운동과 투 표에 대한 피상적인 견해를 부추겨, 결국은 민주적 과정에 대한 혐오감 을 조장할 수 있다고 주장한다. 특히 이들은 네트워크가 대통령 선거를 대 형 스포츠 이벤트와 다름없이 묘사함으로써 그것의 품위를 떨어뜨리고 있다고 불평한다. 정책이나 후보의 자격 조건과 같은 중요한 문제를 보 도하기보다는 "네트워크는 선정적인 영상에 도움이 되는 선거 운동의 사 소한 문제에 대부분의 선거 보도를 할애한다. 야유꾼, 대규모 군중, 자동 차 행렬, 풍선들, 집회, 소문 등 이들 모두는 네트워크 선거 보도의 단골 메 뉴다"(Patterson & McClure, 22). 이로 인한 절망스런 결과는 "선거에 관 한 터무니없는 소문에 사로잡히게 된 텔레비전 시청자이다. 시청자가 보 는 것, 즉 네트워크가 눈에 띄게 묘사하는 선거 운동의 사소한 일들은 시 청자가 자기 자신의 눈으로 직접 볼 수 없는 선거라는 세계를 어떻게 평가 하고 어떻게 정의할 것인가를 규정하는 핵심 요인이 된다"(Patterson & McClure, 76).

실제로 텔레비전 뉴스는 대통령 선거 보도에서 정책에 대해 상대적으 로 덜 관심을 표한다. 대신 누가 앞서 있고 그 이유는 무엇인가와 같은 경쟁 자체의 역동성에 훨씬 더 많은 관심을 표한다.[13] 하지만 이런 관점에서 본다면 텔레비전 뉴스가 특별히 더 비판받아야 하는지는 그렇게 명확하지 않다. 그것은 네트워크가 일간 신문이나 전국적인 주간지 혹은 통신사보다 더 후보의 승패, 또 선거 전략이나 이런 저런 소동에 사로잡혀 있다고할 수는 없기 때문이다. 실제로 일부의 연구 결과는 텔레비전 뉴스가 그런 문제에 덜 사로잡혀 있다는 것을 보여준다(Robinson & Sheehan 1983). 게다가 패터슨과 맥클루어가 개탄하는 대통령 선거에 대한 피상적 보도는 정확하게 말해 텔레비전에 의해 개발된 것도 아니다. 1940년 대통령 선거에 대한 라자스펠드 등(Lazarsfeld, Berelson & Gaudet 1948)의 세심한 분석은 거의 완벽하게 오늘날의 연구 결과와 닮아 있다. 따라서 결론적으로 대통령 선거가 정책 대결로 묘사되는 경우가 거의 없다는 것은 선거라는 사안 자체의 성격과 상당 부분 관련되어 있다고 할 수 있다. 다시 말해, 일반적으로 대통령 선거에서 정책적 입장을 둘러싼 후보들의 토론은 대체로 사소한 역할을 한다는 것이다(Page 1978; Arterton 1984). 따라서 앞으로 어떤 뉴스 매체도 결코 존재한 적이 없었던 선거 보도를 하지는 않을 것이다.

요컨대 승부에 많은 관심을 갖는 것은 텔레비전만이 수행하는 특별한 임무는 아니라고 할 수 있다. 그런 관심은 미국 언론의 전반적인 특성이고, 미 언론 종사자들이 일반적으로 공유하고 있는 정치 논리의 반영이다. 위버는 그런 논리의 핵심을 다음과 같이 적절하게 묘사했다.

정치는 본질적으로 개인적 출세나 이익, 혹은 권력을 위해 개별 정치인들이 벌이는 게임이다. 그런 게임은 경쟁적이다. 따라서 게임 참여자의 활동은 주로 상대편을 무너뜨리고 자신의 목표-보통은 공직에 당선되는 것-를 달성하기 위한 전략을 세우고 추진하는 일들이 된다. 물론 그 게임은 정부 기관, 공적인 문제, 쟁점이 되는 정책 등을 배경으로 펼쳐진다. 하지만 이러한 것들은 상금을 좇는 참여자에게 영향을 미치거나 또 이들에 의해 이용되는 한에서만 중요한 것이 된다(1972, 69).

전략과 예측이 언론인의 사고 중심부를 차지하고 있기 때문에 마찬가지로 통상적인 선거 기사의 핵심에는 늘 전략과 예측이 놓여 있다. 예를 들어, 후보 예측의 첫 검증들-최근의 선거들, 아이오와 전당 대회, 뉴햄프셔 예비선거-에 할애된 이례적인 관심을 주목해 보라. 또 선거가 진행되는 동안 거의 드러나지 않는 정책에 관한 설명은 후보의 운명이 바뀌는 것처럼 보이는 경우에 한해서만 주목을 받는다. 이를테면, 네트워크는 1972년 조지 맥거번(George McGovern)의 소득 재분배 안, 1976년 로널드 레이건의 파나마 운하(Panama Canal) 협약에 대한 반대, 그리고 1984년 월터 먼데일(Walter Mondale)의 극적인 세금 인상 발표에 대해 지속적인 보도를 했는데, 그것은 이런 정책적 입장이 전략적 중요성을 가질 것으로 예상했기 때문이다. 그리고 그런 정책 의제들은 후보의 정치 철학을 알아볼 수 있는 하나의 기회로 다루어지기보다는 후보의 지지율을 약화시키는 잠재적인 전략적 오류로 더 많이 다루어졌다(Matthews 1978). 선거의 전략적 측면에 대한 이러한 강조는 가끔씩 벌어지는 대통령 후보 토론에 대한 보도에서 가장 두드러진다. 일반적으로 토론은 수많은 사실과 정책 그리고 프로그램들로 가득 차 있지만, 토론 후 보도는 전형적으로 누가 이겼는가, 각각의 후보는 어떻게 토론을 준비했는가, 그리고 이 토론이 각 후보의 운명에 앞으로 어떤 영향을 미칠 것인가에 주로 집중된다(예를 들면, Sears & Chaffee 1979).

우리는 이와 같은 선거 보도의 일차원적 성격에 반대한다. 후보들이 종종 마치 공직에 당선되거나 재선되는 것 이외에 그 어떤 것도 원하지 않는 것처럼 행동하는 것은 사실이다(Mayhew 1974). 그러나 선거 운동이나 그 결과는 단순히 개인적인 권력 추구만을 의미하지는 않는다. 그것은 또 사회 내 권력의 재분배, 갈등의 해소 혹은 악화, 특정한 가치관과 이해집단의 상대적 지배와 관련되어 있다. 정치와 관련된 이런 대안적 관점을 도외시하는 것은 유권자로 하여금 유권자 자신이 수행하는 최종적인 선택의 의미를 제대로 이해할 수 없게 만든다.

점화에 대한 우리의 연구 결과를 토대로 예상해 보면, 선거 보도가 이기고 지는 것에 사로잡혀 있으면, 유권자 역시 그렇게 될 가능성이 크다. 대통령 예비 선거 초반, 유권자의 선택은 어떤 후보가 당선 가능성이 있는가에 대한 유권자의 판단에 의해 크게 영향을 받는다. 그런 당선 가능성에 대한 정보는 텔레비전, 신문, 잡지 등을 통해 쉽게, 거의 자동적으로 얻을 수 있다(Bartels 1985). 만약 그런 단 하나의 이야기가 선거라고 한다면, 다른 문제 때문에 선거에 아무런 신경도 쓸 수 없는 유권자라 하더라도 결국은 모두 누가 앞서 있고 누가 뒤에 있는지는 알게 될 것이다. 그러나 그렇게 선거 운동과 관련해 단 하나만의 관점을 집요하게 조장한다면 현명하게 선택할 수 있는 유권자의 능력은 줄어들게 될 것이다.

해결책은 있는가? 우리는 텔레비전이 선거 운동의 다양한 측면을 묘사해 보여줄 것을 바란다. 그런 각각의 측면은 정치의 본질에 관한 다양한 관점을 반영하게 될 것이다. 이것은 위버의 말을 빌리면 "기자적 상상력의 확대와 언론인이 갖는 관점의 확장"을 요구한다(1972, 74). 아쉽지만 우리는 이것이 조만간 이루어질 것이라고 기대하지는 않는다.

적대적인 뉴스

마지막으로, 일부 연구자들은 텔레비전 뉴스가 정치적 권위에 대해 취하는 태도에 있어서 매우 적대적이라는 점이 고유한 특징 중 하나라고 주장해 왔다. 이런 견해는 1960년부터 1970년대까지 미국의 국가 정치 기관에 대한 미국인들의 신뢰도 하락과 텔레비전 뉴스에 대한 의존성 상승을 추적한 로빈슨(Robinson 1976a, 1976b, 1977)에 의해 가장 열렬히 옹호되어 왔다. 그는 텔레비전 뉴스를 "추론적, 극적, 부정적, 논쟁적, 그리고 체제 부정적"이라고 묘사했다(1976a, 427). 그러면서 그런 정치 기관들에 대해 우리로 하여금 의문을 제기하고 의혹을 품도록 하는 것은 당시의 정치적 사건이라기보다는 텔레비전 뉴스라고 결론을 내렸다. 이런 정치 혐오를 그는 "비디오 질병(videomalaise)"이라고 불렀다.

로빈슨의 진단은 인기가 있었다. 예를 들면, 헌팅턴(Huntington 1975)에게 1960년대의 텔레비전 뉴스는 "반체제(dispatriating)" 기관이었다. 즉, 상황이 엉망진창이 되고 있다는 인상을 끊임없이 전달함으로써 텔레비전 뉴스가 정치 기관의 권위를 약화시켰다는 것이다. 같은 맥락에서 로스만(Rothman 1980)은 텔레비전 뉴스가 정치 기관을 부패한 것으로, 현대의 과학기술을 위험한 것으로, 정치적 불만이나 사회적 혼란을 임박한 재앙적인 사회 붕괴의 징조로, 그리고 대항문화적 탈선행위를 병든 사회에 대한 건강한 반응으로 묘사함으로써 절망의 이념을 조장하고 있다고 불평했다. 마지막으로 〈권력의 채널 Channels of Power〉에서 래니

(Ranney 1983)는 텔레비전 뉴스가 "정치와 정치인에 대한 보통 미국인들의 선통적인 저조한 평가를 더 심화시킴으로써, 또 정부와 정부 기관에 대한 신뢰도 하락을 가속화시킴으로써, 그리고 이들로 하여금 이전보다 투표에 덜 참여하도록 유도함으로써 미국의 문화를 심대하게 바꾸어 놓았다"고 주장했다(86-87).[14]

이런 혐의는 강력해 보이기는 하지만 증거는 약하다. 텔레비전 뉴스가 그런 질병을 유발한다는 주장에 대한 경험적 근거는 단 두 개의 연구 결과에 의존하고 있다. 하나는 로빈슨(1976a)의 연구 결과이다. 거기에서 로빈슨은 정치 뉴스를 주로 텔레비전에 의존하는 사람들은 여타의 정보원에 의존하는 사람들보다 공직자의 동기나 능력에 대해 더 냉소적이 되는 경향이 있고, 정치에 영향을 미칠 수 있는 자신의 능력에 대해서도 더 회의적이 되는 경향이 있다고 밝혔다. 이런 상관관계는 비디오 질병 가설(videomalaise hypothesis)과 일치한다. 하지만 이어진 연구 결과들은 그것을 입증하지 못했다. 오히려 보다 개선된 측정 방법과 분석에 의해 텔레비전 의존성과 정치 혐오는 서로 관련이 없는 것으로 밝혀졌다(Miller, Goldenberg & Erbring 1980). 두 번째 연구 결과는 한 실험에서 비롯되었다. 그 실험에서 평범한 중서부 지역 사람들은 CBS 다큐멘터리 "국방부의 선전 The Selling of the Pentagon"을 시청하도록 유도되거나 혹은 유도되지 않았는데, 그 후 정치적 견해에 관한 질문을 받았다(Robinson 1976a). 다큐멘터리의 요점은 국방부가 정교한 마케팅과 광고에 매년 수백만 달러를 지출하는데, 이런 마케팅과 광고는 국방부의 프로그램과 예산에 대한 국민적 지지를 얻기 위해 기획되었다는 것이었다. 만약 사람들이 권력 상층부에서 이루어지는 이런 거대한 속임수에 대한 폭로에 한 시간 정도 노출된 다음, 정치는 복잡한 것이라고 결론을 내린다면 우리가 보기에 그것은 매우 합리적인 것으로 여겨진다. 로빈슨이 발견한 것도 바로 그것이었다. 로빈슨에 따르면, 다큐멘터리 시청 직후 시청자들은 정치를 이해할 수 있는 자신의 능력에 대해 이전보다 덜 자신감 있는 태도를 보였다. 또 국방부가 국방부 자체를 위해 로비를 하고 있다고 믿는 사람들은 더 많아졌고, 군대가 정치와 관계가 없다고 믿는 사람들은 더 적어졌다. 그러나 다큐멘터리의 시청자들이 국방부 혹은 전체로서의 군대에 대해 더 부정적이 되지는 않았다. 그렇다면 결론적으로 우리는 이런 결과에서 비디오 질병에 관한 주장을 입증하는 것을 사실상 발견하지 못했다고 할 수 있다.[15] 따라서 우리는 헌팅턴, 로스만, 또는 래니의 주장에 고개를 끄덕일 수가 없게 되었는데, 그것은 이들이 언급하는 유일한 증거가 바로 로빈슨의 연구 결과였기 때문이다.

게다가 텔레비전은 적대적 힘으로 작용한다는 바로 그 전제 자체가 우리에게는 부정확한 것처럼 보인다. 확실히 그런 적대적 논지는 대통령 선거에 대한 텔레비전 보도와 관련해 우리가 알고 있는 것과 모순된다. 때때로 방법적인 큰 차이에도 불구하고 주도면밀하고 압도적인 객관성을 지닌 동일한 연구 결과가 계속적으로 등장하고 있다. 그런 연구의 결론은 대체로 기자는 단순히 그날의 사건에 대해 설명을 제시할 뿐, 자신의 견해를 끼워 넣지는 않는다는 것이다. 물론 모든 기사가 이런 규칙을 따르지는 않는다. 그리고 이따금씩 이루어지는 그런 주관적인 정치적 분석이나 판단으로의 이탈은 신문의 1면에서보다 텔레비전 화면에서 종종 더 부정적이 되는 경향을 띠기도 한다. 하지만 현재까지 입수 가능한 증거는 그런 차이가 미미하다는 것을 보여준다. 그리고 그런 연구 속에서 더 자주 발견되는 것은 그 둘 사이에는 사실상 아무 차이가 없다는 것이다.[16] 이런 증거는 텔레비전 뉴스를 적대적 힘으로 여기는 견해와 일치하지 않는다.

대신 그 증거는 "객관성(objectivity)"에 대한 미국 미디어의 깊은 헌신을 증명해 준다. 하나의 직업 이데올로기로서의 객관성은 세 가지 의무에 전념할 것을 요구한다. 그 세 의무는 먼저 독립성(언론은 정치적 압력으로부터 자유로워야 한다), 다음으로 균형(언론은 편애함이 없이 경쟁하는 양 당사자의 입장을 제시해야 한다), 마지막으로 객관성(언론은 사실에 대한 판단 없이 단순히 사실만을 전달해야 한다)이다. 이런 이데올로기적 지침은 지난 수십 년에 걸쳐 언론 종사자와 정부 인사 사이의 친밀한 관계 형성을 조장해왔던 일상적인 언론사의 업무 방식과 아주 깊게 얽히게 되었는데, 그 결과 언론인들은 점점 더 자주 정부 관료와 정부 기관을 주요한 정보원으로, 또 그들의 활동을 뉴스의 기본 소재로 활용하게 되었다. 정부 관료 역시 국민이든 엘리트든, 이들 모두와 소통하기 위해서는 반드시 언론인들을 활용할 필요가 있었다.[17]

대통령 선거 보도는 이런 객관성의 요소를 매우 잘 포함하고 있다. 선거 뉴스는 무엇보다도 공직 선출에 관한 뉴스다. 따라서 그것은 경쟁자에 대해서는 많은 관심을 기울이는 반면, 그런 선거 결과가 국민들에게 무엇을 의미하게 될 것인지에 대해서는 상대적으로 덜 관심을 기울인다. 선거 뉴스는 또 가장 천박한 정치적 압력으로부터 자유로운 것처럼 보이고, 적어도 "유력한(serious)" 후보에 대해서는 동일한 시간을 할애한다는 의미에서 균형 잡혀 있는 것처럼 보인다. 그리고 대체로 당일 있었던 사건에 대해 사실적 설명만을 단순히 전달한다. 이런 의미에서 텔레비전의 대통령 선거 보도는 적대적인 뉴스가 아니라 객관적인 뉴스라고 할 수 있다.

객관적 저널리즘은 베트남 전쟁에 대한 텔레비전 보도에서도 역시 지배적인 기조였다고 할 수 있다. 이런 결론은 중요한데, 그것은 텔레비전 뉴스를 하나의 적대적인 힘으로 여기는 사람들은 자신의 주장을 뒷받침하는 결정적인 증거로 자주 전쟁 보도를 거론하기 때문이다. 또 전쟁 보도에 대한 그런 결론은 놀라운 것이 될 수도 있다. 왜냐하면 베트남 전쟁에 대한 네트워크의 보도는 1968년 초 구정 공세 이후로 변화를 보였고, 그런 변화에서 보도의 기조는 존슨 정부의 정책, 남베트남 정권, 그리고 미국과 남베트남 군대의 군사적 조치에 대해 점점 더 비판적으로 변했기 때문이다(Hallin 1986; Braestrup 1977/83). 더욱이 그런 보도 변화는 베트남의 실제 상황의 변화보다 더 나아간 것이었는데, 그렇다면 그런 행태는 적대적 힘의 논지와 일치하기 때문이다.

하지만 텔레비전 보도를 면밀히 살펴보면, 객관적 저널리즘의 이데올로기가 그런 격동의 시기에도 여전히 확고하게 유지되었다는 것을 알 수 있다. 전쟁에 대한 텔레비전의 태도가 구정 공세 이후에 더 비판적이 되었던 것은 사실이지만, 그것은 언론에 자주 등장하는 정치 엘리트들이 정부 정책에 대해 보다 노골적인 반대를 드러냈기 때문이라고 할 수 있다. 즉, 텔레비전은 다시 한 번 공식적인 정보원으로부터 단서를 찾았고, 이번에는 워싱턴 엘리트 내부의 합의가 붕괴되었다는 것을 시의 적절하게 보도했다는 것이다. 비록 대통령을 비판하는 사람들에 대한 보도가 구정 공세 이후에 증가한 것은 맞지만, 그런 보도가 당시의 말로 "체제 밖(outside the system)"에서 활동하던 제멋대로 날뛰는 그런 유형의 사람들에 대해 특별히 긍정적이지는 않았고, 때로는 매우 부정적이기도 했다(Hallin 1984; Gitlin 1980). 또 공식적인 정보원에 의문을 제기하는 기사 역시 매우 드물었는데, 그것은 구정 공세 이후에도 마찬가지였다. 할린(Hallin 1984)의 분석에 따르면, 밤마다 텔레비전을 붙잡고 시간을 보내는 미국인들의 경우 그런 기사를 볼 가능성은 한 달에 한 번 정도였다고 한다. 만약 베트남 전쟁이 그런 적대적 명제의 결정적 사례에 해당한다면, 그 명제는 심각한 난관에 처해 있다고 볼 수 있다. 왜냐하면 그 전쟁에 대한 연구 결과는 객관성이 지배했다는 것을 보여주고 있기 때문이다.

그러나 텔레비전 뉴스가 정치적으로 객관적이라고 해서, 그것이 곧 텔레비전 뉴스가 정치적으로 중립적(neutral)이라는 의미는 아니다. 만약 텔레비전 뉴스의 정치학을 이해하기 어렵다면, 그것은 부분적으로 그것이 너무 친숙하고 편안하기 때문이다. 당장 제시할 수 있는 좀 그럴듯한 증거를 가지고 있지는 않지만, 우리에게 텔레비전 뉴스, 좀 더 포괄적으로 미국의 뉴스는 일련의 전통적인 미국적 가치를 반영하고 또 유지시켜주는 것처럼 보인다. 이를테면, 텔레비전 뉴스는 민주주의, 특히 낭만적인 타운 홀 버라이어티 쇼를 칭송하지만, 정치 선동가, 관료주의자, 정치적 "보스(machines)," 그리고 좌우 양극단의 운동 단체에 대해서는 비판적이다. 또 자본주의와 개인주의를 칭송하고, 기존의 사회 질서를 존중한다(Gans 1979). 동시에 텔레비전 뉴스, 혹은 좀 더 전반적으로 미국의 뉴스는 "공식적"인 견해를 반영하고 유지시켜 주는 경향이 있다. 언론인들은 객관성의 이데올로기에 충실하고 복잡한 자신의 업무를 충실히 수행하기 위해 공직자와 일상적인 정보 채널-기자 회견, 비공식적인 브리핑, 보도 자료-에 크게 의존한다. 하지만 그런 과정에서 언론인들은 도대체 뉴스란 무엇인가와 같은 뉴스의 본질을 정의하는 일과 관련된 상당 부분의 업무를 공직자에게 일임하게 된다. 물론 그것의 위험성은 언론인이 "사회 현실의 공식적 기록을 위한 단순한 속기사(stenographers)"가 되는 것이고 (Schudson 1978, 185), 네트워크와 신문은 "정치 엘리트를 위한 홍보지 (house organs)"가 되는 것이다(Sigal 1973, 47).[18]

우리는 이런 가치관과 일상적인 업무 방식이 매일 밤 뉴스에 등장하는 영상과 기사에 영향을 미친다고 생각한다. 왜냐하면 일부 사건은 뉴스로 다루어지지만, 더 중요하게는 또 다른 일부 사건은 무시되기 때문이다. 객관성이라는 교리는 자주 이전과는 다른 관점을 갖는 후보나 집단의 경우, 이들이 보도될 어떤 기회도 얻지 못하거나(Robinson & Sheehan 1983), 혹은 보도된다 하더라도, 뉴스의 초점이 그들이 주장하는 바에 있는 것이 아니라 얼마나 그들이 특이한가를 폭로하는 데 맞추어진다(Gitlin 1980) 는 것을 의미한다. 게다가 린드블롬(Lindblom)이 "정치경제적 조직의 거대한 이슈"라고 불렀던 문제와 관련해 대체로 침묵을 지켜왔는데, 그런 이슈에는 "민간 기업, 고도의 기업 자율성, 소득과 부의 재분배에 대한 현상 유지 고수, 업계와 정부의 긴밀한 협의, 그리고 업계의 이익과 일치하는 요구에 대한 노조 요구의 제한" 등이 포함된다(1977, 205).

텔레비전 뉴스는 객관적일 수 있다. 하지만 중립적인 것과는 거리가 멀다. 뉴스 생산은 공식적인 정보원과 지배적인 가치관이 설정한 한계 내에서 이루어진다. 텔레비전 뉴스를 "지칠 줄 모르는 정치적 반대자, 즉 정치의 각성적 경험과 결코 대면할 필요가 없는 독단적인 제3자"(Robinson 1976, 126)로 묘사하는 것은 우리에게는 상당히 잘못된 것으로 보인다. 대신 텔레비전 뉴스는 전통적인 가치관과 제도를 공격하기보다는 그것을 옹호할 가능성이 훨씬 더 많은 본질적으로 신중하고 보수적인 매체라고 우리는 생각한다.

텔레비전은 이제 우리의 삶 속에 너무나 안락하게 또 자연스럽게 들어와 있기 때문에 다음과 같은 것을 당연하다고 생각하기 쉽다. 즉, "우리는 더 이상 그런 기계적 장치에 매혹되거나 쩔쩔매지 않는다. 또 텔레비전이 전달하는 경이로운 이야기에 대해 말하지 않는다. 우리는 텔레비전 세트를 특별한 방에 비치해 두지 않는다. 우리는 우리가 텔레비전 화면을 통해 보는 것의 실제성에 대해 의심하지 않고, 그것이 부여하는 특수한 시각에 대해서도 대체로 신경 쓰지 않는다"(Postman 1985, 79). 그러나 이런 최면성의 묵인은 우리 정치의 건강에 해로울 수 있다. 더구나 텔레비전이 당연하게 여겨져서는 안 되듯이, 텔레비전 내용의 대부분이 끔찍하다고 해서 묵살되어서도 안 된다. 실제로 뉴스 프로그램을 포함해 대부분의 텔레비전 내용이 끔찍한 것은 사실이다. 하지만 그런 판단을 한다고 해서, 좋든 싫든 텔레비전이 미국 정치의 하나의 성숙하고 강력한 힘이 이미 되어버렸다는 압도적인 사실을 바꿀 수는 없다. 주목을 끌고 여론을 형성하는 데 있어서 이제 텔레비전은 사실상 경쟁자가 없는 독보적인 권위자가 되었다. 오웰의 소설 〈1984〉의 그늘 아래에서 20세기의 마감을 얼마 남겨놓지 않은 지금, 그런 권위가 언제나 중립적일 수 있을 것이라고 주장하는 것은 순진할 뿐만 아니라 무책임하다고 하겠다.

에필로그,
2010

　아마도 사회과학이 마주하는 가장 큰 어려움은 연구 주제가 끊임없이 바뀐다는 점이 아닐까 한다. 영속적 운동, 그것은 법칙이다. 개인이든 집단이든 사회든 항상 새로운 조건에 적응해 나간다. 새로운 과학기술이 등장하고, 새로운 기구가 설립된다. 새로운 규범이 만들어지고, 그에 따른 결과가 나타난다. 그런 결과의 일부는 의도된 것이지만 대체로는 의도되지 않은 것들이다. 이런 현상은 전반적으로 다 그렇다고 할 수 있는데, 특히 정치 커뮤니케이션 분야에서 더 그렇다. 지난 25년 동안 미국-그리고 실제로는 전 세계-의 정보 유통 방식에는 많은 변화가 있었다. 이 기간은 〈중요한 뉴스〉가 처음 출간된 이후의 시기와 겹치는데, 새로운 이 에필로그(epilogue)에서는 앞서 밝힌 연구 결과와 해석을 그런 변화의 관점에서 재검토해 본다.

　이를 위해 우리는 우리의 논평을 세 부분으로 나누었다. 먼저 우리는 현재 정치 커뮤니케이션 연구에서 의제설정과 점화가 차지하는 현저성과 중요성에 대해 평가했다. 다음으로 우리는 지난 25년을 특징짓는 뉴스 정보원의 폭발적인 증가와 그에 따른 뉴스 수용자의 파편화(fragmentation)에 대해 살펴보았다. 마지막으로 우리는 정치 현상 탐구에서 실험 방법(experimentation)이 차지하게 된 놀라울 정도의 새롭고 향상된 지위에 대해 고찰해 보았다.

Ⅰ. 의제설정과 점화

우리는 〈중요한 뉴스〉에서 텔레비전 뉴스가 여론에 영향을 미친다는 것, 그리고 그것은 두 개의 주요한 메커니즘(mechanism)을 통해 이루어진다는 것을 증명했다(혹은 최소한 증명하려고 최선을 다했다). 하나는 의제설정-전국 뉴스에서 현저한 주목을 받는 문제는 결국 시청자가 그 문제를 가장 중요한 국가적 문제로 여기게 된다-을 통해서이고, 다른 하나는 점화-어떤 문제에 대해서는 관심을 유도하면서 다른 문제에 대해서는 무시함으로써, 텔레비전 뉴스는 시청자가 정책이나 후보자, 또 공직자나 관련 기관을 평가할 때 활용하는 기준을 활성화 시킨다(즉, 점화시킨다)-를 통해서이다. 그런 점화 효과는 텔레비전 뉴스가 어떤 공직자나 기관이 문제 원인 혹은 문제 해결의 실패에 책임이 있다는 것을 암시하는 방식으로 문제를 프레임(frame)하면 강화되는 경향을 보인다. 의제설정, 점화, 그리고 좀 한정적이긴 하지만 프레이밍(framing)은 우리가 수행한 연구의 핵심 구성 아이디어(central organizing ideas)다. 따라서 오늘날 〈중요한 뉴스〉가 갖는 의미를 평가할 때, 그것의 하나로 현재의 정치 커뮤니케이션 연구에서 이들 세 메커니즘이 담당하고 있는 역할을 검토해 보는 것도 좋은 방법이 될 수 있을 것이다.

의제설정, 점화, 그리고 프레이밍은 사라졌는가? 이들 메커니즘은 새로운 메커니즘에 의해 대체되었는가? 그렇지 않다. 우리가 보기에 의제설정, 점화, 프레이밍을 주제로 하는 연구는 오늘날 정치 커뮤니케이션 연구에서 오히려 더 증가하는 것처럼 보인다. 이것은 전반적으로 그렇다고 할 수 있는데, 더 중요한 것은 어쩌면 가장 훌륭한 새 연구의 일부에서도 그런 경향이 나타난다는 점이라고 하겠다. 여기에 해당되는 연구에는 탈리 멘델버그(Tali Mendelberg 2001)의 인종적 요인의 은밀한 점화에 관한 연구, 니콜라스 윈터(Nicholas Winter 2008)의 미묘하고 은밀한 프레임에 대한 연구, 매튜 바움(Mathew Baum 2003)의 외교 정책에 관한 연성 뉴스(soft news)와 여론에 대한 연구, 데니스 정과 제이미 드러크만(Dennis Chong & Jamie Druckman 2007)의 민주 사회에서의 경쟁적 프레이밍(competitive framing)에 대한 연구 등이 포함된다.

우리는 의제설정, 점화, 프레이밍을 우리가 생각해냈다고 은근히 주장하려고 하는 것은 아니다. 이들 세 메커니즘은 이미 〈중요한 뉴스〉 이전에도 존재했다. 다만 우리가 기여한 부분이 있다면 그것은 정치 커뮤니케이션 과정이 진행되는 동안 이들이 어떻게 적용되는지를 보여주었다는 것이다. 다시 말해, 미국인들의 정치적 삶에서 텔레비전 뉴스가 차지하는 중요성을 우리가 어떻게 하면 좀 더 명확하게 이해할 수 있는지, 그 방법을 제시해 주었다는 것이다. 그렇게 함으로써 우리는 어쩌면 이들 아이디어에 부족했을 수도 있는 미래 지향적 추진력을 제공해 주었는지도 모른다. 이런 발전 과정에서 우리의 역할이 무엇이었든, 커뮤니케이션 연구자들은 이제 의제설정, 점화, 프레이밍이 오늘날 미디어와 정치를 이해하는 데 불가피한 것으로 여기는 것은 명확한 것처럼 보인다.

우리는 또 지난 25년 동안 학계에서 이루어진 모든 연구가 단순히 우리 연구를 반복한 것에 지나지 않았다는 인상을 줄 의도가 전혀 없음도 밝힌다. 그것은 너무나 당연하다. 그 동안 정치 커뮤니케이션학에서는 중대한 진전, 실질적인 진전이 있었다. 여기에서 잠깐 그런 진전의 세 측면에 대해 살펴보도록 한다.

첫 번째 진전은 선거 운동에 점화를 응용하는 것과 관련되어 있다. 이런 응용은 점화를 비의도적인(inadvertent) 것으로부터 의도적인 (deliberate) 것으로 변화시킨다. 다시 말해, 〈중요한 뉴스〉에서 검토되었듯이 좋은 기사를 보도하고 다수의 수용자를 끌어들이려고 하는 뉴스 기관의 비의도적인 결과로서의 점화로부터 정치적 지지 구축과 선거 승리를 염두에 둔 선거 운동의 의도적 효과로서의 점화로 점화의 성격이 바뀌게 된다는 것이다. 점화를 이런 관점에서 보게 되면, 우리는 우리가 일련의 공통된 이슈를 둘러싸고 도대체 이번 선거에서는 무엇이 중요한가를 규정하기 위해 서로 논박하는 그런 논쟁을 많이 볼 수는 없을 것이라고 예측할 수 있을 것이다. 실제로 그렇게 되어가는 것처럼 보인다.

예를 들면, 피트로지크(Petrocik 1996)는 후보나 당이 자신들이 "소유한(own)" 이슈를 중심으로 선거가 치러지도록 시도한다는 것을 보여주었다. 소유권은 역사적으로 뿌리가 깊다. 그것은 특정 문제와 특정 지지층에 대한 각 당의 오랜 "관심, 주장, 혁신"의 패턴을 반영한다. 만약 어떤 당이 어떤 이슈를 소유하면 유권자들은 그 당이나 후보가 그 이슈와 관련해 무언가를 실행에 옮길 때 더 진지하게 수행할 것이라고 믿는 경향이 있다. 만약 경쟁하는 후보들이 이런 논리를 끝까지 밀고 나가면, 이들은 "자신이 속한 당이 유리한 이슈에 대해서는 논쟁하려고 하겠지만 상대 후보가 유리한 이슈에 대해서는 회피하려 할 것이다"(829). 실제로 최근 대통령 선거에서 민주당과 공화당, 이 두 후보 모두 자신들이 소유한 이슈를 강조했다는 사실이 밝혀졌다. 즉, 민주당 후보는 교육과 의료 보험에 대해 주장을 펼쳤고, 공화당 후보는 국방과 감세에 대해 주장을 펼쳤다(Petrocik 1996; Petrocik, Benoit & Hansen 2004). 또 다른 사례로는 미 헌법의 인준을 둘러싼 논쟁을 면밀히 검토한 라이커(Riker)의 연구를 들 수 있다. 라이커 (1993)는 "한 쪽이 어느 한 이슈에 관한 논쟁에서 이기면, 나머지 한 쪽은 승자가 계속 그 이슈를 활용하는 동안 침묵을 지키게 된다"는 지배 원리 (Dominance Principle)를 주장했는데, 이와 관련해 그는 충분한 증거를 발견했다(81-82). 실제로 점화 효과를 노리는 선거 운동이 상당히 많은 것은 확실해 보인다(다음도 참조하라. Budge 1993; Druckman, Jacobs & Ostermeir 2004; Jacobs & Shapiro 1994, 2000; Kinder & Sanders 1996).

오늘날 선거는 유권자가 마주한 선택에 대해 교육할 수 있는 주요한 수단이다. 그리고 비싼 수업 과정이기도 하다. 2008년 버락 오바마(Barack Obama)와 존 맥케인(John McCain) 선거는 그런 공공 "교육"에 10억 달러가 넘는 돈을 사용했다. 이 돈의 대부분은 텔레비전 광고에 사용되었다. 우리는 대부분이 점화를 위해 사용되었다고 생각한다.

만약 우리가 주장하듯 텔레비전 뉴스 프로그램이 미국인들이 무엇에 대해 생각할 것인가와 관련해 영향을 미친다고 한다면, 당연히 우리는 이런 영향의 후속 결과에 대해 알고 싶어질 것이다. 연구의 두 번째 진전은 의제설정과 정책 변화와의 관련성이라는 바로 그 수수께끼에 초점을 맞추고 있다. 봄가트너와 존스(Baumgartner & Jones 1993; Jones 1994; Jones & Baumgartner 2005)는 정책의 장기적인 안정성(견고한 엘리트들에 의한 정책 지배)과 단기적인 급속한 변화(여기에서 견고한 엘리트들은 표면상 실패한 측에 속한다)를 설명할 수 있는 일반 모델을 개발했다. 이들에 따르면, 변화의 시기에는 항상 하나의 강력한 이념에 의해 지지되는 안정적인 제도적 합의인 "정책 독점"이 파괴되는 현상이 나타난다. 이 과정은 일반적으로 이해관계에서의 강도의 변화에 의해 추동된다. "어떤 특정 문제에 대해 이전에는 단 한 번도 관심을 보이지 않던 국민과 정치 지도자, 또 정부 및 민간 기관들이 어떤 이유로 인해 그 문제에 관심을 갖게 된다. 일반적으로 그 이유는 관련 정책의 본질에 대해 새롭게 이해하는 원인이 된다"(1993, 8). 문제는 항상 등장하고 사라진다, 그리고 대체로 급속히 등장하고 사라진다. 봄가트너와 존스는 이 과정에서 미디어 초점의 변화는 종종 독점 파괴와 정책 변화의 중요한 요인이 된다고 결론 내린다(다음도 참조하라. Jennings & John 2009).

세 번째 진전으로 연구자들은 의제설정과 점화, 그리고 프레이밍의 기저에 흐르는 심리적 과정을 보다 심도 있게 탐구해 왔다는 점이다. 하나의 해석은 대략 다음과 같다. 미디어는 정치의 어떤 측면은 강조하면서 어떤 측면은 그렇게 하지 않는다. 사람들이 그런 미디어에 주목하게 되면 그것과 관련된 자신의 기억의 일부가 자동적으로 활성화된다. 그렇게 활성화된 기억의 조각들은 이를 통해 접근 가능하게 된다. 그리고 접근 가능한 개념과 정보는 사람들이 드러내는 의견이나 평가에 불균형하게 영향을 미친다. 이런 설명에 따르면, 의제설정이나 점화, 그리고 프레이밍은 의식의 범위를 벗어나 작동하게 된다.(예를 들면, Mendelberg 2001; Valentino, Hutchings & White 2002). 이런 자동적 과정과 다른 또 하나의 주요한 설명은 보다 신중하고, 자의식적이며, 노력이 포함된 과정을 필요로 한다. 프레이밍을 예로 들면 그 주장은 다음과 같다. 즉, 프레임은 어떤 이슈의 특정 측면을 강조함으로써 무엇을 고려사항으로 삼아야 할지를 암시해 주지만, 어쨌거나 최종 결정자(final arbiter)는 고려사항 중 어떤 것이 적절한지 선택하고 또 각각의 고려사항이 얼마나 중요한지를 결정하는 수용자 자신이라는 것이다(예를 들면, Chong 1996; Nelson, Clawson & Oxley 1997; Lenz 2009).

이런 의제설정, 점화, 프레이밍의 심리적 기반에 관한 논쟁은 여전히 진행 중이다. 그것은 일상적 판단이나 결정, 그리고 행위가 어느 정도나 의식의 통제 아래 있는가에 대한 심리학에서의 보다 광범위한 논의와 닮아 있고, 일정 정도는 반복하고 있는 것처럼 보이기도 한다(예를 들면, Bargh & Ferguson 2000; Kahneman 2003). 이 논쟁은 중요하다. 그것은 규범적인 관점에서 볼 때 우리의 정치적 판단이나 결정, 그리고 행위가 의식적인 통제 아래 있을 경우와 그렇지 않을 경우는 완전히 다르기 때문이다.

II. 새로운 뉴스 환경

의제설정, 점화, 프레이밍이 현재의 정치 커뮤니케이션 연구에 광범위한 영향을 미치고 있다고 해서 지난 4반세기 동안 이루어진 미국 사회의 기술적, 제도적 변화를 간단히 무시할 수는 없다. 오히려 그 반대다. 지난

20년 동안 이루어진 기술 혁신의 급속한 속도는 전반적으로는 뉴스 미디어에, 구체적으로는 네트워크 텔레비전 뉴스에 심대한 영향을 끼치며 정보 전달에 혁명을 가져왔다. 보다 다각화되고 파편화된 오늘날의 미디어 시장은 네트워크 뉴스가 지배하던 1980년대의 환경과는 사실상 유사한 데가 거의 없다고 할 수 있다. 뉴스 공급자 사이의 경쟁은 더 심화된 상태고, 각각의 공급자는 보다 작은 규모의 수용자를 차지하고 있다. 그리고 뉴스는 매 순간 즉각적으로 업데이트된다. 만약 1980년대의 수용자가 현재 가용한 뉴스 프로그램의 수를 보면 아마 깜짝 놀라 정신이 혼미해질 것이다. 이런 극적인 변화는 의심할 바 없이 의제설정, 점화, 프레이밍에도 중대한 의미를 지닌다. 따라서 우리는 먼저 그런 변화를 좀 더 자세히 기술한 후에 그것이 갖는 의미가 무엇인지 우리의 생각을 제시하고자 한다.

25년 전 우리는 우리 실험의 플랫폼(platform)으로 텔레비전을 선택했다. 그것은 미국인들이 국내외 사건에 관한 정보를 주로 네트워크 뉴스에 의존하고 있었기 때문이었다. 미국인들은 세 개의 네트워크가 공적 사안에 대해 가장 이성적이고, 완벽하며, 불편부당하게 보도한다고 믿었다. 그리고 그런 믿음은 라디오, 신문, 잡지와 비교해 큰 차이를 보였다. 〈CBS 이브닝 뉴스〉의 전설적인 앵커 월터 크롱카이트(Walter Cronkite)는 매일 1천만이 넘는 시청자를 끌어들였다. 평범한 주중 저녁이면 대략 미국의 두 가정 중 하나는 네트워크 뉴스를 시청했다.

그렇다고 당시의 미국인들이 뉴스를 간절히 기다렸던 것은 아니다. 대다수의 미국인들은 단순히 볼거리가 없었기 때문에 텔레비전 앞에 있었던 것이다. 네트워크를 빼면 그저 두서너 개 정도의 채널이 더 가용했다. 그리고 이들 채널은 세 주요 네트워크와 가맹사 형태의 계약관계에 있었고, 시청자 대부분은 그런 채널들이 프라임 타임에 네트워크가 만든 오락 프로그램을 방송해 주었기 때문에 시청했다. 네트워크 뉴스를 보는 대부분의 사람들은 채널을 고정시켜 놓았는데, 그것은 그들이 뉴스 이후에 시작될 저녁 오락 프로그램을 기다렸기 때문이었다. 이런 "우연한 수용자(inadvertent audience)"(Robinson 1976a)는 정치에 대한 상대적 무관심에도 불구하고 뉴스에 노출되었다. 당시 텔레비전은 거의 모든 가정에 보급되어 있었고, 그것은 십중팔구 켜져 있을 가능성이 컸다. 그리고 저녁 시간에는 네트워크 뉴스 프로그램 중 하나에 맞추어져 있을 가능성이 컸다. 미국인들의 삶에 스며드는 전국 네트워크 텔레비전 뉴스의 침투력은 실로 엄청났다고 할 수 있다.

게다가 미국인들은 ABC나 CBS, 또 NBC에 채널을 맞출 경우 사실상 동일한 기사를 보는 것과 마찬가지였다. 이들 세 네트워크는 동일한 조직적 목표를 추구했는데, 그것은 바로 시장의 지분을 확장하고 유지한다는 것이었다. 또 이들은 동일한 직업적 규범에 영향을 받았다. 그 규범은 객관적 저널리즘(objective journalism)에 대한 헌신이었는데, 이것은 균형을 맞춘 보도를 조장했다. 뉴스 내용의 측면에서도 세 네트워크 모두 상대적으로 획일적이었다. 정치적 성향이 다른 각계각층의 모든 미국인들이 사실상 동일한 "정보 공유지(information commons)"에 노출되었던 것이다.

오늘날 네트워크는 그런 지배적 지위를 포기했다. 케이블 텔레비전의 발달과 인터넷을 기반으로 하는 미디어의 폭발은 보다 파편적인 정보 환경을 만들어내었다. 이제 ABC와 CBS 그리고 NBC는 CNN, Fox News, MSNBC, 라디오 토론 프로그램(talk radio), 지역 텔레비전 뉴스, 〈Daily Show〉, 그리고 웹을 기반으로 하는 〈Google News〉, 〈Drudge Report〉,

〈Politico〉, 〈Huffington Post〉 등과 같은 엄청난 수의 정보원들과 경쟁을 해야 하는 상황에 놓여 있다. 이제 미국인들은 실로 엄청난 수의 정보원에 접근할 수 있게 되었다(Iyengar & McGrady 2007).

이런 새로운 뉴스 시장의 환경이 단순히 선택의 폭을 확장시키는 데 그 치고 있는 것은 아니다. 그것은 또 내용에 있어서도 훨씬 더 많은 다양성 을 제공해 주고 있다. 본질적으로 동일한 뉴스를 강제로 섭취했던 미국인 들은 이제 자신의 입맛에 맞는 뉴스를 소비할 수 있게 되었다. 실제로 지금 은 모든 정치적 성향에 맞춘 뉴스 정보원들이 존재한다. 그런 하나의 사례 로 폭스 뉴스(Fox News)를 들 수 있다. 폭스의 사업 모델은 라디오 토론 프로그램(talk radio)이었는데, 이를 기반으로 논평과 뉴스를 혼합시켜 보 수 성향의 시청자를 끌어들이려고 했다. 그 계획은 성공을 거두었고 얼마 되지 않아 가장 많은 시청자를 확보한 케이블 방송사가 되었다. 최근에는 MSNBC가 좀 더 진보적인 시청자를 겨냥하면서 폭스와 경쟁에 나섰다. 여 기에서의 핵심은 폭스의 빌 오라일리(Bill O'Reilly)와 MSNBC의 키스 올 버먼(Keith Olbermann) 사이에 최근 벌어졌던 논쟁 이상으로 그 범위가 넓다는 것이다. 좀 더 포괄적인 관점에서 말하면, 만약 어떤 미국인이 어떤 동기로 인해 뉴스 정보원을 찾는다면 그는 이제 25년 전과는 달리 자신의 세계관과 일치하는 뉴스 정보원을 찾을 수 있게 되었다는 것이다.

그것은 어쩌면 현재의 정치권이 강력한 당파성을 특정으로 하고 있다는 사실과 우연의 일치일 수도 있고, 물론 그것이 아닐 수도 있다. 1970년대 이후로 의회는 점점 더 분열적이고 당파적이며 무례한 곳이 되었다(Poole & Rosenthal 1997; McCarty, Poole & Rosenthal 2006). 이런 미 정치권 의 보다 강력한 당파성의 경향은 미 유권자의 당파성 강화와 일치해 왔다

(Bartels 2000; Levendusky 2009). 우리는 이런 새로운 뉴스 환경-당일의 사건에 대해 보다 이념적으로 독특한 견해를 제공하는 좀 더 다양한 정보 원이 존재하는 환경-이 점점 더 강력해지고 있는 이런 당파성의 경향을 조장하거나 적어도 강화하고 있다고 생각한다.

이런 뉴스 환경 변화에 따른 또 하나의 정치적 의미는 텔레비전이 우연한 수용자에 대해 가졌던 과거의 장악력이 상실되었다는 점과 관련되어 있다. 전보다 많은 미국인들은 이제 자기 스스로가 정치에 관심이 있기 때문에 네트워크 텔레비전 뉴스에 채널을 맞춘다. 그런 관심이 없는 사람들은 더 이상 우연하게 텔레비전 뉴스를 시청하지 않는다. 그것은 자신이 보고 싶은 더 좋은 무언가가 있으면 이제는 그것을 볼 수 있게 되었기 때문이다. 스포츠, 패션, 역사, 섹스, 드라마, 그리고 리얼리티 쇼에 이르기까지 인간적 관심사와 욕망의 모든 모음이 손쉽게 이용가능하게 된 것이다. 이런 새 미디어 세계의 한 가지 역설적 결과는 다음과 같다. 즉, 과학기술은 우리가 지금까지 상상할 수도 없었던 정보의 흐름을 가능하게 해 주었지만, 뉴스를 소비하는 총 수용자의 규모는 그만큼 줄어들게 했다는 사실이다.

만약 미국인들이 이전보다 정치 관련 뉴스에 더 많은 관심을 갖게 되고 또 정치권에 대해 갖는 견해가 보다 더 분명해진 것이 사실이라면 국가적 의제를 설정하는 텔레비전의 힘은 확실히 약화되었을 것이다. 그것은 우리의 실험 결과가 의제설정 효과는 정치에 가장 무지한 사람들 사이에서 가장 크다는 것을 시사해 주었기 때문이다. 오늘날 텔레비전 뉴스 시청자의 규모가 작아진 것은 분명하다. 그리고 이들은 이전보다 수준이 더 높아졌기 때문에 실업이나 교육이 국가의 가장 중요한 문제라는 주장에 이전보다 덜 영향을 받을 가능성이 크다고 할 수 있다.

이제 시사 문제를 이해하고자 하는 사람들은 자신이 선호하는 뉴스 유형을 선택할 수 있게 되었다. 실제로 가용한 뉴스 공급처는 너무나 많아 오히려 반드시 선택해야 하는 상황에 이르렀다. 그리고 그 선택은 이제 더 중요해졌다. 그것은 그런 선택이 ABC, CBS, NBC 중 하나를 선택하는 과거의 의미 없는 선택이 아니라 완전히 다른 정치적 견해를 제공하는 뉴스 정보원 사이의 진정한 선택이기 때문이다. 혹 그렇지 않다고 하더라도 그 선택은 중요할 수 있다. 프라이어(Prior 2007)는 오늘날의 시청자가 오로지 정치적인 이유로 뉴스 정보원을 선택한다고 가정하는 것은 경계할 필요가 있다고 주장한다. 프라이어의 분석에 따르면 정치적 입장에 따른 선택적 노출은 "제한적"이기 때문이다.

그러나 어떤 경우든 그런 새로운 환경의 의미가 의제설정이나 점화, 프레이밍이 정치 커뮤니케이션을 이해하는 데 더 이상 중요한 것이 아니라는 것을 의미하지는 않는다. 좀 더 정확히 말하면 의제설정, 점화, 프레이밍의 전반적인 중요성이 다소 약화되었을 가능성이 커졌다고 할 수 있다는 것이다. 만약 미국인들이 서로 다른 의제나 점화, 그리고 프레임에 노출된다면 이들은 서로 다른 방향으로 힘을 받게 될 것이다. 그렇게 되면 정치 커뮤니케이션의 효과는 좀 더 대립적이 될 가능성이 커질 것이다.

이런 현상은 나쁜 것인가? 꼭 그렇지만은 않다. 오히려 과거보다 개선된 좋은 일일 수 있다. 다만 그것은 네트워크가 지배적이었던 4반세기 전의 정보와 비교해, 언제든지 접근할 수 있는 현재의 정보가 그 질에 있어서 얼마나 더 향상되었는가에 따라 달라질 수 있다고 하겠다.

Ⅲ. 연구 방법으로서의 실험

우리는 의제설정, 점화, 프레이밍의 메커니즘을 검증하기 위해 주로 실험에 의존했다. 연구 방법으로서 실험은 두 가지의 특징을 지니고 있다. 하나는 개입이다. 연구자는 실험을 수행하는 동안 상황이 무르익기를 그저 기다리지 않는다. 오히려 특정한 명제를 정확하게 검증하기 위해 조건을 만들고 준비한다. 우리 역시 프로젝트를 진행하는 동안 의제설정과 점화, 그리고 프레이밍과 관련된 명제를 검증하기 위해 실험 조건을 만들었다. 이를 위해 우리는 네트워크 뉴스 프로그램을 눈에 띄지 않게 편집했다. 다시 말해, 우리는 자연이 갑작스럽게 뉴스 흐름의 변화를 유발할 때까지 기다리지 않았다는 것이다. 실험의 또 다른 특징은 무작위성(randomization)이다. 실험을 진행하는 동안 우리는 항상 참가자들을 무작위로 서로 다른 조건에 배정했다.

왜 이렇게 하는가? 그것은 우리가 관심 있는 처치 조건의 창출을 통해 외부 변인을 불변적인 것으로 만들면서 시청자가 오로지 지정된 방식으로만 서로 다른 처치 조건을 접할 수 있도록 하기 위해서이다. 그리고 그런 처치 조건에 시청자를 무작위로 배정함으로써 서로 다른 조건에 배정된 시청자들 사이에서 발견되는 차이가 무엇이든 그것은 처치된 조건 자체의 차이에 의해 유발된 것이 분명하다는 것을 우리가 확신하기 위해서이다. 그런 실험이 갖는 가장 중요한 상대적 이점은 인과관계에 대한 명확한 증거를 제공한다는 점이다.

특별히 이런 이유 때문에 우리는 자연스럽게 실험이라는 방법에 이끌리게 되었다. 하지만 실제로 우리가 시작할 때만 해도 실험은 그렇게 흔한 연구 방법은 아니었다. 그것은 기존 정치학계에 의해 대체로 좀 별난 혹은 정치학과는 관계가 없는 것으로 여겨졌다. 그리고 좀 진지한 논의에는 맞지 않는 방법으로 여겨졌다. 실험? 실험은 화학자나 심리학자가 실험실 혹은 연구실에서 무슨 일이 있었는지를 살펴보는 것 아닌가? 그것은 정치학자가 할 일이 아니다. 당시의 공인된 주장은 그랬다. 다시 말해, 정치학은 실험적인 학문이 결코 될 수 없다는 것이었다.

그림1
학술지 〈미국 정치학 리뷰〉에 실린 실험이 포함된 논문 수 (1906-2009)

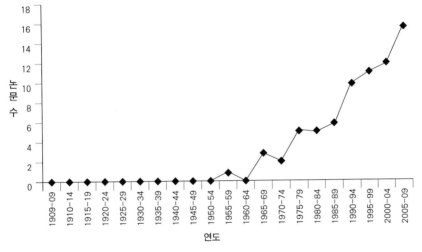

세상은 변한다. 그리고 때로는 빨리 변한다. 첫 번째 실험 연구는 1956년 정치학계의 대표적인 학술지인 〈미국 정치학 리뷰 The American Political Science Review〉에 선을 보였다. 그리고 10년이 지난 뒤 두 번째 연구가 발표되었다. 그러나 그 뒤로 그림1이 보여주듯 실험 연구는 꾸준히 증가해왔다. 오늘날 실험 연구는 정규적으로 발행되고 널리 인용된

다. 또 이전보다 훨씬 더 정교한 방식으로 논의된다(Druckman 외, 2006). 옥스퍼드 대학 출판부는 〈정치학 실험 연구 방법 핸드북 Handbook of Experimental Methods for Political Science〉이라는 책을 출간할 예정인데, 거기에서 각각의 장은 정치학계의 권위자들이 담당할 예정이다. 이렇게 보면 실험적인 연구 방법은 이미 뿌리를 내렸다고 할 수 있다.

이것은 놀랍고 환영할만한 사태의 전환이다. 무조건 환영할, 아니 대체로 환영할 일이라고 하겠다. 지금은 실험을 기반으로 하는 의제설정이나 점화, 그리고 프레이밍에 대한 연구가 불균형적으로 많은 상황이 되었다. 하지만 실험이 아무리 많은 장점이 있다 하더라도 실험 결과는 항상 일반화 가능성(generalizability)에 대한 문제를 가질 수밖에 없다. 우리가 수행한 실험도, 또 우리의 실험과 유사한 여타의 실험도 예외는 아니다.

그러나 실험과 관련해 제기되었던 두 가지의 흔한 문제 제기는 과거에 비해 무게감이 많이 줄어들었다. 그것 중 하나는 실제 현실과 관련되어 있는데, 좀 더 정확히 말하면 실제 현실의 부재와 관련되어 있다. 그 주장의 핵심은 다음과 같다. 즉, 실험 환경은 일반적으로 너무나 인위적이기 때문에 실험 결과는 현실의 실제 환경으로 일반화될 수 없다는 것이다. 두 번째 흔한 불평은 실험 대상의 대표성이 의심스럽다는 것과 관련되어 있다. 이런 관점에서 보면 실험 결과의 보편성은 치명적인 타격을 입게 된다. 왜냐하면 우리의 실험에서처럼 미미한 경제적 보상이 주어지는 자원봉사자나 실험 참가자들이 실제로 중요한 표적 모집단(예를 들면, 유권자나 가공의 "평범한 시민")을 대표하지 못하기 때문이다.

정보과학기술의 급속한 변화는 실험에 대한 이런 전통적인 비판을 대체로 낡은 것으로 만들었다. 마찬가지로 정치 커뮤니케이션 분야에서도 그런 두 비판을 모면하는 것이 이제 가능하게 되었다. 현재 미국인들은 웹을 기반으로 하는 미디어와 함께 점점 더 많은 시간을 보내고 있다. 그에 따라 온라인에서 수행되는 실험도 현실 가능한 것이 되었다. 이렇게 수행되는 실험은 실험 참가자의 실제 미디어 경험과 닮아 있다. 게다가 전국 인터넷 패널로부터 사전 동의를 얻고, 이들로부터 표본을 추출할 수 있는 상대적으로 낮은 비용의 확률 기반 기법이 등장함에 따라 웹 실험의 대표성 역시 크게 강화되었다. 요컨대, 과학기술은 뉴스가 전달되고 후보가 유권자와 소통하는 방식만을 바꾼 것이 아니라 실험 연구에 흔히 수반되는 우려의 일부도 함께 해소시켜 주었다.

그러나 그것은 비판의 일부지 전부는 아니다. 나머지 주요한 비판은 우리도 알고 있듯이 실제 현실에서는 중요해 보이는 차이가 실험에서는 약화되어 등장한다는 것이다. 그 차이는 정보의 공급을 한편으로 하고, 정보의 소비를 또 다른 한편으로 하는 공급과 소비, 이 둘 사이에 존재한다. 통상적으로 실험은 사실상 모든 사람이 메시지를 전달받는 방식으로 수행된다. 그런 통상적인 실험은 그 자체로 현실 세계의 커뮤니케이션 효과가 작동하는 방식에 존재하는 장애물을 피해간다. 그것은 바로 무관심한 수용자인데, 이들은 보통 사적인 일에 푹 빠져 메시지에 관심을 두지 않는다. 따라서 뉴스의 의제설정, 점화, 그리고 프레이밍 효과를 좀 더 균형 있게 설명하기 위해서는 실제 세계를 겨냥한 실험과 연구, 이들 모두가 포함된 방법론적 다각화가 필요하다고 하겠다.

우리는 〈중요한 뉴스〉에서 의제설정과 관련해 이런 다각화를 좀 시도했다. 거기에서 우리는 실험뿐만 아니라 관찰연구로부터 얻은 결과를 제시했다. 다행히 결과는 수렴되는 양상을 보였고, 의제설정이 실제로 존재하고 중요하다는 확신을 제공해 주었다. 하지만 주의 깊은 독자라면 〈중요한 뉴스〉가 점화나 프레이밍에 대해서는 그런 보강 증거를 제공하지 않았다는 것을 눈치 챘을 것이다. 이 두 효과에 관한 주장은 실험적 검증에 의해서만 뒷받침되었기 때문이다.

부분적으로 이런 이유 때문에 〈중요한 뉴스〉가 출간된 이후 우리는 우리 연구의 일부를 뉴스 효과의 비실험적 검증에 초점을 맞추었다. 다음은 그런 사례 중 하나다. 1986년 11월 이란에게 무기가 비밀리에 판매되었고, 거기에서 얻은 자금이 니카라과 반군에게 불법적으로 흘러들어 갔다는 폭로가 이루어졌다. 그러자 뉴스 매체는 갑자기 이 하나의 기사에 온통 초점을 맞췄다. 점화에 의해 예측되듯이 레이건 대통령에 대한 국민의 평가는 갑자기 외교 문제를 중심으로 이루어졌다(Krosnick & Kinder 1990). 이런 유사한 효과는 제1차 이라크 전쟁(Iyengar & Simon 1993), 2001년 9월 11일 워싱턴과 뉴욕에 대한 테러 공격(Kinder & Kam 2009), 그리고 1960년대의 인종 위기를 상징하는 시위와 행진의 발발(Kinder & Drake 2008) 이후에도 발견되었다. 일부는 엄격한 실험에 의해, 또 다른 일부는 자연적 실험이라 불릴 수 있는 실제 현실에 대한 시의적절한 분석에 의해 우리는 우리의 연구 결과를 축적해 왔다. 그 결과 우리는 점화에 대해 단지 하나의 방식에만 의존했을 경우에 가질 수 있었던 확신보다 훨씬 더 분명한 확신을 가질 수 있게 되었다.

한편, 프레이밍의 실험적 증거는 대체로 다른 학자들에 의해 제공되었다. 우리가 보기에 그 증거들은 매우 설득력이 있어 보이지만, 현장으로부터 좀 더 많은 증거가 보강된다면 더 많은 확신을 갖게 될 것이다. 이것은 현장의 증거가 부정적이라는 뜻은 아니다. 오히려 이렇다 저렇다 이야기하기에 양이 너무 적다는 의미다(Kinder 2007). 우리가 기대하는 연구와 관련해 깊은 인상을 남긴 한 연구는 사회보장제도의 인종 차별적 성격을 분석한 윈터(Winter 2006)에 의해 제시되었다. 윈터는 처음부터 사회보장제도가 일과 투자에 대한 대가로 제공되는 하나의 보험(insurance)으로 프레임되었다는 것을 보여준다. 이런 관점에서 보면 사회보장은 평생 노력하며 살아온 자신의 삶에 대한 보상으로 주어지는 일종의 권리로 여겨지게 된다. 1935년 의회 연설에서 루즈벨트 대통령은 사회보험 프로그램은 "그 사회적 정당성을 수혜자의 공로에서 찾을 수 있다"고 주장했다. 이후 수년에 걸쳐 정치 지도자들은 사회보장제도를 옹호하거나 칭송-이것은 워싱턴 안팎에서 인기 있는 활동이었다-하면서 그것을 우리를 위한 프로그램-즉, 국민을 위한, 우리 부모를 위한, 우리 아이들을 위한, 우리 자신과 미국인들을 위한, 결국은 우리 모두를 위한 프로그램-으로 반복해서 프레임해 왔다. 윈터는 사회보장제도와 일과의 관련성, 또 사회보장제도와 모든 미국인과의 관련성, 이 두 특징이 교묘하게 사회보장제도가 백인들을 위한 것임을 암시하고 있다고 주장한다. 미국적인 맥락에서 볼 때 일, 노력, 단호한 결심, 그리고 게으름의 경계 등은 모두 "백색(whiteness)"과 관련되어 있기 때문이다. 사회보장제도는 또 백인 정치인들(white politicians)에 의해 반복적으로 "모든 사람(everyone)," 즉 우리 모두에게 혜택이 돌아가는 것으로 표현되었는데, 이런 묘사 방식은 사회보장제도와 백색과의 상징적 연상(symbolic association)을 구축한다. 그 결과 사회보장제도는 인종차별적인 것이 되었고, 그것을 유지하고 확대하기 위한 국민적 지지는 미 백인들이 자신의 인종에 부여하는 신뢰에 크게 의존하게 되었다는 것이다(Winter 2006, 2008; Kinder & Kam 2009).

"정치학은 관찰 학문이지 실험 학문이 아니다." 로렌스 로웰(A. Lawrence Lowell)은 1909년 미 정치학회(American Political Science Association) 연설에서 그렇게 말했다(Druckman 등 2006, 627에서 인용). 100년이 지난 지금 더 이상 그렇다고 말할 수는 없다. 2009년의 우리는 아마도 "정치학은 관찰 학문이자 실험 학문"이라고 말하거나 혹은 그렇다고 말하지 않으면 안 되는 것으로 느낄 가능성이 크다. 만약 〈중요한 뉴스〉가 이 방향으로 상황을 진전시키는 데 조금이라고 기여했다면 우리는 그것으로 만족한다.

더 나아가 우리는 적어도 본서의 독자 일부가 실험의 힘을 수긍해 주기를, 그리고 그 중 몇몇은 우리의 주장에 너무나 깊은 영감을 받은 나머지 혹은 너무 궁금해진 나머지 직접 나서서 실험을 해보겠다고 마음먹기를 희망한다. 학문은 이런 방식으로 진전한다고 우리는 믿는다. 미국에서 국민의 관심을 유도하고 통제하는 것은 주로 매스 커뮤니케이션을 통해 이루어진다. 그것은 과거 한동안에도 그랬고, 앞으로도 당분간 그럴 것이다. 그러니 직접 실험 연구에 나서 보시라.

부록
A

실험	날짜	장소*	설계**	표적 문제(들)	조작 요인(들)	처치 집단의 수	참가자 수
1	11/80	NH	S	국방	보도량	2	28
2	2/81	NH	S	국방 인플레이션 환경오염	보도량	3	44
3	4-5/81	NH	A	에너지	보도량; 대통령 책임 정도	5	73†
4	5-6/81	NH	A	에너지 국방 인플레이션	보도량; 대통령 책임 정도	12	140
5	8-9/81	NH	A	사회안전망 민권 실업	보도량; 개인적 관련성	6	110
6	11-12 /81	NH	A	실업 환경오염	보도량; 생생한 보도 대 건조한 보도	8	104

7	6/82	NH	A	인질 사태 캠프 데이비드	보도량; 좋은 뉴스 대 나쁜 뉴스	3	64
8	7/82	NH	S	실업 무기 제한 민권	보도량	3	63
9	8/82	NH	S	실업	보도량; 개인적 관련성	4	68
10	10/82	NH	S	경제 후보 자질	보도량	3	56
11 ††	5/83	AA	A	실업	생생한 묘사 대 건조한 묘사	3	58
12	5/83	AA	A	실업 에너지	대통령 책임	6	136
13	6/83	AA	A	실업 에너지	대통령 책임	4	86
14	8/83	NH	A	불법 마약 교육	보도량; 머리기사 대 중간기사	4	121

*NH = 코네티컷 주 뉴헤븐; AA = 미시간 주 앤아버
**S = 시퀀셜 실험; A= 어셈블러지 실험
† 예일 대학교 학부생
†† 미시간 대학교 학부생

부록
B

자료 출처, 모델 설명, 측정 절차

3장

의제설정의 시계열 분석

어떤 여론조사 기관도 "당신은 무엇이 국가가 직면한 가장 중요한 문제라고 생각하나요?"라는 질문을 항상 똑같이 사용하지는 않는다. 따라서 우리는 세 개의 서로 다른 여론조사 기관에 의존했다. 세 여론조사 기관은 미국여론연구소(American Institute of Public Opinion, AIPO), 얀켈로비치(Yankelovich), 그리고 미시간 대학교의 정치연구센터(Center for Political Studies, CPS)였다. 우리는 이들 세 기관을 통해 세 번을 빼면 1974년부터 1980년까지 매 격월에 해당하는 측정치를 얻을 수 있었다. 그리고 누락된 부분은 내삽(interpolation)을 통해 측정했다.

이 세 기관의 원래 자료는 완전히 비교 가능한 것이 아니었다. AIPO와 얀켈로비치는 복수 응답을 허용했지만 CPS는 그렇지 않았다. 또 얀켈로비치는 항상 AIPO보다 좀 더 많은 답변을 보유하고 있었다. 따라서 어떤 달이든 얀켈로비치는 제시된 문제에 대해 언급하는 응답자의 비율이 가장 높았던 반면, CPS는 가장 낮았다.

우리는 각각의 문제에 대해 응답자율(percentage of respondents) 대신 응답률(percentage of responses)을 계산했다. 그것은 그런 치환이 복수의 여론조사 기관이 국가의 가장 중요한 문제에 대해 질문을 했던 수개월 치에 대한 측정치를 본질적으로 등가적인 것으로 만들어주었기 때문이다. 예를 들면, 1979년 8월 AIPO와 얀켈로비치는 국가가 직면한 가장 중요한 문제에 대해 질문했다. AIPO의 응답자 가운데 20퍼센트는 에너지, 8퍼센트는 실업, 그리고 50퍼센트는 인플레이션이라고 답했다. 반면, 얀켈로비치의 응답자 가운데서는 35퍼센트가 에너지, 10퍼센트가 실업, 81퍼센트가 인플레이션이라고 답했다. 응답자율에 기초한 이런 수치는 커다란 차이를 보였다. 하지만 응답률로 계산하자 그런 불일치는 사라졌다. AIPO의 경우 에너지에 대한 응답률은 15퍼센트, 실업에 대해서는 6퍼센트, 인플레이션에 대해서는 39퍼센트였다. 반면, 얀켈로비치에서는 에너지에 대한 응답률이 18퍼센트, 실업에 대해서는 5퍼센트, 인플레이션에 대해서는 44퍼센트로 나타났다. 이런 비교는 몇 차례 더 시도되었고, 그것을 바탕으로 우리는 응답률을 계산한다면 서로 다른 이 세 여론조사 기관으로부터 얻는 자료를 호환할 수 있다는 결론에 도달하게 되었다.

많은 2개월 단위 기간에서, 같은 기관에 의해서든 아니면 다른 기관에 의해서든 "가장 중요한 문제"에 관한 질문이 하나 이상의 여론조사에 포함되어 있을 경우, 그런 복수의 결과는 하나로 통합되었고, 그것을 바탕으로 각각의 문제에 대해 우려를 표명한 응답률을 목록으로 만들었다.

사용된 설문조자 자료는 다음과 같다: AIPO 886, 906, 913, 915, 916, 924, 932, 938, 943, 950, 960, 961, 970, 980, 986, 993, 999, 1106, 1111, 1123, 1128, 1136, 1141, 1151, 1157, 1159, 그리고 1162; 얀켈로비치 8400, 8422, 8430, 8440, 8460, 8510, 8520, 8530, 8550, 8105, 8117, 8125, 8149, 8156, 8161, 8181, 8182, 8184, 그리고 8260; 1972, 1976, 1978년의 CPS 국민 선거 설문조사.

대통령 연설의 주제는 〈Vital Speeches〉(City News pub. Co., N.Y.)에 수록된 자료를 통해 결정했다. 연설은 연설이 강조하는 초점에 따라 분류되었다. 그리고 그런 분류는 대국민 연설에 한정해서 이루어졌다. 에너지에 관한 연설은 다음과 같은 날짜에 있었다: 1977년 4월 18일; 1977년 11월 8일; 1978년 1월 19일; 1979년 4월 15일; 1979년 7월 15일; 그리고 1980년 3월 14일. 실업에 관한 연설은 다음과 같은 날짜에 있었다: 1974년 1월 15일; 1976년 1월 19일; 1977년 1월 12일; 1977년 2월 2일; 그리고 1978년 1월 19일. 인플레이션에 관한 연설은 다음과 같은 날짜에 있었다: 1974년 7월 25일; 1974년 8월 12일; 1978년 10월 24일; 1979년 1월 23일; 그리고 1980년 3월 14일.

OPEC 석유장관들의 모임 역시 유목화 되었다. 이들의 모임은 다음과 같은 날짜에 있었다: 1974년 1월 19일; 1974년 9월 13일; 1974년 12월 13일; 1975년 3월 5일; 1975년 6월 10일; 1975년 9월 28일; 1975년 12월 20일; 1976년 5월 26일; 1976년 12월 15일; 1977년 12월 19일; 1978년 6월 19일; 1978년 12월 15일; 1979년 3월 26일; 1979년 6월 27일; 1979년 12월 17일; 1980년 5월 6일; 1980년 6월 9일; 1980년 9월 16일; 그리고 1980

년 12월 15일.

인플레이션과 실업에 대한 수치는 대통령 경제자문위원회(Council of Economic Advisors)의 〈Monthly Economic Reports〉를 근거로 했다. 여기에는 전국 실업률, 평균 실업 기간, 소비자 물가 지수, 식료품 소비자 물가 지수, 평균 소비자 대출 금리 등이 포함되어 있었다. 에너지에 대한 수치는 에너지부(Department of Energy)의 〈Monthly Energy Review〉를 근거로 해 분류되었다. 여기에는 에너지 소비자 물가 지수, 가정용 난방유 물가 지수, 휘발유 물가 지수, 수입된 석유 저장량 등이 포함되어 있었다.

분석은 두 단계로 나누어 진행되었다. 첫 번째 단계로 우리는 세 문제 각각에 대해 별도로 실제의 상황, 여론, 대통령 연설이 뉴스 보도에 미치는 영향을 측정했다. 두 번째 단계에서는 뉴스 보도, 실제 상황, 대통령 연설이 국가가 직면한 가장 중요한 문제로서의 인플레이션, 에너지 혹은 실업을 지목하는 국민의 응답률에 미치는 영향을 측정했다. 이를 방정식으로 나타내면 다음과 같다:

(3.1)   TV 뉴스 $= \beta_0 + \beta_1$ 실제 세계 $+ \beta_2$ 국민적 관심 $+ \beta_3$ 대통령 연설 $+ \varepsilon_1$

(3.2)   국민적 관심 $= \beta_0 + \beta_1$ 실제 세계 $+ \beta_2$ TV 뉴스 $+ \beta_3$ 대통령 연설 $+ \varepsilon_2$

방정식3.1과 3.2는 관심 있는 사안과 관련된 구조적 관계를 보여준다. 또 서로 다른 세 기관의 자료를 상호 비교하기 위해 필요로 되었던 치환 때문에 한 문제를 지목한 응답은 필연적으로 다른 문제를 언급한 응답률을 낮추게 된다. 이런 관계를 보여주기 위해 각각의 방정식에는 나머지 두 문제에 대한 응답률이 포함되었다.

이런 6개의 방정식(세 문제 각각에 대해 한 쌍의 방정식이 필요하다) 각각을 계산하기 위해서는 적어도 각각의 방정식에서 배제된 5개의 변수가 반드시 존재해야만 한다. 우리는 이런 요구 조건을 만족시켰고, 필요한 모든 방정식은 확인되었다.(자세한 사항은 다음을 참조하라. Behr & Iyengar 1985).

동시성이나 정적인 자기상관(autocorrelation)의 문제를 바로잡기 위해 우리는 페어(Fair 1970)가 개발한 최대 가능성, 연립방정식을 사용했다. 자기상관만이 문제가 될 경우에는 간단한 최대가능성 추정 방식(Johnston 1972을 참조하라)을 활용했다. 마지막으로 동시성만이 존재할 경우에는 2단계 최소자승법을 사용했다.

이들 세 문제의 두 번째 단계 방정식 각각에서 핵심적인 계수는 β_2이다. 양의 값으로 표시되고 통계적으로 유의미한 β_2는 특정 문제와 관련해 텔레비전 보도가 증가할 경우 그 문제에 부여하는 국민의 중요도 역시 증가한다는 것을 의미하는데, 이것은 의제설정 가설과 일치한다. 이 계수는 뉴스 보도가 실제 상황을 통제하는 여론, 대통령 연설, 그리고 뉴스 보도에 대한 여론의 피드백 효과에 미치는 독립적 효과에 해당한다.

4장

머리기사 효과의 시계열 추정치

각각의 머리기사와 비머리기사(nonlead stories)의 효과는 연구 대상인 세 문제 각각에 할당된 두 유형의 기사 수를 국민적 관심 방정식(앞의 3.2)

우측 변수로 포함시켜 측정되었다. 둘 모두 내생 예측변인으로 처리되었다. 측정된 계수는 아래의 표에 제시되어 있다.

에너지, 인플레이션, 실업에 관한 여론의 결정 요인: 1974년 1월-1980년 12월

	에너지	인플레이션	실업
머리기사	1.06 (.31)	.83 (.46)	.31 (1.03)
비머리기사	.10 (.15)	.03 (.19)	.09 (.35)

주: 표의 항목은 괄호 안의 표준 오차를 갖는 2단계, 최대가능성 계수(1열), 최소자승법 계수(2열), 최대가능성 계수(3열)이다.

5장

아래 제시된 첫 번째 분석에서 고용 상태는 단 하나의 이분 변수 (dichotomous variable)로 표시되었다. 인터뷰 당시 실업 상태인 응답자는 "1"로 분류되었고, 나머지는 모두 "0"으로 분류되었다. 아래 제시된 두 번째 분석에서 고용 상태는 일련의 이분 변수로 표시되었다: 현재 고용 중인가 대 아닌가, 현재 임시 해고 상태인가 대 아닌가, 현재 일하고 있지만 미래에 대해 우려하고 있거나 혹은 과거에 문제가 있었는가 대 그렇지 않은가, 그리고 퇴직자, 장애인, 가정주부, 학생인가 대 아닌가. 이런 일련의 변수에 대한 암묵적인 참조 집단(reference group)은 미래에 대한 걱정이 없고 과거에도 문제가 없었던 현재 고용 중인 사람들로 구성되었다.

가장 중요한 문제 언급 결정 요인 Ⅰ: 통합된 1980, 1982년 국민 선거 연구

변수	Equation		
	(1) 민권	(2) 실업	(3) 사회보장제도
인종	1.466(.516)	.444(.128)	.349(.178)
고용 상태	−.619(.785)	.436(.167)	−.500(.224)
연령	.117(.144)	−.136(.024)	.186(.036)
연도	−.416(.497)	.915(.082)	1.454(.142)
상수	−5.427(1.864)	−1.025(.386)	−4.364(.554)

주: 응답자 수 = 2706.
표의 항목은 괄호 안의 표준 오차를 갖는 프로빗 계수이다.

가장 중요한 문제 언급 결정 요인 Ⅱ: 통합된 1980, 1982년 국민 선거 연구

변수	Equation		
	(1) 민권	(2) 실업	(3) 사회보장제도
인종	1.430(.519)	.426(.129)	.328(.179)
실업	.887(.864)	.500(.183)	.691(.246)
일시 해고	−3.301(17.497)	1.240(.512)	−.577(1.043)
현재 일하지만 미래에 대해 걱정하고 있거나 과거에 문제가 있었던 경우	.746(.621)	.330(.109)	.120(.174)
현재 일하지 않는 퇴직자, 장애인, 학생, 가정주부	−.605(.725)	.159(.104)	.226(.158)
연령	.252(.169)	−.134(.027)	.159(.040)
연도	−.486(.499)	.902(.083)	1.443(.142)
상수	−4.718(17.683)	−4.233(.665)	−5.832(1.244)

주: 응답자 수 = 2708.
표의 항목은 괄호 안의 표준 오차를 갖는 프로빗 계수이다.

서로 다른 유형의 시청자가 의제설정에 특별히 취약한지를 검증하기 위해 우리는 실험2, 8, 9를 통합해 다음 방정식으로 측정해 보았다.

(6.1) 실험 후 중요도 = $\beta_0 + \beta_1$ 실험 전 중요도 + β_2 시청자 유형 + ε

이 방정식에서 변화는 시청자가 실험 마지막에 표적 문제에 부여하는 중요도와 시청자의 실험 전 생각에 의해 예측되는 중요도 사이의 차이로 규정되었다. 실제 실험 후 평가가 예측된 평가를 초과한 시청자는 실제 실험 후 평가가 예측된 평가에 미치지 못한 시청자보다 더 커다란 변화를 보여주었다. 그렇다면 흥미로운 질문은 서로 다른 유형의 시청자가 교육, 당파성, 정치 개입 정도에 의해 정의될 때에도, 이들 시청자는 더 많은 혹은 더 적은 변화를 보여주는지 여부가 된다. 앞의 방정식을 이용해 차례대로 이들 각각에 대해 살펴보았다.

실험2, 8, 9는 종합 평가와 직접적인 언급, 이 둘 모두를 이용해 중요도를 측정했다. 우리는 두 측면에서 좀 다르게 방정식6.1을 이용해 측정했다. 먼저, 우리는 실험 전에 확보한 시청자의 종합 평가를 내생 변수로 처리하고 2단계 최소자승법을 이용해 계수에 대한 일관된 측정치를 산출했다(Johnston 1972). 가능하면 우리는 직접적인 언급에 대해서도 이와 동일한 절차를 따르려고 했지만 그렇게 할 수가 없었다. 그것은 그런 2단계의 절차가 1단계 방정식을 위한 도구 변수-여기에서는 시청자의 실험 전 평가에는 영향을 미치지만 실험 후 평가에 대해서는 직접적으로 영향을 미치지 않는 변수-의 항목을 필요로 했기 때문이다. 우리는 종합 평가의 경우 그런 변수를 찾을 수 있었지만(1단계 방정식에 대한 R제곱 = .23), 직접적 언급의 경우에는 찾을 수 없었다. 따라서 표6.1에 제시된 계수는 이분 종속 변수에 적절한 최대가능성 로짓 절차를 통해 측정된, 방정식6.1에 직접 기초하고 있다(Hanushek & Jackson 1977).

다변량 분석의 결과는 표에 제시되어 있다. 그 결과는 다양한 시청자 특성이 동시에 고려될 경우를 제외하면 지금까지 기술된 논리에 부합되고 있음을 보여준다. 표에 보이는 빈칸은 계수가 중간 결과에 기초해 최종 방정식에서 제외되었다는 뜻이다.

서로 다른 유형의 시청자 사이에서의 문제 중요도 변화: 실험2, 8, 9 통합(다변량 분석)

		종합 평가*	직접적인 언급**
실험전 점수		.77 (.09)	3.88 (.70)
교육	고졸 이하	.30 (.28)	
당파성	무소속	.39 (.27)	
	공화당		−1.15 (.78)
개입	공적 사안에 거의 개입 안함	.39 (.26)	.77 (.49)
	정치에 대한 신문 보도에 거의 관심이 없음		
	일간신문을 거의 읽지 않음		
	뉴스를 거의 시청하지 않음	.51 (.20)	
	정치에 대해 거의 이야기 하지 않음	.38 (.32)	.84 (.50)
	정치적 행동에 나서지 않음	.20 (.12)	.24 (.19)
	전문성 없음		

*괄호 안의 추정 표준 오차를 갖는 2단계 최소자승 계수. 전체 방정식에 대한 조정된 R^2 = .72, 표준 오차 = 1.47.
**괄호 안의 추정 표준 오차를 갖는 로짓 계수. 전체 방정식에 대한 대응(alternative) R^2 = .80,
　로그 유사도비 = −52.40, 카이제곱 = 67.60.

7장

점화에 대한 측정

실험1. 우리는 실험1의 점화 가설을 다음 방정식을 이용해 검증했다:

(7.1)　　전반적인 국정 수행 = $\beta_0 + \beta_1$ (국방 직무 수행)

　　　　$+ \beta_2$ (국방 직무 수행 × 처치 조건) $+ \varepsilon$

　　　　여기에서 처치 조건 = 국방 조건의 시청자에 대해서는 1,

　　　　　　　　　　통제 조건의 시청자에 대해서는 0.

　점화 가설은 방정식7.1의 β_2에 의해 검증되었다. 이 매개 변수는 국방에 관한 뉴스에 노출됨으로써 야기되는 국방에 대한 직무 수행 평가가 전반적 평가에 미치는 추가적인 영향을 측정할 수 있게 해 주었다. 통계적으로 유의미하고 양의 값을 갖는 β_2는 국방에 관한 뉴스 보도가 카터 대통령에 대한 전반적인 평가에서 시청자가 대통령의 국방에 대한 직무 수행에 부여하는 중요도를 상승시켰다는 것을 의미한다. 특별한 표시가 없을 경우 앞으로 매개 변수들은 모두 최소자승회귀 분석에 의해 측정되었다는 것을 밝힌다.

　엄밀히 따지면 방정식7.1과 뒤따르는 방정식들은 고차 상호작용에 의해 암시된 하위 조건 모두를 포함해야만 한다. 예를 들면, 방정식7.1의 경우 이것은 처치 조건의 주요 효과를 위한 조건을 포함하는 것을 의미하게 된다. 실제로 처음에 우리는 우리가 계산한 방정식 각각에서 암시된 하위 조건 모두를 포함시켰다. 그러나 이들 하위 조건과 관련된 계수는 전반적으로 0과 큰 차이를 보여주지 않았다. 이들 계수가 0과 차이를 보이지 않았기 때문에 우리는 여기 제시된 방정식에서는 제외했다.

실험2

(7.2) 전반적인 국정 수행 = $\beta_0 + \beta_1$ (국방에 대한 직무 수행)

+ β_2 (인플레이션에 대한 직무 수행) +

+ β_3 (국방에 대한 직무 수행 × 처치 조건$_1$) +

+ β_4 (인플레이션에 대한 직무 수행 × 처치 조건$_2$) + ε

여기에서 처치 조건$_1$ = 국방 조건 시청자에 대해서는 1,

인플레이션 조건 시청자에 대해서는 0;

처치 조건$_2$ = 인플레이션 조건 시청자에 대해서는 1,

국방 조건 시청자에 대해서는 0.

β_1과 β_2는 문제 직무 수행에 대한 기준 영향이다. β_3과 β_4는 국방과 인플레이션에 대한 뉴스 보도와 관련된 점화 가설을 각각 검증하고 있다. 양의 값으로 표시되고 통계적으로 유의미한 β_3는 국방에 대한 뉴스 노출이 대통령의 전반적인 국정 수행 평가에서 국방이 차지하는 중요도를 높여준다는 것을 의미하는데, 이것은 점화 가설에 부합된다. 통계적으로 유의미하고 양의 값으로 표시된 β_4는 인플레이션에 대해 앞과 동일한 의미를 갖는다는 것을 나타낸다.

실험9.

(7.3)   전반적인 국정 수행 = $\beta_0 + \beta_1$ (실업에 대한 직무 수행)
        $+ \beta_2$ (실업에 대한 직무 수행 $\times$ 처치 조건) $+ \varepsilon$

        여기에서 처치 조건 = 실업에 대한 뉴스를 본 시청자에 대해서는 1,
                             그렇지 않은 시청자에 대해서는 0.

양의 값으로 표시되고 통계적으로 유의미한 β_2는 실업에 대한 뉴스 노출이 대통령의 전반적인 국정 수행 평가에서 실업이 차지하는 중요도를 높여준다는 것을 의미하는데, 이것은 점화 가설에 부합된다.

실험8.

(7.4)   전반적인 국정 수행 = $\beta_0 + \beta_1$ (무기 제한에 대한 직무 수행)
        $+ \beta_2$ (민권에 대한 직무 수행)
        $+ \beta_3$ (실업에 대한 직무 수행)
        $+ \beta_4$ (무기 제한에 대한 직무 수행 $\times$ 처치 조건$_1$)
        $+ \beta_5$ (민권에 대한 직무 수행 $\times$ 처지 조건$_2$)
        $+ \beta_6$ (실업에 대한 직무 수행 $\times$ 처치 조건$_3$) $+ \varepsilon$

        여기에서 처치 조건$_1$ = 무기 제한 조건 시청자에 대해서는 1,
                                 나머지에 대해서는 0;

              처치 조건$_2$ = 민권 조건 시청자에 대해서는 1,
                             나머지에 대해서는 0;

              처치 조건$_3$ = 실업 조건 시청자에 대해서는 1,
                             나머지에 대해서는 0.

기준 효과는 β_1, β_2, β_3에 의해 검증되었고, 점화 효과는 β_4, β_5, β_6에 의해 검증되었다.

실험3과 4.

(7.5)   전반적인 국정 수행 = $\beta_0 + \beta_1$ (에너지에 대한 직무 수행)

$+ \beta_2$ (에너지에 대한 직무 수행 × 처지 조건) + ε

여기에서 처치 조건 = 몇몇 혹은 다수의 에너지 기사를 본 시청자에 대해서는 1,
에너지 관련 기사를 전혀 보지 않은 시청자에 대해서 0.

(7.6)   전반적인 국정 수행 = $\beta_0 + \beta_1$ (에너지에 대한 직무 수행)

$+ \beta_2$ (에너지에 대한 직무 수행 × 처치 조건$_1$)

$+ \beta_3$ (국방에 대한 직무 수행)

$+ \beta_4$ (국방에 대한 직무 수행 × 처치 조건$_2$)

$+ \beta_5$ (인플레이션에 대한 직무 수행)

$+ \beta_6$ (인플레이션에 대한 직무 수행 × 처치 조건$_3$) + ε

여기에서 처치 조건$_1$ = 몇몇 혹은 다수의 에너지 기사를 본 시청자에 대해서는 1,
나머지에 대해서는 0;

처치 조건$_2$ = 몇몇 혹은 다수의 국방 기사를 본 시청자에 대해서는 1,
나머지에 대해서 0;

처치 조건$_3$ = 몇몇 혹은 다수의 인플레이션 기사를 본 시청자에 대해서는 1,
나머지에 대해서는 0.

실험8의 재검토(2SLS).

우리는 몇몇 서로 다른 항목에서 2단계 최소자승법(Johnston 1972)을 통해 투사 효과를 제거한 점화 효과를 측정했다. 각각의 측정에서 실험 후 설문지 조사를 통해 얻은 대통령의 전반적 국정 수행에 대한 평가와 특정 영역에서의 직무 수행에 대한 평가, 이 둘 모두는 내생적인 것으로 처리되었다. 실험 전 설문지 조사를 통해 얻은 세 변수—연구 대상 문제(예를 들면, 무기 제한)에 대한 대통령의 직무 수행 평가, 그 문제 중요도에 대한 종합 평가, 그리고 그 문제에 대한 자발적인 언급—는 도구 변수의 역할을 했다. 세부 항목은 점화 방정식에 어떤 여타의 변수(이 모두는 실험 전 설문지 조사를 통해 얻었고, 내생적인 것으로 처리되었다)가 포함되느냐에 따라 바뀌었다. 첫 번째 열의 (1)에는 대통령의 전반적 국정 수행, 진보성-보수성, 그리고 인종에 대한 전반적 평가가 포함되었다. 두 번째 열의 (2)에는 대통령의 전반적인 국정 수행과 진보성-보수성에 대한 전반적 평가가 포함되었다. 세 번째 열의 (3)에는 전반적인 국정 수행에 대한 전반적 평가만이 포함되었다. 설명의 도움을 위해 결과의 일부를 다음 표에 제시했다.

투사 효과가 통제된 점화: 무기 제한 직무 수행 평가가 레이건 대통령의 전반적인
국정 수행에 미치는 영향 추정치

Equation	(1)	(2)	(3)
무기 제한 직무 수행 평가의 기준 영향	.02	-.02	.05
점화로 인한 추가적 영향	.58*	.76*	.69*

*$p < .05$

8장

1980년 국민 선거 연구(National election study, NES)

표8.1에 제시된 요인 분석은 세 개의 독립적인 국민 표본에 기초해 이루어졌다. 이들 각각은 1980년 국민 선거 연구의 일부로 활용되었다. 이 세 표본에는 아이오와 전당대회 이후에 시작되었다가 뉴햄프셔 예비선거가 있기 전에 끝난 1-2월 설문조사 표본(n = 1008), 주요 예비선거 사이(예를 들면, 일리노이와 뉴욕의 예비선거 후와 펜실베이니아와 텍사스 예비선거 전)에 잠깐 이루어진 4월 설문조사 표본(n = 965), 그리고 대통령 선거 거의 막바지에 진행된 9-10월 설문조사 표본(n = 1614)이 포함되었다.

카터와 레이건 각각에 대해 두 요인은 피어슨 상관관계 모형으로부터 추출되었다. 그런 후 사각 회전(oblique rotation)으로 처리했다. 우리는 능력과 청렴도라는 이 두 요인이 서로 별개이지만 관련되어 있을 것으로 예측했다. 표8.1은 세 설문조사를 평균한 요인 부하값을 보여주고 있다. 이런 이례적인 통합 절차는 개별 설문조사 분석을 정확하게 반영했는데, 그것은 세 설문조사 전체에 걸쳐 인자 해석(factor solutions)이 매우 확고했기 때문이다.

경사도 가설을 검증하기 위해 우리는 세 개의 종속값(전반적 국정 수행, 능력, 청렴도) 각각에 대해 다음 방정식을 적용했다:

(8.1)   전반적인 평가 $= \beta_0 + \beta_1$ (인플레이션에 대한 직무 수행) $+$

β_2 (에너지에 대한 직무 수행) $+ \beta_3$ (실업에 대한 직무 수행) $+$

β_4 (인질 사태에 대한 직무 수행) $+ \beta_5$ (아프가니스탄에 대한 직무 수행) $+ \varepsilon$

9월 표본 설문조사에서의 매개 변수는 최소자승법에 의해 측정되었다. 그리고 9-10월 패널 설문조사에서의 매개 변수는 2단계 최소자승법에 의해 측정되었다. 여기에서는 전반적 평가와 문제 직무 수행 평가가 내생적인 것으로 처리되었다. 따라서 이들 계수는 투사로 인한 어떤 효과도 포함하지 않았다. 그런 도구 변수는 6월 인터뷰에서 얻은 것과 동일한 변수의 지체된 유형이었다.

1982년 국민 선거 연구

1980년 표본 설문조사에서 사용된 절차를 따르면서 우리는 전반적인 국정 수행, 능력, 청렴도 각각에 대해 다음 방정식을 사용했다:

(8.2) 전반적 평가 = $\beta_0 + \beta_1$ (무기 제한에 대한 직무 수행) +
β_2 (실업에 대한 직무 수행) + β_3 (국방에 대한 직무 수행) +
β_4 (인플레이션에 대한 직무 수행) + ε

모든 매개 변수는 최소자승법에 의해 측정되었다.

실험3. 실험3의 책임 가설을 검증하기 위해 우리는 다음 방정식을 이용했다:

(9.1)   전반적인 국정 수행 $= \beta_0 + \beta_1$ (에너지에 대한 직무 수행) $+$
β_2 (에너지에 대한 직무 수행 $\times$ 처치) $+$
β_3 (에너지에 대한 직무 수행 $\times$ 책임) $+$
β_4 (에너지에 대한 직무 수행 $\times$ 노출) $+ \varepsilon$

여기에서 처치 $=$ 처치 조건의 시청자에 대해서는 1,
통제 조건의 시청자에 대해서는 0;

책임 $=$ 높은 책임 조건의 시청자에 대해서는 1,
나머지에 대해서는 0;

노출 $=$ 높은 노출 조건에 대해서는 1,
나머지에 대해서는 0.

이전 방정식에서와 마찬가지로 β_1은 카터의 에너지 문제 대처 방식에 대한 학생들의 평가와 그에 대한 전반적 평가 사이의 기준 관계를 측정한 값이고, β_2는 에너지 관련 기사에 전혀 노출되지 않은 시청자와 약간의 노출이 있었던 시청자 사이의 차이와 관련된 점화 효과를 다시 한 번 측정한 값이다. 방정식9.1에서 새롭게 추가된 것은 책임 부여로 인해 야기된 점화 효과의 증가를 측정한 β_3와 연관된 효과이다. 통계적으로 유의미하고 양의 값을 가진 β_3는 에너지 문제에 대해 대통령이 책임이 있다고 묘사한 기사가 대통령에게 책임 있다고 묘사하지 않은 기사보다 평가 기준에 더 많은 영향력을 행사한다는 것을 의미한다. 그리고 좀 더 완벽한 통제를 위해 β_4을 사용했는데, 여기에서 β_4는 어떤 평가적 영향이든 그것은 소수보다는 다수의 기사에 노출되는 것에 기인한다는 것을 드러내 보여준다.

실험4. 실험4의 책임 가설을 검증하는 것은 좀 더 복잡했다. 그것은 실험4가 하나가 아닌 세 문제에 대한 보도를 조작했기 때문이다:

(9.2)   전반적인 평가 = $\beta_0 + \beta_1$ (에너지에 대한 직무 수행) +

β_2 (인플레이션에 대한 직무 수행) + β_3 (국방에 대한 직무 수행) +

β_4 (에너지에 대한 직무 수행 $\times$ 처치$_1$) +

β_5 (인플레이션에 대한 직무 수행 $\times$ 처치$_2$) +

β_6 (국방에 대한 직무 수행 $\times$ 처치$_3$) +

β_7 (에너지에 대한 직무 수행 $\times$ 책임$_1$) +

β_8 (인플레이션에 대한 직무 수행 $\times$ 책임$_2$) +

β_9 (국방에 대한 직무 수행 $\times$ 책임$_3$) +

β_{10} (에너지에 대한 직무 수행 $\times$ 노출$_1$) +

β_{11} (인플레이션에 대한 직무 수행 $\times$ 노출$_2$) +

β_{12} (국방에 대한 직무 수행 $\times$ 노출$_3$) + ε

여기에서 처치$_1$ = 에너지 조건에 배정된 시청자에 대해서는 1, 나머지에 대해서는 0;

처치$_2$ = 인플레이션 조건에 배정된 시청자에 대해서는 1, 나머지에 대해서는 0;

처치$_3$ = 국방 조건에 배정된 시청자에 대해서는 1, 나머지에 대해서는 0;

책임$_1$ = 높은 책임 에너지 조건에 배정된 시청자에 대해서는 1,
나머지에 대해서는 0;

책임$_2$ = 높은 책임 인플레이션 조건에 배정된 시청자에 대해서는 1,
나머지에 대해서는 0;

책임$_3$ = 높은 책임 국방 조건에 배정된 시청자에 대해서는 1,
나머지에 대해서는 0;

노출$_1$ = 높은 노출 에너지 조건에 배정된 시청자에 대해서는 1,
나머지에 대해서는 0;

노출$_2$ = 높은 노출 인플레이션 조건에 배정된 시청자에 대해서는 1,
나머지에 대해서는 0;

노출$_3$ = 높은 노출 국방 조건에 배정된 시청자에 대해서는 1,
나머지에 대해서는 0.

문제 직무 수행 평가의 비점화 효과(unprimed effects)는 β_1(에너지), β_2(인플레이션), 그리고 β_3(국방)에 의해 측정되었다. 최소한의 뉴스 보도 (낮은 노출, 중간 정도의 책임)에 대한 노출로 인해 야기된 효과의 증가가 있을 경우 그것은 β_4(에너지), β_5(인플레이션), β_6(국방)에 의해 제시되었다. 만약 높은 책임 보도에 의해 유발된 추가적인 효과가 있을 경우 그것은 β_7(에너지), β_8(인플레이션), β_9(국방)에 의해 제시되었다. 이 장의 주요 관심사인 책임 가설을 구현하고 있는 이들 추정 계수는 추가적인 영향이 있다면 그것이 무엇이든 그 영향은 소수의 기사보다 다수의 기사에 노출됨으로써 유발된다는 것을 반영하고 있다(이에 대한 에너지, 인플레이션, 국방에 대한 각각의 계수는 β_{10}, β_{11}, β_{12}이다).

실험12. 표9.2에 제시된 결과는 방정식9.3과 9.4에 기초하고 있다.

(9.3)　　전반적인 국정 수행 = β_0 + β_1 (에너지에 대한 직무 수행) +

　　　　　β_2 (실업에 대한 직무 수행) +

　　　　　β_3 (에너지에 대한 직무 수행 × 처치$_1$) +

　　　　　β_4 (실업에 대한 직무 수행 × 처치$_2$) +

　　　　　β_5 (에너지에 대한 직무 수행 × 처치$_1$ × 책임) +

　　　　　β_6 (실업에 대한 직무 수행 × 처치$_2$ × 책임) + ε

　　　　　여기에서 처치$_1$ = 에너지 조건에 배정된 시청자에 대해서는 1,

　　　　　　　　　　　나머지는 0;

　　　　　　　　처치$_2$ = 실업 조건에 배정된 시청자에 대해서는 1,

　　　　　　　　　　　나머지는 0;

　　　　　　　　책임 = 에누리 조건에 배정된 시청자에 대해서는 − 1,

　　　　　　　　　　　불가지 조건에 배정된 시청자에 대해서는 0,

　　　　　　　　　　　강화 조건에 배정된 시청자에 대해서는 +1.

이전과 마찬가지로 문제 직무 수행의 비점화 효과는 β_1(에너지)과 β_2(실업)에 의해 제시된다. 그리고 기본 점화 효과는 β_3(에너지)와 β_4(실업)에 의해 제시된다. 마지막으로 여기에서 주요한 관심사인 추가적인 영향과 관련해 그것이 무엇이든 뉴스 보도에 의해 전달되는 대통령 책임 정도에 의해 영향을 받고, 그것은 β_5(에너지), β_6(실업)에 의해 제시되고 있다.

실험13.

(9.4)   전반적인 국정 수행 = $\beta_0 + \beta_1$ (실업에 대한 직무 수행) +

  β_2 (실업에 대한 직무 수행 × 처치) +

  β_3 (실업에 대한 직무 수행 × 처치 × 책임) + ε

  여기에서 처치 = 실업 조건에 배정된 시청자에 대해서는 1,

  나머지는 0;

  책임 = 실업 에누리 조건에 배정된 시청자에 대해서는 −1,

  실업 불가지 조건에 배정된 시청자에 대해서는 0,

  실업 강화 조건에 배정된 시청자에 대해서는 +1.

앞에서와 마찬가지로 문제 직무 수행의 비점화 효과는 β_1으로 표시되었
다. 기본적인 점화 효과는 β_2에 의해 검증되었다. 추가적인 효과가 뉴스 보
도에 의해 전달되는 대통령의 책임 정도에 의해 비롯될 경우 그것은 항상
β_3로 제시되었다.

10장

표10.1의 계수는 다음 방정식을 통해 얻어졌다.

(10.1)   전반적인 국정 수행 = $\beta_0 + \beta_1$ (문제에 대한 직무 수행) +

  β_2 (수용자 요인) + β_3 (처치) +

  β_4 (문제에 대한 직무 수행 × 처치) +

  β_5 (수용자 요인 × 문제에 대한 직무 수행) +

  β_6 (수용자 요인 × 문제에 대한 직무 수행 × 처치) + ε

계수 β_1는 문제에 대한 직무 수행의 비점화 효과 즉, 기준 효과를 검증한다. 그리고 β_2와 β_3은 전반적 평가에 대한 수용자 요인과 실험 처치의 주요 효과를 포착한다. 계수 β_4는 기본 점화 효과를 검증한다. 계수 β_5는 점화에서의 기준 수용자 차이, 예를 들면, 표적 문제에 대해 어떤 보도도 보지 못한 시청자에 포함된 세 유형의 시청자 전체에 대해 문제 직무 수행이 전반적 평가에 미치는 영향에서의 차이와 같은 것을 검증한다. 마지막으로 가장 중요한 β_6는 β_5로 표시된 자연 발생적인 기준 효과에 덧붙여 표적 문제의 보도에 노출된 서로 다른 시청자 사이에서 점화 효과가 강화 혹은 약화되는 정도를 측정한다. 우리가 표10.1에 제시한 것은 바로 β_6이다.

한편, 상호작용 조건은 매우 공선적(colinear)이었다. 따라서 한 번에 하나 이상의 수용자 특성에 맞는 상호작용 조건이 포함된 방정식을 이용하는 것은 불가능했다. 그 결과 우리는 여타의 요인에 의해 유발되는 효과를 불변으로 하면서 특정 수용자 특성이 점화 효과의 크기에 미치는 독립적인 영향을 고립시켜 측정할 수 없었다.

대통령을 연루시키는 접근 가능 이론이 점화를 강화시키는지 검증하기 위해 우리는 방정식 10.2를 이용했다.

(10.2) 전반적인 국정 수행 $= \beta_0 + \beta_1$ (문제에 대한 직무 수행) $+$
β_2 (기억) $+ \beta_3$ (이론) $+ \beta_4$ (처리) $+$
β_5 (이론 $\times$ 문제에 대한 직무 수행) $+$
β_6 (이론 $\times$ 문제에 대한 직무 수행 $\times$ 처리) $+$
β_7 (이론 $\times$ 문제에 대한 직무 수행 $\times$ 처리 $\times$ 기억) $+ \varepsilon$

방정식10.2에서 중요한 계수는 β_7이다. 양의 값을 갖고 통계적으로 유의미한 β_7은 대통령을 표적 문제와 연결시키는 이론을 가지고 있고, 이전 주에 방송된 관련 기사로부터 관련 정보를 기억할 수 있는 시청자 사이에서 점화가 강화된다는 것을 의미한다. 표에 제시된 것은 β_7이다.

암묵 이론	문제		
	무기 제한	민권	실업
문제 원인으로서의 대통령	.15* (.12)	.27** (.15)	-.53 (.74)
문제 해결자로서의 대통령	.13* (.11)	.29** (.19)	-.06 (.09)

주: 참가자 수 = 63. 표의 수치는 괄호 안의 표준 오차를 갖는 최소자승법 회귀 계수이다.
 *p < .10
**p < .05

11장

우리는 다음 방정식을 이용해 실험10의 점화 효과를 검증했다.

(11.1)　드나르디스 온도계 평가 − 모리슨 온도계 평가 =

$\beta_0 + \beta_1$ (당파성) +

β_2 (인지도) + β_3 (경제 낙관 지수) +

β_4 (드나르디스에 대한 "선호도" − 모리슨에 대한 "선호도") +

β_5 (경제 낙관 지수 × 경제 처치) +

β_6 (드나르디스에 대한 "선호도" − 모리슨에 대한 "선호도" × 후보 처치) +

β_7 (당파성 × 통제 처치) +

β_8 (인지도 × 통제 처치) +

β_9 (통제 처치) + β_{10}(후보 처치) + ε

이 방정식에서 β_1, β_2, β_3, β_4 는 각각 당파성, 인지도, 경제 평가, 그리고 후보자 평가의 기준 효과를 검증한다. 계수 β_5는 경제에 대한 뉴스 보도에 의해 야기된 점화 효과를 측정한다. 이 계수가 크면 클수록 경제 평가가 온도계 평가에 미치는 영향은 점점 더 커진다. 마찬가지로 계수 β_6는 후보자에 대한 뉴스 보도에 의해 야기된 점화를 측정한다. 마지막으로 β_7와 β_8는 인지도와 당파성의 효과가 선거에 대한 어떤 뉴스도 시청하지 않은 시청자 사이에서 더 강화되었는지를 측정한다.

우리는 방정식11.1을 이용해서 당파성의 기준 효과와 통제 조건과 관련된 두 개의 상호작용 조건(β_7과 β_8)의 기준 효과가 0과 사실상 차이가 없다는 것을 발견했다. 따라서 이들 예측 변인을 제거하고 다시 방정식을 계산했다. 표11.1에 제시된 결과는 바로 이것이다.

실험7.

(11.2) 전반적인 국정 수행 = $\beta_0 + \beta_1$ (외교에 대한 직무 수행) +

β_2 (인질 사태 처치) +

β_3 (캠프 데이비드 처치) +

β_4 (인질 사태 처치 × 외교에 대한 직무 수행) +

β_5 (캠프 데이비드 처치 × 외교에 대한 직무 수행) + ε

여기에서 인질 사태 처치 = 인질 사태 처치 조건에 배정된 경우 1,

그렇지 않은 경우 0;

캠프 데이비드 처치 = 캠프 데이비드 처치 조건에 배정된 경우 1,

방정식11.2는 인질 사태 처치 조건과 캠프 데이비드 처치 조건에 배정될 경우에 유발될 수 있는 두 개의 주요한 효과를 포함하고 있는데, 그것은 이 두 효과는 통계적 유의미성에 접근했기 때문이다. 표11.2와 11.3에 제시된 계수는 따라서 전체 방정식을 반영하고 있다고 할 수 있다.

주

1장

1. 이에 대한 증거는 다음을 참조하라. Klapper(1960); Kinder and Sears(1985).

2. 특히 다음 연구자들의 역할이 컸다. Lippmann(1920, 1922, 1925); Lazarsfeld and Merton(1948); Cohen(1963).

3. 몇몇 예외적인 예로는 다음을 들 수 있다. Cohen(1963); Cook, Lomax, Tyler, Goetz, Gordon, Protess, Left, and Molotch(1983); Erbring, Miller and Goldenberg(1980); MacKuen(1981, 1984).

2장

1. 14번의 실험 각각에 대해서는 부록A에 상세하게 기술되어 있다.

2. 본서에 제시될 14번의 실험 가운데 두 번은 대학생을 표본으로 해서 실험이 진행되었다. 실험3은 예일대학(Yale University) 학부생에 의존했고, 실험11은 미시간대학(University of Michigan) 학부생에 의존했다. 이 두 실험 모두는 지역사회를 표본으로 하는 다른 실험

에 의해 반복되었다. 따라서 어떤 경우에도 우리는 대학생의 응답만을 근거로 어떤 결론에 도달하거나 주장을 펼치지는 않았다.

3장

1. 참가자 수로 보면 실험1은 규모가 가장 작았다. 대체로 실험 조건은 20명 내외의 참가자로 구성되었다. 14번의 실험에 참가한 참가자의 정확한 숫자는 부록A에 제시되어 있다.

2. 통제 집단의 경우 흑인이 상대적으로 높은 비율을 차지했다(38 대 15퍼센트). 하지만 이런 예외적인 패턴이 문제가 되지는 않았다. 그것은 참가자의 인종이 국방의 중요도에 대한 생각과 관련이 없는 것으로 드러났기 때문이다.

3. 네 항목은 다음처럼 제시되었다. "아래에서 보는 것은 최근 국가가 직면한 이슈들의 목록이다. 당신은 각각의 이슈가 얼마나 중요하다고 생각하십니까?" 답변 항목은 "대단히 중요하다," "매우 중요하다," "중요하다," "별로 중요하지 않다," "전혀 중요하지 않다"로 구성되었다. "당신은 각각의 이슈에 대해 얼마나 걱정하십니까?" ("아주 많이," "많이," "다소," "조금," "전혀 안 함"). "당신은 각각의 이슈에 대해 정치인들이 얼마나 많이 신경 써야 한다고 생각하십니까?" ("많이," "다소," "조금," "전혀 신경 쓸 필요 없음"). "당신은 얼마나 자주 이런 문제와 관련해 이야기를 나누십니까?" ("거의 매일," "자주," "가끔," "거의 나누지 않음," "전혀 나누지 않음"). 실험8과 9에서 네 번째 질문은 삭제되었다. 대신 우리는 참가자들에게 다음 질문을 제시했다. "당신이 여타의 공공 의제에 대해 느끼는 것과 비교해, 이들 이슈에 대한 당신의 느낌은 얼마나 강한가요?" ("대단히 강함," "매우 강함," "꽤 강함," "별로 강하지 않음").

4. 이런 종합 지수의 신뢰도는 내적 일관성의 측정 방법인 크론바하 알파계수(Cronbach's Alpha)를 통해 측정되었다. 네 실험 전체에서 얻어진 계수는 .67에서 .91까지였고, 평균은 .79였다. 계수가 .65 이상일 경우 일관성이 있는 것으로 용인되었다. 다음을 참조하라. Bohrnstedt(1971).

5. 통계적 유의미성은 우리가 발견한 차이가 실제로 존재한다는 확실성을 의미한다. 즉, 그 차이는 조건들 사이에 존재하는 실제 차이를 반영하고 있는 반면, 문제 중요도의 측정 방식에서의 부정확성이나 우리가 실험 참가자를 처치 조건에 배정하는 방식에서의 "우연"은 반영하고 있지 않다는 것이다. 실험적으로 유의미한 차이란 만약 우리가 동일한 실험 절차를 반

복한다면, 계속해서 발견할 수 있을 것이라고 기대할 수 있는 차이다. 예를 들면, 실험1의 경우 국방 조건에 배정된 참가자들은 실험 전보다 실험 후에 국방을 더 중요한 문제로 평가(평균 20의 차이)한 반면, 통제 조건에 배정된 참가자들은 국방을 실험 후에도 실험 전과 거의 비슷하게 평가(평균 3의 차이)했다. 그렇다면 우리는 이 두 조건 사이의 차이가 실제인지 확신할 수 있는가? 우리는 그렇다고 생각한다. 단측 t-검증(1-tailed t-test)에 따르면, 두 집단이 다를 확률은 100분의 5보다 낮다. 따라서 $p < .05$로 표시될 수 있다. 우리는 이 방식을 우리 연구의 신뢰도를 표시하는 방법으로 책 전체에 걸쳐 사용할 것이다. 전반적으로 우리는 방향 검증(directional tests), 즉 단측 검증(1-tailed tests)을 이용해 유의미성을 판단할 것이다. 이것은 우리가 발견하는 차이가 무엇이든 그 차이가 드러내는 방향에 대해 우리가 강력한 기대를 가지고 있다는 것을 의미한다. 또 우리는 우리의 실험에서처럼 관찰 결과, 즉 참가자의 수가 상대적으로 적을 경우, 통계적 유의미성을 발견하기가 어렵기 때문에 유의미성에 대한 해석에 상대적으로 관대하려고 했다는 점을 밝혀 둔다. 통계적 유의미성에 대한 좀 더 깊은 논의에 대해서는 다음을 참조하라. Winkler and Hays(1975).

6. 표3.1과 3.2의 의제설정에 대한 인상적인 증거에도 불구하고, 의혹을 갖는 독자는 여전히 우리의 실험이 우리가 탐구하는 문제에 대한 전반적인 국민 관심의 증가와 우연하게(혹은 악의적으로) 시기가 맞아떨어진 것일 수 있다는 의문을 제기할 수 있을 것이다. 표에 제시된 변화는 어쩌면 실험적으로 유도된 텔레비전 뉴스 보도의 증가 때문이 아니라 실험실 밖에서 작용한 전반적 요인들 때문이었을 수도 있지 않느냐 하는 것이다. 하지만 그것은 그렇지 않다. 우리는 표적 문제에 대해 어떤 보도에도 노출되지 않은 참가자들의 경우, 그들이 수행한 중요도 평가에서 그에 준하는 증가를 단 한 차례도 발견하지 못했다. 엄밀한 관점에서 보면, 우리는 이러한 통제 집단의 결과도 표3.1과 3.2에 기술하는 것이 좋았을 것이다. 하지만 그것은 엄밀성의 측면에서는 적절할 수 있지만, 표로 만들어 보여주는 것은 매우 번거로운 일이 될 수도 있었다. 또 그 결과는 우리의 분석이나, 해석 혹은 결론에 아무런 영향도 주지 않았기 때문에 우리는 여기에 그것을 제시하지 않기로 결정했다.

7. 이들 모두의 실험은 기본적인 의제설정 가설을 단순히 검증하는 것 이상을 염두에 두고 설계되었다. 예를 들면, 실험14는 마약 밀매 조건의 서로 다른 두 유형을 포함했다. 하나의 조건에서는 불법 마약의 미국 내 유입을 막으려는 정부의 노력에 관한 기사가 방송 첫머리를 장식했다. 또 다른 조건에서는 같은 기사가 뉴스 중간쯤에 등장했다. 우리는 다음 장에서 실험14를 좀 더 복합적으로 재검토할 것이다. 그러는 동안, 의제설정 가설의 검증을 위해 두 조건을 통합해, 마치 실험14가 단 하나의 마약 밀매 조건만을 포함하고 있는 것처럼 처리하는 것은 적절하다고 하겠다. 여타의 어셈블러지 실험들도 동일하게 단순화되었다.

8. 이런 어셈블러지 실험에서의 종합 점수는 앞에 설명된 4가지의 표준 질문을 사용해 얻었다 (주3을 참조하라). 하지만 실험13에서는 단 하나의 질문만이 사용되었다. 이 실험에서 참가자들은 몇몇 국가적 문제에 대해 그 각각이 갖는 심각성을 평가해 줄 것을 요청받았다.

9. 다양한 어셈블러지 실험에서의 유일한 예외는 실험13에서 발견되었다. 표3.3이 보여주듯이 뉴스 보도에 에너지 관련 기사가 포함된 조건의 참가자들은 그 기사를 포함하지 않았던 조건의 참가자들보다 나중에 에너지 가격이 다소 덜 중요한 문제가 될 것이라고 말했다. 그리고 그 차이는 통계적 유의미성에 접근할 정도였다. 동시에 그들은 또 표3.4가 보여주듯이 에너지를 중요한 국가적 문제로 더 많이 지적했다. 아무리 이해하려 해도 이런 모순적인 답변은 좀 당황스러운 일이다. 어쩌면 그것은 다음과 같이 설명될 수도 있지 않을까 한다. 에너지에 관한 그 기사는 그것이 현재의 상황이 아니라 미래에 닥칠 사태에 대해 다루었다는 점에서 이례적이었다. 즉, 에너지 위기가 지금이 아니라 조만간 곧 다시 도래할 미래의 위기로 경고했다는 것이다. 또 에너지 가격에 대한 명백한 언급 없이, 에너지에 대한 미국의 해외 의존성과 국내 공급의 축소에 대해서만 집중적으로 보도했던 것도 또 하나의 원인이었을 수 있다. 한편, 실험13이 진행되던 1983년 봄 앤아버의 기름 가격은 다른 지역과 마찬가지로 크게 떨어지고 있었다. 그렇다면 우리의 실험적 개입은 어쩌면 시청자로 하여금 에너지에 대해 관심을 갖도록 유도하기는 했지만 결과적으로 상당히 다른 두 결과를 초래했을 수 있다. 하나는 더 많은 시청자들이 전반적으로 에너지가 심각한 국가적 문제에 해당한다고 말하도록 하는 것이었을 수 있다. 다른 하나는 시청자들로 하여금 자신이 여타의 정보원으로부터 얻은 에너지 관련 지식에 대해 심사숙고하도록 하는 것이다. 그리고 자신의 경험으로 볼 때, 현재 에너지 가격이 떨어지고 있기 때문에 앞으로도 특별히 에너지 가격이 그렇게 큰 문제가 되지는 않을 것이라고 결론을 내리도록 하는 것이었을 수 있다.

10. 우리가 애초의 참가자들과 재인터뷰한 자료를 확보할 수 있느냐는 다행히도 인구통계학적 특성, 정치적 성향, 그리고 가장 중요하게는 국가적 문제에 대한 그들의 판단과 아무 상관관계가 없었다. 이것은 재인터뷰한 집단이 특별하지 않다는 것을 다시 확인해주는 것이었다. 그들은 인터뷰하지 않았던 사람들과 사실상 똑같았다.

11. 이 분석과 관련해 좀 더 세부적인 기술적 내용에 대해서는 다음을 참조하라. Behr and Iyengar(1985).

12. 규칙적이고 균등하게 분할된 기간의 관찰은 매우 중요하다. 이를 통해 우리는 텔레비전 보도가 여론에 미치는 영향의 시간적 변화, 예를 들면 얼마나 빨리 영향이 등장했다 사라지는가를 측정할 수 있기 때문이다.

13. 우리는 다른 두 주요 네트워크보다 CBS를 선택했다. 그것은 1974년부터 1980년까지 CBS의 시청률이 가장 높았기 때문이다. 우리의 연구 목적에 비추어 볼 때 이런 선택이 그다지 중요한 것은 아니다. 그것은 뉴스 보도에 관한 연구의 대부분이 세 네트워크 모두에 대해 사실상 동일한 결과를 반복적으로 보여주고 있기 때문이다(Iyengar 1979).

14. 통제 변인-인플레이션과 실업에 대한 응답 비율-은 유의미한 계수를 가졌기 때문에 부록B에 기술된 자료 변형에 고려될 수 있도록 방정식에 포함되었다. 실업을 언급한 응답 비율의 계수는 표준 오차 .13인 -.26이었다. 인플레이션을 언급한 응답 비율의 계수는 표준 오차 .10인 -.15였다.

15. 에너지 가격 변화에 대한 β = .13, 표준 오차 = .27; 난방유가 변화에 대한 β = -.04, 표준 오차 = .42; OPEC 수입에 대한 β = .00, 표준 오차 = .00.

16. CPI 비율 변화에 대한 β = -.51, 표준 오차 = 1.76; 식료품에 관한 CPI 비율 변화에 대한 β = .06, 표준 오차 = 1.18; 이자율 비율 변화에 대한 β = -.37, 표준 오차 = .62.

17. 우리의 결과는 서로 다른 척도와 서로 다른 측정 방법에 기초한 맥쿠엔(1981)의 결과와 전반적으로 일치했다.

4장

1. 다음에서 인용됨. Nisbett and Ross(1980, 43).

2. 다음에서 인용됨. 〈The Daily Oklahoma〉 1982년 3월 16일.

3. 생생한 뉴스에 대한 우리의 조작은 희생자와의 인터뷰에 할애된 시간의 양의 관점에서 보다 정확하게 요약될 수 있다. 평균적으로 생생한 형식은 그런 인터뷰를 약 1분(52초) 정도 담은 반면, 건조한 형식은 그런 인터뷰를 전혀 보여주지 않았다. 만약 인터뷰에 희생자의 클로즈업에 할애된 시간을 더하면, 전체 평균은 66초, 클로즈업 평균은 19초가 되었다.

4. 통계적인 관점에서 이런 차이는 실험6의 실업 처치 조건에서의 기사(시카고 대 CETA)와 생생함(개인적 사례 대 개인적 사례 없음) 사이의 상호작용에 의해 기술된다. 적절한 상호작용 조건은 통계적 유의미성에 접근했다(종합 평가에 대한 F = 1.71, p 〈 .19였고, 자발적 언급에 대한 F = 2.56, p 〈 .11이었다).

5. 우리는 흑인에 대한 참가자들의 감정을 측정하기 위해 100점 "감정 온도계"에 의존했다. 온도계의 점수 0은 차가운, 즉 비우호적인 감정을, 100은 그 반대를 의미했다.

6. 이 기사들은 한 가지를 제외하면 모두 동일했다. 그것은 기사가 방송 중간으로 이동할 경우, "안녕하십니까? CBS 이브닝 뉴스입니다"와 같은 머리기사와 관련된 관습적인 소개는 삭제되었다는 점이다.

7. 우리는 방송 직후 실시된 설문지 조사에서 83명의 참가자들이 드러낸 평가가 전체 표본이 제시한 평가와 세부적으로 들어가면 닮아 있다는 것을 지적하고 싶다. 83명에 대해서도 마찬가지로 앞부분과 중간 부분의 위치 차이는 마약 밀매에 부여하는 중요도에서는 상당히, 공공 교육에 대한 중요도에서는 그 보다는 좀 적게 중요한 역할을 했다.

8. 이 분석은 다음 연구를 근거로 하고 있다. Behr and Iyengar(1985). 절차나 결과에 대한 세부적인 사항은 앞의 연구를 참조하라. 측정 방법에 대한 간략한 설명은 부록B에 제시되어 있다.

5장

1. 우리는 어브링 등의 주장은 주장의 설득력에 비해 증거가 좀 부족하다고 생각한다. 우리는 그들의 실험 설계가 수용 준비 가설에 대한 예민한 검증을 제공하고 있지 않다고 생각한다. 이런 측면에서 우리 실험은 일종의 개선책에 해당한다. 다시 말해, 우리가 수행한 실험은 수용 준비 가설의 핵심인 상호작용 예측을 좀 더 직접적으로 얻어냈다는 점에서 그렇다는 것이다.

2. 이 장에서 세부적으로 제시되고 있는 두 실험에 대한 분석은 3개의 중요한 국가적 문제에 대한 참가자들의 자발적인 지목에 한정된다. 우리는 문제 중요도에 대한 참가자들의 종합적인 점수에 기초한 결과는 제시하지 않았다. 그것은 우리가 상호작용 가설을 검증하려는 과정에서 곧바로 민권과 사회안전망 모두에서 난관에 부딪혔기 때문이다. 이를테면, 민권 관련 기사를 하나도 포함하지 않은 조건의 흑인들은 그러한 조건 속에서도 민권을 대단히 중요한 것으로 평가했다. 종합 평가의 최고 점수는 100점이었는데, 앞 조건 속의 흑인들은 민권에 평균 95점을 주었다. 노인들 역시 사회보장제도 보호에 높은 점수를 주었다. 기사의 도움이 없이도 노인 참가자들은 사회안전망에 평균 90점을 주었다. 이것이 의미하는 바는 민권 처치 조건의 흑인들과 사회안전망 처치 조건의 노인들이 사실상 새로운 보도에 의해 영향을 받지

않을 수 있다는 것이다. 그것은 그들이 이미 "자신"의 문제가 대단히 중요하다는 것에 설득되어 있기 때문이다. 이것은 상호작용 가설-즉, 뉴스 보도는 직접적으로 영향을 받지 않는 사람들보다 직접적으로 영향을 받는 사람들에게 더 많은 영향을 미친다는 가설-을 검증할 수 없게 만든다. 비록 흑인들이 민권에 대해 사실상 최고의 중요도 점수를 부여했고, 노인들 역시 사회안전망에 대해 마찬가지의 점수를 주었지만, 그럼에도 불구하고 자발적 언급과 관련해서는 다행히도 둘 어느 쪽도 상호작용 가설을 무효로 할 만큼 높은 빈도로 자신들의 문제를 자발적으로 언급하지는 않았다. 따라서 여기에 제시된 분석 결과는 자발적 언급에 한정된다. 그러나 우리는 민권과 사회안전망 이 두 경우에서의 상호작용 가설에 대한 검증을 제외하면, 종합 점수에 기초한 두 실험의 결과는 자발적인 언급에 기초해 이 장에서 제시한 결과와 세부적인 면에서는 모두 일치하고 있다는 점을 덧붙이고자 한다.

3. 민권에 대한 흑인과 백인 사이의 차이는 통계적으로 유의미했다(t = 2.90, p 〈 .05). 그것은 사회안전망에 대한 노인과 청년 사이의 차이도 마찬가지였다(t = 1.92, p 〈 .05). 그러나 국가적 문제로서 실업의 중요도에 대한 실업자와 직장인 사이의 차이는 그렇지 않았다(t = .45, p 〉.50).

4. 세 문제의 상호작용 모두는 전통적인 통계적 유의미성에 접근했다. 민권의 경우에는 $F_{2,104}$ = 2.40, p 〈 .10; 실업은 $F_{2,104}$ = 2.57, p 〈 .10; 사회안전망은 $F_{2,104}$ = 2.16, p 〈 .10이었다.

5. 학생, 가정주부, 시간제 근무 노동자, 은퇴자 등은 이 실험에서 제외되었다.

6. 통제 집단의 참가자들이 실험 후 설문지 작성 바로 전주에 시청했던 뉴스에 대해서는 우리가 어떤 통제도 하지 않았기 때문에 그들이 적절한 통제 집단일 수 있는가에 대해서는 의문이 제기될 수 있다. 그러나 그들이 그렇다고 해도 무방할 것으로 보인다. 그 근거는 먼저, 만약 그들이 전국 뉴스를 정기적으로 시청했고, 또 어떻게 해서든 세 네트워크에서 방송되는 뉴스 프로그램 모두를 매일 시청할 수 있었다고 하더라도, 그들은 실업에 대해 단 세 개의 기사만을 보았을 것이라는 점이다. 다음으로, 실험이 끝난 후 우리는 이들 참가자에게 그들이 전주에 보았던 뉴스 프로그램과 비교해 동일하다고 간주되는 기사를 가능한 한 많이 찾아보라고 요청했다. 총 6명의 참가자들이 단 한 개의 고용 관련 기사만을 언급했다. 그리고 나머지 (26명)는 어떤 언급도 하지 않았다. 이것은 통제 집단의 참가자들이 실험 조건의 참가자들보다 실업 보도에 실제로 덜 노출되었다는 것을 다시 한 번 확인시켜 주었다.

7. t = .98, p 〈 .17.

8. t = 2.30, p 〈 .01.

9. $F_{1,66} = 2.07$, p ⟨ .16. 이런 동일한 패턴은 실업에 관한 뉴스 보도를 본 직장인과 실업자 참가자들 사이의 실험 전후의 변화에서 뚜렷했다. 즉, 실업에 대한 언급은 두 집단 모두에서 크게 증가했지만, 직장인 사이에서 그 증가세는 더 뚜렷했다. 실직자 집단의 경우 실업을 국가의 가장 심각한 문제 중 하나로 지목하는 비율은 56퍼센트에서 81퍼센트로 증가했다(t = 2.24, p ⟨ .02). 반면, 직장인 집단의 경우 그 비율은 45퍼센트에서 90퍼센트로 거의 두 배가 되었다(t = 3.34, p ⟨ .01).

10. 이와는 달리 우리 실험 결과에서의 인종과 연령의 뚜렷한 영향력은 최선의 노력에도 불구하고 우리가 수행한 실험 절차의 결함—실험 환경의 불가피한 인위적 성격, 혹은 참가자 선택의 편향성—을 반영한 것일 수도 있다. 이런 또 다른 가능성을 검증하고 보다 나은 실험 결과의 일반성을 획득하기 위해, 우리는 국민 설문조사가 제공한 증거를 다시 한 번 검토했다. 여기에서 우리는 정치연구센터에 의해 수행된 두 개의 설문조사를 활용했다. 미국 국민선거에 대한 센터의 지속적인 조사 작업의 일부로서, 미국 유권자 표본(N = 1614)은 카터와 레이건의 선거전이 정점에 달했던 1980년 9월과 10월 직접 질문에 응답했다. 또 다른 표본(N = 1418)은 의원 중간 선거 직후인 1982년 가을에 직접 인터뷰를 했다. 따라서 1980년의 설문 조사는 우리 실험보다 앞섰고, 1982년 설문조사는 우리보다 뒤에 이루어졌다. 두 설문조사 모두에서 조사자들은 표본들에게 "워싱턴에 있는 정부가 신경 써야 되는 가장 중요한 문제에 대해 지목할 것을 요청했고 그 중 세 개를 기록했다. 두 설문조사는 또 인종, 고용 상태, 연령 등을 포함하는 광범위한 인구통계학적 질문을 포함하고 있었기 때문에 우리는 우리의 실험 환경 또는 완벽하지 못한 표본에서 비롯되었을 수 있는 어떤 왜곡도 없이 개인적 상황이 국가적 문제에 대해 미치는 영향에 대해 검증할 수 있었다.

우리는 두 설문조사를 통합한 후 실험에서 검증하고 있는 세 국가적 문제—민권, 실업, 사회안전망—각각에 대한 개인적 상황과 국민 의견 사이의 상관도를 계산했다. 결과는 우리 실험 결과와 마찬가지로 인종이 민권의 중요도에, 또 연령이 사회안전망의 중요도에 대해 강력하게 영향을 미친다는 것을, 그리고 현재의 고용 상태가 실업의 중요도에 대해 상대적으로 미미한 영향을 미친다는 것을 보여주었다. 평균적으로 흑인들은 백인들에 비해 민권을 국가의 가장 중요한 문제 중 하나로 지목할 가능성이 거의 5배에 이르렀다(2.3퍼센트 대 0.5퍼센트, 카이제곱 = 13.90, p ⟨ .01). 노인들은 청년에 비해 사회보장제도의 유지를 국가의 가장 중요한 문제 중 하나로 지목할 가능성이 2배 이상이었다(17.3퍼센트 대 7.9퍼센트, 카이제곱 = 27.07, p ⟨ .01). 또 실직한 미국인들은 직장인에 비해 실업을 국가의 가장 중요한 문제 중 하나로 지목할 가능성이 다소 좀 많았다(56.4퍼센트 대 39.5퍼센트, 카이제곱 = 19.07, p ⟨ .07).

이런 모든 결과는 인종, 나이, 고용 상태의 효과가 동시에 고려되는 보다 엄격한 분석에서도 마찬가지였다. 그 분석에서 민권을 국가의 가장 중요한 문제로 언급할 가능성은 인종에 의해 강력하게 예측되었고, 사회안전망을 언급할 가능성은 연령에 의해 강력하게 예측되었으며, 실업을 언급할 가능성은 앞의 두 문제처럼 높지는 않았지만, 고용 상태에 의해 예측되었다. 일련의 다변량 프로빗 분석(multivariate probit analyses)에 기초한 이러한 결과는 부록B에 제시되어 있다.

요약하면, 설문조사 결과는 우리의 실험 결과를 다시 한 번 확인시켜주었다고 할 수 있다. 그런 면에서 우리 실험에서 발견된 개인적 상황이 미치는 상당히 큰 직접적 영향은 우리 실험이 취했던 실험 절차의 특수성을 반영한 것이 아니라 오히려 민권과 사회안전망이란 국가적 문제가 갖는 특수성을 반영한 것이 분명하다고 하겠다.

11. 다운스(Downs 1972, 38)는 국가적 문제는 종종 이런 특성을 갖는다고 주장한다. 그에 따르면, "미국 국민의 관심이 어느 한 국내적 이슈에 오랫동안 확실하게 맞추어지는 경우는 거의 없다. 그런 이슈가 매우 중대하고 지속적인 사회적 의미를 갖는 경우에도 그것은 마찬가지다. 대신 하나의 체계적인 '이슈 주목 사이클(issue-attention cycle)'이 대부분의 핵심적인 국내 문제에 대한 국민의 태도나 행위에 강력하게 영향을 미친다. 그런 사이클에서 이런 문제들 각각은 갑자기 국민의 주목을 끌다가, 잠시 머문 뒤, 대체로는 해결되지 않은 채 관심의 중심부에서 서서히 사라진다"는 것이다.

6장

1. 우리는 참가자들에게 자신들이 수학한 "최고 학력"을 기재할 것을 요청했다. 그런 후 학력을 "고졸 이하"와 "대재 이상" 등 두 범주로 분류했다.

2. 질문은 다음과 같았다. "당신은 민주당원, 공화당원, 무당파 혹은 기타 중 전반적으로 볼 때 당신 자신이 어디에 속한다고 생각하십니까?"

3. 질문은 다음과 같이 구성되었다. (1) "일부 사람들은 정치권과 공적 사안이 어떻게 진행되고 있는지를 면밀히 주시하는 데 대부분의 시간을 바칩니다. 반면 또 다른 일부는 그렇게 관심을 두지 않습니다. 당신은 정치권의 상황에 대해 대부분의 시간을 바친다, 어느 정도 바친다, 간혹 시간을 바친다, 혹은 거의 시간을 바치지 않는다 중 어디에 속하는지 말씀해 주시겠습니까?" (2) "신문을 읽을 때 당신은 정부나 정치 관련 뉴스에 얼마나 많은 관심을 기울이십니까?" 응답지는 "많은 관심," "어느 정도의 관심," 그리고 "별로 관심을 기울이지 않는다" 등 세 항목으로 구성되었다.

4. 참가자들에게는 다음과 같이 질문되었다. "당신은 신문을 정기적으로 구독하십니까?" 그리고 "당신은 얼마나 자주 저녁에 방송되는 전국 텔레비전 뉴스를 시청하십니까?"

5. 질문은 다음과 같았다. "당신은 얼마나 자주 정부나 정치에 대해 지인들과 이야기를 나누십니까?" 응답 항목은 다음과 같았다. "자주," "때때로," "거의 없다," 그리고 "전혀 없다."

6. 보다 정확하게는 선거 행동 지수(index of electoral activism)라고 하는 것이 맞을 것이다. 참가자들은 지난 대통령 선거에 투표했는지, 정치 모임이나 집회에 참석했는지, 후보에게 기부금을 냈는지, 자신의 차량에 광고 스티커를 부착했는지, 또 특정 후보를 찍도록 누군가를 설득했는지 등에 대해 질문을 받았다.

7. 참가자들은 각각의 국가적 문제와 관련해 3개 혹은 4개의 질문에 답변을 했다. 질문은 사건, 정책, 공직자 혹은 정부 기관에 대해 알고 있는 정도를 측정하기 위해 설계되었다. 응답은 옳다 혹은 옳지 않다로 분류되었고, 이후 지표를 만들기 위해 합해졌다. 개별 문제와 관련된 각각의 지수는 표준화되었고 마지막에 하나로 집계되었다.

    질문은 다음과 같았다.

인플레이션

1. 가장 최근의 통계를 근거로 예상되는 올해의 인플레이션 증가율은 얼마인가?

2. "켐프-로스 법안(Kemp-Roth Bill)"이 의회를 통과하면 어떻게 될 것인가?

3. "공급 경제학"이란 무엇인가?

환경오염

1. 현 내무부 장관(Secretary of the Interior)은 누구인가?

2. 어떤 연방 기관이 국가의 공기, 수질 및 토양 오염에 가장 우선적인 책임을 져야 하는가?

3. 환경오염을 방지하기 위해 일하는 민간 기구의 이름을 지목할 수 있는가?

실업

1. 당신은 주요 노동조합 중 한 명이라도 대표의 이름을 말할 수 있는가?

2. 현재 전국 실업률은 얼마인가?

3. 어느 직위의 연방 부서가 국가의 환경 실태에 대해 우선적인 책무를 가지고 있는가?

4. 미국인들 중 어떤 집단에서 실업률이 가장 높은가?

국방

1. 소련과 몇몇 동유럽 국가들로 구성된 군사 동맹의 이름은 무엇인가?

2. 레이건 정부는 국방비를 대폭 증액할 것이라고 제안했다. 당신은 레이건 정부가 고려하고 있는 새로운 무기 체제 중 어느 하나라도 말해 줄 수 있는가?

3. 국방 장관은 누구인가?

민권

1. 1965년에 처음 제정된 민권법률 중 어떤 중요한 조항이 최근 의회에 의해 더 연장되었는가?

2. 미 대법원의 유일한 흑인 대법관은 누구인가?

3. 간단히 말해 "배키 판결(Bakke Case)"은 무엇을 의미하는가?

4. 당신은 레이건 정부 내 흑인 관료의 이름을 말할 수 있는가?

무기 제한

1. 소련과 몇몇 동유럽 국가들로 구성된 군사 동맹의 이름은 무엇인가?

2. 레이건 정부는 국방비를 대폭 증액할 것이라고 제안했다. 당신은 레이건 정부가 고려하고 있는 새로운 무기 체제 중 어느 하나라도 말해 줄 수 있는가?

3. 당신은 소련과 미국, 두 나라의 무기 제한 협상에서 서로 의견 일치를 보지 못하고 있는 특정 분야를 말해 줄 수 있는가?

4. 전술 핵무기란 무엇인가?

5. 국방 장관은 누구인가?

8. 하위 집단의 분석을 위해 이들 세 실험을 통합하는 것은 매우 바람직하다. 그것은 교육, 당파성, 정치 개입의 정도에 따라 참가자들을 하위 집단으로 분리할 경우, 분석 결과에 신뢰성을 부여하기 위해 필요한 충분한 수의 참가자들을 갖지 못하기 때문이다. 만약 우리가 실험 결과를 별도로 검토한다면, 각각의 하위 집단에 너무 적은 수의 참가자가 참여하게 되는 상황이 될 것이다. 따라서 우리는 모든 실험을 하나로 통합했다. 그러나 그렇게 통합하는 것은 다음과 같은 강력한 가정을 필요로 한다. 즉, 네트워크 뉴스를 한편으로 하고 시청자의 교육, 당파성, 정치 개입을 또 다른 한편으로 하는 이 둘 사이에서 발견되는 상호작용은, 그것이 무엇이든 서로 다른 국가적 문제들에 대해서 상호 비교 가능해야 한다는 것이다. 만약 저학력자가 고학력자보다 인플레이션에 대한 네트워크 뉴스 보도에 의해 더 많이 영향을 받는다면, 그들은 또 우리의 분석이 의미를 갖기 위해서는 환경 문제에 대한 네트워크의 보도에 의해 더 많은 영향을 받아야 한다. 우리는 이것이 현재 탐구 중인 특성들에 접근할 수 있는 합리적 가정이라고 생각한다. 게다가 앞으로 보겠지만 이렇게 통합해서 수행한 분석은 일관되고 명료한 결과를 제공했다.

9. 교육과 개입의 다양한 측면 사이의 평균 상관관계는 .16이었고, 당파성과 개입의 측면 사이의 상관관계는 .14였다.

10. 기본적 구별에 관해서는 다음을 참조하라. McGuire(1968); Sears and Whitney(1973); MacKuen(1984); Zaller(1986).

7장

1. 이 장을 포함해 이어지는 장들에서 수행된 분석은 주로 대통령에 대한 평가에 집중되어 있다. 그럼에도 불구하고 우리는 전반적인 정치적 평가에 점화를 적용해 보려고 했다. 11장은 이와 관련해 다시 한 번 우리를 확인시켜주는 하원 의원 후보들에 대한 유권자 평가에 관한 증거를 제시하고 있다.

2. 추가적인 실험 작업은 다음 자료에 요약되어 있다. Higgins and King(1981); Schuman and Presser(1981); Fiske and Taylor(1984).

3. 비록 우리의 주장이 평가에 대한 접근 가능성의 영향에 초점을 맞추고 있지만, 접근 가능성은 또 새로운 정보가 어떻게 해석될 것인가에도 영향을 미친다는 것은 명확하다. 다음을 참조하라. Higgins, Rholes, and Jones(1977); Srull and Wyer(1979).

4. 주의 깊은 독자라면 실험2가 세 조건을 포함하고 있었다는 것을 기억할 수 있을 것이다. 즉, 실험2에는 우리가 지금 언급한 두 조건 이외에 환경오염 문제를 강조한 뉴스가 포함된 조건이 하나 더 있었다. 불행히도 환경오염 조건에 무작위로 배정된 사람들의 경우 나머지 두 조건에서보다 훨씬 적은 민주당원이 결과적으로 배정되게 되었다(p < .03). 이것은 의제설정과 관련해서는 별다른 문제가 되지 않았다. 그것은 당파성이 문제의 우선순위와 사실상 아무 관련이 없었기 때문이다. 따라서 우리는 실험2의 세 조건으로부터 얻은 결과를 3장에 제시했다. 그러나 점화의 검증과 관련해서는 불균등한 당파성의 배정은 다양한 난관을 초래했다. 그것은 대통령에 대한 평가가 당파성에 의해 크게 영향을 받았기 때문이다. 따라서 우리는 점화 검증을 위해 환경오염 조건을 무시하기로 했다.

5. 실험1, 2, 9의 모든 경우에서 참가자들은 "매우 잘 한다"에서 "매우 못한다"까지를 포함하는 5가지 선택지 중 하나를 선택함으로써 이러한 국정 수행 평가에 대한 질문에 답했다. 달리 별도의 지적이 없는 한, 점화에 대한 우리의 검증 모두는 정확하게 이런 형식을 따르는 질문에 기초해 이루어졌다.

6. 이 장과 점화 분석 전체에 대해 우리는 비표준화 회귀 계수(unstandardized regression coefficients)를 제시한다. 그것은 우리의 의도가 서로 다른 실험 조건에 배정된 참가자 집단 전체에 대해(이후에는 서로 다른 종속 변수와 관련된 방정식 전체에 대해) 문제 직무 수행 평가가 전반적 평가에 미치는 영향을 비교하는 데 있기 때문이다. 만약 이런 측정치의 분산이 집단 또는 방정식 전체에 걸쳐 달라질 경우, 그 비교치를 표준화 계수의 근거로 삼는다면 그것은 오해를 불러일으킬 수도 있을 것이다. 다음을 참조하라. Duncan(1975).

7. 예를 들면, 민권 조건에 배정된 참가자들은 레이건 대통령이 1965년 투표권법(Voting Rights Act)의 제안에 반대하는 내용을 자세하게 기술한 뉴스 기사를 보았다. 또 실업 처치 조건의 참가자들은 레이건 정부가 시행한 직업훈련 프로그램의 대규모 삭감을 자세히 다룬 기사를 보았다. 마지막으로 무기 제한 조건에 배정된 참가자들은 미국과 소련 사이의 불길한 긴장 고조를 자세히 소개한 기사를 보았다.

8. 어떻게 우리는 이런 점화 효과가 서로 다른 처치 조건에 배정된 참가자들 사이의 기존 관념의 차이 때문이 아니라 텔레비전 뉴스 보도의 차이 때문에 비롯된 것이라고 확신할 수 있는가? 어쩌면 민권 관련 기사가 포함된 뉴스를 본 사람들이 애초부터 민권에 관심이 많았을 수도 있지 않았을까? 그것은 가능한 일이다. 하지만 실험 조건에 참가자들을 무작위로 배정하는 것은 이런 가능성을 배제시킨다. 그러나 우리는 이 점과 관련해 보다 진전된 확실성을 부여할 수 있었다. 그것은 실험8의 참가자들이 실험 전과 후 모두에서 레이건 대통령의 국정 수행에 대해 평가해 줄 것을 요청받았다는 사실 때문이다. 만약 무작위 배정이 성공적이라면 실험 전 평가에 기초한 점화 효과의 추정치는 사실상 0이어야 할 것이다. 그것은 점화가 아직 이루어지지 않았기 때문이다. 실제로 효과는 사실상 0이었다. 무기 제한 직무 수행 평가 관련 계수는 .17, 민권 관련 계수는 .05, 실업 관련 계수는 −.17이었는데, 이들 모두는 통계적으로 0과 다를 바 없는 것이었다.

9. 우리는 또 실험3과 4를 통해 표적 문제에 대한 단지 몇몇 기사에 노출된 후보다 다수의 기사에 노출된 후에 점화가 더 커지는지 검증할 수 있었다. 하지만 이 두 실험 중 어디에서도 우리는 이 가설을 지지하는 증거를 찾지 못했다.

10. 시퀀셜과 어셈블리지 실험 결과의 상이성은 두 실험 형식에서 중심을 차지했던 국가적 문제의 차이에 의해 설명될 수는 없다. 인플레이션과 국방은 시퀀셜과 어셈블리지 실험 모두에서 표적 문제로 사용되었고, 각각의 경우에서 동일한 상이성이 발생했다. 예를 들면, 우리는 실험2(시퀀셜 실험)에서 인플레이션 직무 수행 평가에 대한 점화 효과가 상당히 크다는 것을, 그리고 실험4(어셈블리지 실험)에서 인플레이션 직무 수행 평가에 대한 점화 효과가 미미하다는 것을 발견했다.

8장

1. 응답자들은 다음처럼 질문을 받았다. "저는 이제 사람들이 정치인을 묘사하기 위해 사용하는 일련의 단어나 어구를 말해 줄 것입니다. 그 단어나 어구가 제가 지목하는 후보를 대단히 잘, 또는 상당히 잘 묘사하고 있는지, 그렇지 않으면 그렇게 잘, 혹은 전혀 잘 묘사하고 있지 않은지에 대해 저에게 말씀해 주시기 바랍니다. 지미 카터에 대해 생각하시기 바랍니다. 첫 번째 단어는 '도덕적'입니다. 당신이 보기에 '도덕적'이라는 단어는 카터를 대단히 잘, 또는 상당히 잘 묘사하고 있습니까? 아니면 그렇게 잘, 혹은 전혀 잘 묘사하고 있지 않습니까?" 이런 질문은 7가지 특성 모두—부정직한, 약한, 유식한, 권력에 굶주린, 영감을 주는, 그리고 강력한 리더십을 제공하는—에 대해 제시되었다. 이 목록은 로널드 레이건에 대해서도 반복되었다.

2. 우리는 여기에서 보다 자세히 입증할 의도는 없다. 일상적인 판단에서 논리적으로 상관없는 요인의 침입을 증명하는 것은 매우 쉽다(Nisbett & Wilson 1977).

3. 특정 국가적 문제에 대한 대통령의 직무 수행 평가와 전반적인 국정 수행 평가와 마찬가지로 능력과 청렴도 지수의 범위는 기본적으로 1부터 5까지로 했다.

4. 인플레이션, 에너지, 실업, 인질 사태에 대한 직무 수행 평가 질문은 동일한 형식을 취했다. 응답자들은 먼저 다음과 같은 질문을 받았다. "당신은 지미 카터의 인플레이션(에너지 문제/실업/혹은 이란의 미국인들을 인질로 삼음으로써 야기된 위기) 대처 방식에 찬성하십니까 아니면 찬성하지 않습니까?" 찬성 여부를 밝히고 난 사람들은 이어서 다음 질문을 받았다. "당신은 강력히 혹은 그렇게 강력하지는 않게 지지(반대)하십니까?" 소련의 아프간 침공과 관련해 응답자들은 먼저 다음과 같은 설명을 들었다. "알고 계시겠지만, 12월 말 소련 군대는 아프가니스탄 내부로 진격해 들어갔습니다. 지금까지 대통령은 소련과의 무역, 외교, 문화 관계를 중단하는 것으로 소련의 이번 행동에 반대한다는 의사를 표시해 왔습니다." 그런 후 다음과 같은 질문을 받았다. "지금까지 미국의 대응에 대해 생각하면서 카터 대통령이 소련에 대해 너무 강력하게 대응했는지, 그렇게 강력하게 대응한 것은 아니었는지, 혹은 그 대응이 적절했는지에 대해 말씀해 주시겠습니까?

5. 전반적인 국정 수행과 관련해서 응답자들은 먼저 다음과 같은 질문을 받았다. "당신은 대통령으로서의 지미 카터의 국정 수행 방식을 지지합니까 혹은 반대합니까?" 그런 후 "당신은 강력히 지지(반대)합니까 혹은 그렇게 강력히 지지(반대)하지는 않습니까?" 자질과 관련해서는 주1을 참조하라. 약함, 유식함, 영감을 줌, 강력한 리더십 제공은 능력에 해당되었고, 도덕적임, 부정직함, 권력에 굶주림은 청렴도에 해당했다.

6. 문제 직무 수행 평가와 관련해서 응답자들은 다음과 같은 질문을 받았다. "당신은 로널드 레이건의 무기 제한 협상(실업/국방/인플레이션)에 대한 대처 방식을 지지합니까 아니면 반대합니까?" 응답자들은 또 1980년 국민 선거 연구에서와 똑같은 방식으로 전반적인 평가를 해줄 것을 요청받았다. 다만 이번에는 지미 카터 대신 로널드 레이건에 대해서였다(앞의 주 5를 참조하라).

7. 이것은 시민들이 두 대통령에 대해 동일한 점수를 주었다는 것을 의미하지는 않는다. 그것과는 상당히 거리가 멀다. 1982년 가을 레이건 대통령의 인플레이션에 대한 직무 수행 지지율은 과반이 넘었다(50.1퍼센트). 하지만 2년 전인 1980년 가을, 카터 대통령의 인플레이션에 대한 직무 수행 지지율은 1/4에도 미치지 못했다(23.5퍼센트). 인플레이션은 두 대통령 모두에게 중요한 요인이었는데, 레이건에게는 도움이 된 반면 카터에게는 부정적 요인으로 작용했다.

8. 경사도 가설에 대한 설문조사 검증은 실험 결과와 완전히 비교될 수 있는 것은 아니었다. 실험 검증에서 우리는 점화로 인해 야기되는 특정 문제 직무 수행 평가가 전반적 평가에 미치는 영향에 대해 밝혔다. 그것이 미치는 영향의 크기는 직무 수행 평가와 전반적 평가 사이의 "기준" 관계의 크기 이상이었다. 반면, 설문조사 검증에서 우리는 특정 문제에 관한 뉴스 때문에 점화된 응답자를 그렇지 않은 응답자와 구분할 수 있는 확실한 방법을 찾지 못했다. 따라서 설문조사 결과에 두 효과를 결합시켰다. 다시 말해, 표8.2와 8.3에 제시된 결과에 특정 문제 평가가 전반적 평가에 미치는 기준(장기적) 효과와 최근 미디어 점화를 통해 야기된 효과 모두를 반영했다는 것이다. 다행히도 그 차이는 경사도 가설 검증과 관련해서는 그렇게 큰 문제가 되지는 않았다. 만약 우리가 6개의 실험으로 다시 돌아가, 점화로 인한 효과가 아니라 점화 더하기(plus) 기준 효과로 인한 효과라고 제시할 경우, 동일한 패턴이 등장할 것이다. 즉, 그 효과는 능력이나 청렴도보다 전반적인 평가에서 더 크고, 또 그 효과는 카터의 경우, 일반적으로 청렴도에 대해서보다 능력에 대해서 더 크며, 레이건의 경우에는 일반적으로 그 효과가 능력에 대해서보다 청렴도에 대해서 더 크다는 것이다. 이런 본질적 유사성은 실험 결과와 설문조사 결과를 상호보완적인 것으로 처리한 것에 대한 명분을 강화시켜 주었다.

1. 이와 같은 책임 개념에 대한 전반적인 심리학적 분석에 대해서는 다음을 참조하라.
   Fincham and Jaspars(1982).

2. 통제 조건의 참가자들은 처치 조건의 참가자들보다 약 4주가 더 지난 후에 질문을 받았다.
   이들 통제 집단의 학생들과 4개의 처치 조건 속의 학생들 사이에는 인구통계학적 특성과 기
   본적인 정치 태도(당파성, 진보-보수의 성향)에 있어서 통계적으로 유의미한 차이가 있지
   는 않았다.

3. 해군 함대에 두 개의 항공모함을 추가하려는 국방 예산안과 관련해 카터 대통령이 거부권
   을 행사했다는 보도는 전형적으로 높은 책임을 부여하는 형식을 취했다. 그런 보도에는 몇
   몇 의원들이 카터 대통령과 그의 국방 정책에 대해 비판적으로 논평하는 모습이 등장했고,
   이와 더불어 불필요한 군사비 지출안을 제안했다고 의회를 공격하는 카터의 모습도 포함되
   었다. 이와는 대조적으로 중간 정도의 책임 조건에 제시된 기사들은 대통령이나 대통령의
   정책에 대해 전혀 언급하지 않았다. 그런 기사 중 하나를 예로 들면, 그 기사는 소련이 유럽
   을 침략할 경우 어떻게 할 것인가를 둘러싼 공동 전략을 논의하기 위한 북대서양조약기구
   (North Atlantic Treaty Organization, NATO) 국방 장관들의 모임만을 보여주었다.

4. 에너지의 경우, 강화 조건의 참가자들은 점점 증가하고 있는 미국의 해외 에너지 의존성에
   대한 원인으로 레이건 정부의 무대책을 지적하는 기사를 보았다. 에누리 조건의 참가자들은
   중동 전쟁과 미국인들의 자동차, 특히 엄청난 기름 소비형 자동차에 대한 지칠 줄 모르는 애
   정 때문에 에너지 위기가 곧 닥칠 것이라고 경고하는 전문가들의 지적을 담은 기사를 보았
   다. 마지막으로 불가지 조건의 참가자들은 미국인들이 다양하고 창의적인 방식으로 에너지
   를 어떻게 절약하고 있는지를 묘사하는 기사를 보았다.

10장

1. 우리는 세 개의 시퀀셜 실험에 의존했고, 네 번째 실험인 실험9는 두 가지 이유 때문에 무시
   했다. 첫째, 실험9의 참가자 1/2은 의도적으로 실업자들로 채워졌다. 이런 특징은 실험9의
   목적을 위해서는 불가피했지만, 점화에 전반적으로 취약하게 하거나 전반적으로 영향을 받
   지 않도록 하는 시청자 특성에 관한 연구에서는 문제를 야기했다. 둘째, 우리가 수행한 모든
   점화 검증 가운데 실험9는 가장 약한 증거를 제공했다. 그것은 미약하고 통계적으로 신뢰할

수 없는 점화 효과였다(표7.1). 이것은 점화에 대한 취약성에서의 개인적 차이를 연구해야 될 어떤 근거도 제공하지 않았다. 이 두 근거를 바탕으로 우리는 실험9을 배제했다.

2. 참가자들은 먼저 스스로 생각하기에 실업(무기 제한/민권-조건에 따라) 문제가 지난해와 비교해 악화되었는지, 개선되었는지, 혹은 그대로인지 질문을 받았다. 그런 후 다음 질문이 제시되었다. "당신은 왜 그렇다고 생각하십니까? (가장 중요한 이유를 말씀해 주십시오)."

3. 참가자들은 다음과 같은 질문을 받았다. "당신은 누가 실업(무기 제한/민권-조건에 따라)에 대한 대책을 세우는 데 가장 많은 책임이 있다고 생각하십니까?"

4. 일부 문제(무기 제한, 환경오염)에 대해 무당층은 당원보다 점화에 대해 좀 더 취약했고, 일부 문제(실업, 인플레이션)에 대해서는 다소 덜 취약했다. 그리고 나머지 문제에 대해서는 점화에 대해 더 취약하거나 덜 취약하지도 않았다.

5. 시퀀셜 검증에 기초한 이런 결과는 우리가 단 한 번의 어셈블러지 실험에 기초한 이전 연구(Iyengar, Kinder, Peters & Krosnick 1984)에서 밝힌 결과와 일치하지 않는다. 이전 연구서에서 우리는 점화가 문제 "전문가" 사이에서 약화되는 것을 발견했다. 하지만 여기에서 우리는 구체적으로는 전문성, 전반적으로는 정치 개입이 점화와 별로 관계가 없다는 것을 발견했다. 우리는 이런 모순이 실험 설계의 차이에서 비롯된 것일 수 있다고 생각했다. 어셈블러지 실험에서 전문가는 문외한보다 점화에 덜 취약한 모습을 보여주었는데, 그것은 이들이 지니고 있는 평가 기준이 문외한보다 좀 더 확고했기 때문이었다. 시퀀셜 실험에서도 전문가는 같은 이유로 문외한보다 점화에 덜 취약한 경향성을 보여주었다. 하지만 이들은 동시에 점화에 더 취약한 모습을 보여주기도 했다. 그 이유는 전문가들이 뉴스 기사에 더 많은 관심을 보이거나 보다 효율적으로 집중했기 때문이었다. 결과는 점화는 어셈블러지 실험에서는 전문성에 역비례 관계에 있다는 것이고, 시퀀셜 실험에서는 전문성과 관련이 없다는 것이다. 시퀀셜 실험이 시청자의 실제 텔레비전 뉴스 시청 방식을 더 정확하게 반영하고 있기 때문에 우리는 어셈블러지 실험에 기초한 결과보다 이런 시퀀셜 실험 결과에 더 많은 신뢰를 부여했다.

6. 실험 후 설문지는 참가자들에게 우리가 그들이 본 뉴스에 삽입시켜 놓았던 세 기사와 관련해서 스스로 경험했다고 느껴지는 "생각, 감정, 그리고 반응"을 열거해 볼 것을 요청했다. 세 기사는 간단한 표식에 의해 확인되었다. 우리는 참가자들이 제공한 세부적인 묘사 정도에 따라 이들을 높은 혹은 낮은 기억 범주로 분류했다.

7. 이 주장은 정치 개입자가 정치 무관심자보다 대통령을 평가할 때 국가적 문제에 대한 대통령

의 국정 수행 실적에 따라 평가하려는 경향이 더 강하다는 우리의 실험 증거와 일치한다. 우리의 실험 증거는 실험1, 2, 8의 통제 집단 참가자들, 즉 표적 문제에 관한 뉴스를 전혀 보지 않았던 사람들을 통해 확보되었다. 이들 사이에서 정치 개입자는 정치 무관심자보다 대통령을 표적 문제에 대한 대통령의 직무 수행 실적을 중심으로 평가하려는 경향이 전반적으로 더 강했다. 48개의 별도의 검증 가운데 18개는 통계적으로 유의미했다. 이들 가운데 15개는 정치 개입자는 정치 무관심자보다 수행 실적의 관점에서 대통령을 평가하려는 경향이 더 강했다.

11장

1. 이 실험은 예일 대학교 정치학과 로이 베어(Roy Behr)의 박사 학위 논문의 일부로 고안되고 수행되었다.

2. 수정된 카이제곱(Chi-square) = 1의 자유도(degree of freedom)를 갖는 5.33, p = .021.

3. 드나르디스의 경우, F-검증에 의해 1.06 대 평균 1.42 응답: p = .37. 모리슨의 경우, .89 대 평균 1.32 응답: p = .17.

4. 드나르디스의 경우 5의 자유도를 갖는 카이제곱 = 3.96, p= .56. 모리슨의 경우에는 5의 자유도를 갖는 카이제곱 = 4.94, p= .42. 후보자 보도 조건에 배정된 참가자들은 후보자에 대해 강력하게 동의하거나 동의하지 않을 가능성이 더 높았다. 드나르디스의 경우, F-검증에 의한 p = .17, 모리슨의 경우 p = .08 이었다.

5. 드나르디스의 경우, F-검증에 의한 p = .68, 모리슨의 경우 p = .53 이었다.

6. 이런 결과는 1978년 의원 선거에 출마한 현직 후보자와 도전자에 대한 골든버그와 트라우고트의 설문 자료 분석에 의해 입증되었다(Goldenberg & Traugott 1984).

7. 평균 통제 조건 속의 참가자들은 당시의 경제 상황에 대해 98퍼센트가 의견을 피력한 반면, 경제 조건 속의 참가자들은 당시의 경제 상황에 대해 96퍼센트가 의견을 피력했다.

8. 선거 후 우리는 참가자들이 어떻게 투표했는지를 확인하기 위해 가능한 한 많은 참가자들을 접촉하려고 했다. 우리는 이 정보를 원래의 56명 중 28명으로부터 얻을 수 있었다. 이 중 26명은 온도계식 평가와 동일하게 표를 행사했다.

9. 참가자들은 민주당원인지 공화당원인지 혹은 무당층인지 등을 질문 받았다.

10. 참가자들은 두 후보의 이름을 말해 줄 것을 요청받았다. 드나르디스의 이름은 정확하게 맞추지만 모리슨의 이름을 말하지 못할 경우 +1점을 받았다. 반면, 어느 후보의 이름도 말하지 못하거나 두 후보의 이름을 다 맞출 경우에는 0점, 모리슨의 이름은 맞추지만 드나르디스의 이름을 맞추지 못할 경우에는 −1점을 받았다. 따라서 점수가 높으면 높을수록 현직의 상대적 가시성은 더 커졌다고 할 수 있다.

11. 참가자들은 "드나르디스에 대해 특별히 좋아하는 점이 있는가? 그것은 무엇인가"라는 질문을 받았다. 이들은 세 개까지 자질을 열거할 수 있도록 허용되었다. 동일한 질문이 모리슨과 관련해서도 제시되었다. 우리는 드나르디스에게 부여된 긍정적 자질의 수에서 모리슨에게 부여된 긍정적 자질의 수를 뺐다. 따라서 이 측정 방법의 범위는 −3(모리슨에 대해 언급된 3개의 좋은 점, 드나르디스에 대해서는 0개)에서 +3(드나르디스에 대해 언급된 3개의 좋은 점, 모리슨에 대해서는 0개)까지였다.

12. 우리는 4개의 별도의 질문에 대한 답변을 근거로 경제 비관 지수를 만들었다. 먼저, 참가자들은 자신들이 생각하기에 과거에 비해 경제가 좋아졌는지, 그대로인지, 혹은 나빠졌는지를 표시했다. 참가자들은 또 앞으로 경제가 나아질 것인지, 그대로일 것인지, 아니면 더 악화될 것인지를 표시했다. 다음으로 참가자들은 레이건 대통령의 "경제 대처방식"에 대해 "매우 잘못한다"에서부터 "매우 잘 한다"까지의 범위에서 직무 수행을 평가했다. 마지막으로 참가자들은 경제 문제가 공화당 혹은 민주당에 의해 더 잘 해결될 것인지를 표시했다. 이런 질문에 대한 답변은 이후 하나로 합해졌다(지수의 범위는 4부터 14까지이다). 낮은 점수는 경제에 대한 비관, 레이건의 경제 업적에 대한 부정적 평가, 그리고 민주당이 공화당보다 경제 문제에 더 효율적으로 대처할 수 있다는 인식 등을 의미한다. 반대로 높은 점수는 경제에 대한 낙관적인 생각, 레이건의 경제 정책 수행에 대한 우호적인 평가, 그리고 공화당이 민주당보다 경제 문제 해결에 더 적임자라는 것 등을 의미한다.

13. 이 효과는 당파성과 경제 조건 배정 사이의 상호작용에 의해 통계적으로 드러난다. 경제 상황의 평가를 예측하는 방정식에서 이런 상호작용은 통계적 유의미성에 접근하고 있다: $\beta =$ 1.68, se = 1.69, t = 0.99, p < .18.

14. 통계적인 관점에서 이 효과는 당파성과 후보자 조건 배정 사이의 상호작용에 의해 드러난다. 드나르디스에 대해 언급된 긍정적 자질과 모리슨에 대해 언급된 긍정적 자질 사이의 차이를 예측하는 방정식에서 이런 상호작용은 매우 미미한 유의미성을 획득하고 있다: $\beta =$ 1.09, se = .87, t = 1.27, p < .10.

15. 이들 숫자는 〈미국 정치 연감 The Almanac of American Politics〉(1984)을 참고했다. 투표율은 두 당의 총합을 나눈 값이다.

16. 이것은 카터 대통령의 여론조사 담당 전문가였던 패트릭 캐들(Patrick Caddell)이 취한 관점이었다. 캐들에 따르면, 선거 막바지에 있었던 레이건으로의 급격한 표심 이동은 "사람들이 선거의 다양한 측면에 부여하는 비중에서의 변화"에 의해 유발되었고, "그 마지막 주에 진행된 이란 사태의 전개는 표 행사를 앞두고 마음의 준비를 하고 있던 유권자의 마음을 변화시켰다"는 것이다(Public Opinion 1981, 63).

17. 정확한 질문은 다음과 같았다.

(1) 당신은 전반적으로 볼 때 카터 대통령이 이란 인질 사태에 대해 얼마나 잘 대처했다고 생각하십니까? (매우 잘 했다/ 잘 했다/ 보통이다/ 못했다/ 모르겠다)

(2) 당신은 이집트와 이스라엘 사이의 캠프 데이비드 평화 협정에 대해 카터 대통령이 얼마나 잘 대처했다고 생각하십니까? (매우 잘 했다/ 잘 했다/ 보통이다/ 못했다/ 모르겠다)

(3) 일부는 미국에 대한 외국인들의 존경심이 약화되었다고 하고, 일부는 예전과 마찬가지로 미국은 여전히 존경받고 있다고 주장합니다. 당신은 지금 외국인들이 미국에 대해 얼마나 많은 존경심을 가지고 있다고 생각하십니까? (이전보다 훨씬 더 많다/ 이전보다 약간 더 많다/ 이전보다 좀 못하다/ 이전보다 훨씬 더 못하다/ 모르겠다)
또 당신은 미국에 대한 전 세계인의 존경심을 유지시키는 데 있어서 카터 전 대통령의 직무 수행에 대해 어떻게 평가하십니까? (매우 잘 했다/ 잘 했다/ 보통이다/ 못했다/ 매우 못했다/ 모르겠다)

(4) 당신은 외교에 대한 카터 전 대통령의 직무 수행에 대해 어떻게 평가하십니까? 또 세계 문제의 평화적 해결에 대한 카터 전 대통령의 직무 수행에 대해 어떻게 평가하십니까? (매우 잘 했다/ 잘 했다/ 보통이다/ 못했다/ 매우 못했다/ 모르겠다)

18. 이런 주장은 적어도 유권자가 부분적으로는 대통령의 재임 중 국정 수행 평가를 기초로 해서 재선에 출마하는 대통령에 대한 지지여부를 결정한다는 것을 가정한다. 이것은 대체로 사실이고(Fiorina 1981), 1980년 국민 선거 연구에서는 확실히 사실인 것으로 드러났다. 예를 들면, 카터의 국정 수행을 지지한 민주당원은 카터에게 투표하겠다는 의사에서 거의 만장일치의 모습(96퍼센트)을 보여준 반면, 카터의 국정 수행을 지지하지 않는 민주당원은 대단히 큰 폭으로 지지 의사 철회를 밝혔다(단지 36퍼센트만이 카터에게 투표하겠다고 밝혔다).

12장

1. 이것은 항상 그런 것은 아니다. 어떤 하나의 문제가 지속적으로 보도되면, 결국은 어떤 한 지점에 도달하게 되는데, 그 지점에서는 문제의 희생자들이 그 문제에 부여하는 중요도가 최고 수준에 도달하게 된다는 것이다. 그러나 현재는 개인적으로 그 문제에 의해 영향을 받지 않는 사람들이 뉴스 보도에 의해 더 많은 영향을 받고 있다. 실험9는 실업과 관련해 이런 역전의 사례를 보여주는데, 그것은 실험이 심각한 불황 중에 진행되었기 때문이다.

2. 그런 지적은 여타의 연구자들에 의해 완성된 최근 연구에서도 확인되었다. 가장 두드러진 연구물은 다음과 같다. Erbring, Goldenberg, and Miller(1980); MacKuen(1981, 1983, 1984).

3. 의원 선거에 대한 미디어 보도의 선거구별 차이에 관한 꼼꼼한 분석에 대해서는 다음을 참조하라. Behr(1985).

4. 정치 설득에 관한 연구 문헌은 엄청나다. 다음을 참조하라. Sears and Whitney (1973); Klapper(1960); Kinder and Sears(1985)

5. 브래스트럽의 비난은 전반적으로 유력한 매체를 겨냥했다. 브래스트럽은 구정 공세에 대해 ABC, NBC, CBS 뿐만 아니라 〈워싱턴포스트〉, 〈뉴욕타임스〉, UPI 및 AP 통신사, 그리고 〈타임〉과 〈뉴스위크〉 등 이들 모든 매체가 잘못 해석했다고 보았다.

6. 구정 공세 이후의 여론 변화에 대한 증거에 대해서는 다음을 참조하라. Schuman(1973).

7. 확실히 촘스키는(Chomsky 1978)는 그렇게 생각하지 않는다. 보다 일반적으로, 브래스트럽 연구에 대한 논평은 논평가 자신의 정치적 관점에 크게 의존했다고 할 수 있다(Wise 1979).

8. 루빈(Rubin)의 결론은 1963년부터 1975년까지 〈CBS 이브닝 뉴스〉와 몇몇 주요 신문의 내용을 비교한 것에 근거를 두고 있다.

9. 공공 의제를 설정할 수 있는 대통령의 힘을 보다 더 강조하고 있는 견해에 대해서는 다음을 참조하라. MacKuen(1983).

10. 이런 주장에 대한 증거는 광범위하게 존재한다. 다음을 참조하라. Hibbs, Rivers, and Vasilatos(1982a, 1982b); Kernell(1978); MacKuen(1983); Ostrom and Simon(1985).

11. ABC News Poll, Survey #0041.

12. 이런 분석의 한 가지 의미는 텔레비전 뉴스에 대한 취약성에 있어서 시청자들 사이에 상호 차이가 존재한다는 것이고, 그 차이는 네트워크에 부여하는 시청자의 신뢰도에 따라 달라 진다는 점이다. 네트워크를 정직한 모범생으로 여기는 시청자는 텔레비전 뉴스에 의해 가 장 많은 영향을 받겠지만, 그것을 의혹의 시선으로 바라보는 시청자는 최소한의 영향을 받 게 된다. 실제로도 그런 것처럼 보인다. 예를 들면, 우리가 수행한 몇몇 실험에서 참가자들 은 전국 뉴스의 객관성과 정확성에 대해 평가해 줄 것을 요청받았다. 예상했던 대로 네트워 크를 권위 있는 정보원으로 여긴 시청자는 ABC, CBS, NBC를 덜 권위 있는 정보원으로 여 긴 시청자보다 뉴스 기사에 더 많은 영향을 받았다. 이런 결과는 다음 연구에 제시되어 있다. Iyengar and Kinder(1986a).

13. 이 주장의 증거에 대해서는 다음을 참조하라. Patterson and McClure(1976); Patterson(1980); Graber(1980); Robinson and Sheehan(1983).

14. 다른 비판자들은 더 나아가 텔레비전이 당이나 이해집단과의 전통적인 관계가 단절 된 텔레비전용 후보라는 새로운 종을 탄생시켰다고까지 주장한다. 다음을 참조하라. Polsby(1983); Postman(1985).

15. 로빈슨의 실험 결과는 사실상 호블랜드 등(Hovland, Lumsdaine & Sheffield 1949)이 2 차 세계대전 중 수행했던 광범위하고 잘 통제된 일련의 실험에 기초해서 도출한 결과와 매우 비슷하다. 호블랜드 등은 미 육군이 만든 선전 영화가 정보를 전달하는 데에는 매우 효과적 이었지만 태도를 변화시키는 데에는 매우 비효과적이었다는 사실을 발견했다. 이런 연구 결 과는 미디어의 최소 효과라는 클래퍼(Klapper 1960)의 영향력 있는 결론에 커다란 영향을 미쳤다.

16. 여기에 대한 증거는 다음의 연구에서 볼 수 있다. Graber(1980); Hofstetter(1976); Robinson and Sheehan(1983).

17. 객관성에 대한 우리의 개념은 다음 연구에 크게 의존했다. Hallin (1986); Cohen(1963); Sigal(1973); Tuchman(1972). 직업 이데올로기로서 객관성의 발전 과정에 대해서는 다 음을 참조하라. Schudson(1978).

18. 이런 논지는 좀 다른 방식으로 주장되기도 한다. 다음을 참조하라. Arlen(1976, "대 변인들"); Sigal(1973); Epstein(1973); Gans(1979); Schudson(1978); and Hallin(1986).

참고
문헌

Abelson, R. P. 1959. Modes of resolution of belief dilemmas. *Journal of Conflict Resolution* 3:343-52.

Arlen, M. J. 1976. *The view from highway 1*. New York: Farrar, Straus & Giroux.

Arterton, F. C. 1984. *Media politics: The news strategies of presidential campaigns*. Lexington, Mass.: D.C Heath.

Asch, S. E. 1946. Forming impressions of personality. *Journal of Abnormal and Social Psychology* 41:258-90.

Barber, J. D. 1980. *The pulse of politics*. New York: W. W. Norton.

Bargh, J. A., and M. J. Ferguson. 2000. Beyond behaviorism: On the automaticity of higher mental processes. *Psychological Bulletin* 126:925-45.

Barone, M., and G. Ujifusa, eds. 1984. *The almanac of American politics*. Washington, D. C.: National Journal Inc.

Bartels, L. M. 1985. Expectations and preferences in presidential nominating campaigns. *American Political Science Review* 79:804-15.

--------. 2000. Partisanship and voting behavior, 1952-1996. *American Journal of Political Science* 44:35-50.

Baum, M. A. 2003. *Soft news goes to war: Public opinion and American Foreign policy in the new media age*. Princeton, NJ: Princeton University Press.

Baumgartner, F. R., and B. D. Jones. 1993. *Agendas and instability in American politics*. Chicago: University of Chicago Press.

Behr, R. L. 1985. The effects of media on voters' considerations in presidential and congressional elections. Ph.D. diss., Department of Political Science, Yale Univ.

Behr, R. L., and S, Iyengar. 1985. Television news, real-world cues, and changes in the public agenda. *Public Opinion Quarterly* 49:38-57.

Bishop, G. F., R. W. Oldendick, and A. J. Tuchfarber. 1982. Political information processing: Question order and context effects. *Political Behavior* 4:177-200.

Bohrnstedt, G. 1971. Reliability and validity assessment in attitude measurement. In *Attitude measurement*, ed. by G. Summers. Chicago: Rand McNally.

Bower, R. T. 1985. *The changing television audience in America*. New York: Columbia Univ. Press.

Braestrup, P. 1977/83. *Big story*. New Haven: Yale Univ. Press.

Brody, R. A., and B. I. page. 1973. Indifference, alienation, and rational decisions. *Public Choice* 15:1-17.

--------. 1975. The impact of events on presidential popularity: The Johnson and Nixon administrations. In *Perspectives on the presidency*, ed. by A. Wildavsky. Boston: Little, Brown & Co.

Budge, I. 1993. Issues, dimensions, and agenda change in post-war democracies: Long-term trends in party election programs and newspaper reports in twenty-three democracies. In *Agenda Formation*, ed. by W. H. Riker, 41-79. Ann Arbor, MI: University of Michigan Press.

Bunce, V. 1981. *Do new leaders make a difference?* Princeton: Princeton Univ. Press.

Burstein, P. 1979. Public opinion, demonstrations, and the passage of anti-discrimination legislation. *Public Opinion Quarterly* 43: 157-72.

Burstein, P., and W. Freudenburg. 1978. Changing public policy: The impact of public opinion, antiwar demonstrations, and war costs on Senate voting on Vietnam War Motions. *American Journal of Sociology* 84:99-122.

Cameron, D. R. 1977. The expansion of the public economy. *American Political Science Review* 72: 1243-61.

Campbell, D. T. 1969a. Prospective: Artifact and control. In *Artifact in behavioral research*, ed. by R. Rosenthal and R. Rosnow. New York: Academic Press.

--------. 1969b. Reforms and experiments. *American Psychologist* 24: 409-29.

Cartwright, D., and A. Zander. 1968. *Group dynamics: Research and theory*. 3d ed. New York: Harper & Row.

Chomsky, N. 1978. The U.S. media and the Tet offensive. *Race and Class* 20:21-39.

Chong, D. 1996. Creating common frames of reference on political issues. In *Political persuasion and attitude change*, ed. by Diana C. Mutz, Paul M. Sniderman, and Richard A. Brody, 195-224. Ann Arbor, MI: University of Michigan Press.

Chong, D., and J. N. Druckman. 2007. Framing public opinion in competitive democracies. *American Political Science Review* 101:637-55.

Clarke, P.,and S. H. Evans. 1983. *Covering campaigns: Journalism in Congressional elections*. Stanford: Stanford Univ. Press.

Cohen, B. 1963. *The press and foreign policy*. Princeton: Princeton Univ. Press.

Converse, P. E. 1964. Belief systems in mass publics. *In Ideology and doscontent*, ed. by D. E. Apter. New York: Free Press.

--------. 1972. Change in the American electorate. In *The human meaning of social change*, ed. by A. Campbell and P. E. Converse. New York: Russell Sage Foundation.

Cook, f. Lomax, T. R. Tyler, E. G. Goetz, M. T. Gordon, D. Protess, D. R. Leff, and H. L. Molotch. 1983. Media and agenda-setting: Effects on the public, interest group leaders, policy makers, and policy. *Public Opinion Quarterly* 47: 16-35.

Cover, A. D., and D. R. Mayhew. 1977. Congressional dynamics and the decline of competive Congressional elections. In *Congress reconsidered*, ed. by L. C. Dodd and B. I. Oppenheimer. New York: Praeger.

Dahl, R. A., and C. E. Lindblom. 1953. *Politics, economics, and welfare*. New York: Harper & Row.

Downs, A. 1972. Up and down with ecology – the "issue attention cycle." *Public Interest* 28: 38-50.

Druckman, J. N., D. P. Green, J. H. Kuklinski, and A, Lupia. 2006. The growth and development of experimental research in political science. *American Political Science Review* 100: 627-35.

Druckman, J. N., L. R. Jacobs, and E. Ostermeir. 2004. Candidate strategies to prime issues and image. *Journal of Politics* 66:1180-1202.

Duncan, O. D. 1975. *An introduction to structural equation models*. New York: Academic Press.

Edelman, M. 1964. *The symbolic uses of politics*. Urbana: Univ. of Illinois Press.

Eldersveld, S. 1956. Experimental propaganda techniques and voting behavior. *American Political Science Review* 50: 154-65.

Epstein, E. 1973. *News from nowhere*. New York: Random House.

Erbring, L., E. Goldenberg, and A. Miller. 1980. Front-page news and realworld cues: A new look at agenda-setting. *American Journal of Political Science* 24: 16-49.

FCC. Editorializing by broadcast licenses. Document no. 856, 1 June 1949.

Fair, R. 1970. The estimation of simultaneous equation models with lagged endogenous variables and first order serial autocorrelated errors. *Econometrica* 38:507-16.

Fincham, F. D., and J. M. Jaspars. 1980. Attributions of responsibility: From man the scientist to man as lawyer. *Advances in Experimental Social Psychology* 13:82-139.

Fiorina, M. P. 1981. *Retrospective voting in American national elections*. New Haven: Yale Univ. press.

Fiorina, M. P., and C. Plott. 1978. Committee decisions under majority rule: An experimental study. *American Political Science Review* 72: 575-98.

Fischhoff, B., P, Slovic, and S. Lichtenstein. 1980. Knowing what you want: Measuring liable values. In *Cognitive processes in choice and decision behavior*, ed. by T. Wallsten. Hillsdale, N. J.: Erlbaum.

Fiske, S. T., and D. R. Kinder. 1981. Involvement, expertise and schema use: Evidence from political cognition. In *Cognition, social interaction and personality*, ed. by N. Cantor and J. Kihlstrom. Hillsdale, N. J.: Erlbaum.

Fiske, S. T., and S. E. Taylor. 1984. *Social cognition*. Reading, Mass.: Addison Wesley.

Funkhouser, G. R. 1973. The issues of the sixties: An exploratory study in the dynamics of public opinion. *Public Opinion Quarterly* 37: 62-75.

Gans, H. 1979. *Deciding what's news*. New York : Vintage Books.

Gitlin, T. 1980. *The whole world is watching: Mass media in the making and unmaking of the new left*. Berkley : Univ. of California Press.

Goldenberg, E. N., and M. W. Taugott. 1984. *Campaigning for Congress*. Washington, D.C.: Congressional Quarterly Press.

Gosnell, H. F. 1927. *Machine politics: Chicago model*. Chicago: Univ. of Chicago press.

Graber, D. A. 1980. *Mass media and American politics*. Washington, D.C.: Congressional Quarterly Press.

Greenstein, F. I. 1978. Change and the continuity in the modern presidency. In *The new American political system*, ed. by A. King. Washington, D.C.: American Enterprise Institute.

Grossman, M. B., and M. J. Kumar. 1981. *Portraying the president*. Baltimore: Johns Hopkins Univ. Press.

Hallin, D. C. 1984. The media, the war in Vietnam, and political support: A critique of the thesis of an oppositional media. *Journal of Politics* 46:2-24.

--------.1985. The American news media: A critical theory perspective. In *Critical theory and public policy*, ed. by J. Forester. Cambridge: MIT Press.

--------.1986. *The "uncensored war": The media and Vietnam*. New York: Oxford Univ. Press.

Hallin, D. C. and P. Mancini. 1984. Speaking of the president : Political structure and representational from in U. S. and Italian television news. *Theory and Society* 13:829-50.

Hamill, R., T. D. Wilson, and R. E. Nisbett. 1980. Insensitivity to sample bias: Generalizing from atypical cases. *Journal of Personality and Social Psychology* 39:578-89.

Hansen, J. M., and S. J. Rosenstone. 1984. Context, mobilization, and political participation. Paper delivered at the Weingart Conference on Institutional Context of Elections, California Institute of Technology, Pasadena.

Hanushek, E., and J. Jackson. 1977. *Statistical methods for social scientists*. New York: Academic Press.

Hendricks, J. S., and W. M. Denny. 1979. Energy, inflation, and economic discontents: A study of citizen understanding and response. Progress resport, the Center for Energy Studies, The Univ. of Texas at Austin.

Hibbs, D. A., Jr. 1977. Political parties and macroeconomic performance. *American Political Science Review* 71:1467-87.

Hibbs, D. A., Jr., D. Rivers, and N. Vasilatos. 1982a. On the demand for economic outcomes: Macroeconomic performance and mass political support in the United States, Great Brittan, and Germany. *Journal of politics* 44:426-62.

--------. 1982b. The dynamics of political support for American presidents among occupational and partisan groups. *American Journal of Political Science* 26:312-32.

Higgins, E. T., and G. King. 1981. Accessibility of social constructs: Information processing consequences of individual and contextual variability. In *Personality, cognition, and social interactions*, ed. by N. Cantor and J. Kihlstrom. Hillsdale, N.J.: Erlbaum.

Higgins, E. T., W. S. Rholes, and C. R. Jones. 1977. Category accessibility and impression formation. *Journal of Experimental Social Psychology* 13:141-54.

Hofstetter, C. R. 1976. *Bias in the news*. Columbus: Ohio state Univ. Press.

Hovland, C. I. 1959. Reconciling results derived from experimental and survey studies of attitude change. *American Psychologist* 14:8-17.

Hovland, C. I., A. Lumsdaine, and F. Sheffeld. 1949. *Experiments on mass communication*. Princeton: Princeton Univ. Press.

Huntington, S. P. 1975. The United States. In *The crisis of democracy*, ed. by M. Crozier, S. P. Huntington, and J. Watanuki. New York: New York Univ. Press.

Iyengar, S. 1979. Television news and issue salience. *American Politics Quarterly* 7:395-416.

--------. 1991. *Is anyone responsible? How television frames political issues*. Chicago: University of Chicago Press.

Iyengar, S., and D. R. Kinder 1986a. Psychological accounts of agenda-setting. In *Mass media and political thought*, ed. by S. Kraus and R. Perloff. Beverly Hills: Sage.

--------. 1986b. More than meets the eye: TV news, priming, and presidential evaluations. Vol. 1, in *Public communication and behavior*, ed. by G. Comstick. New York: Academic Press.

--------. 1987. *News that matters: Television and American opinion*. Chicago: University of Chicago Press.

Iyengar, S., D. R. Kinder, M. D. Peters, and J. A. Krosnick. 1984. The evening news and presidential evaluations. *Journal and Personality and Social Psychology* 46:778-87.

Iyengar, S., and J. A. McGrady, 2007. *Media politics: A citizen's guide*. New York: Norton.

Iyengar, S., and A. Simon. 1993. News coverage of the Gulf crisis and public opinion. *Communication Research* 20:365-83.

Jacobs, L. R., and R. Y. Shapiro. 1994. Issues, candidate image, and priming: The use of private polls in Kennedy's 1960 presidential campaign. *American Political Science Review* 88:527-40.

--------. 2000. *Politicians don't pander: Political manipulation and the loss of democratic responsiveness*. Chicago: University of Chicago Press.

Jacobson, G. C. 1981. Incumbents' advantages in the 1978 U. S. Congressional elections. *Legislative studies Quarterly* 6:183-200.

Jennings, W., and P. John. 2009. The dynamics of political attention: Public opinion and the queen's speech in the United Kingdom. *American Journal of Political Science* 53:838-54.

Johnston, J. 1972. *Economic methods*. New York: McGraw Hill.

Jones, B. D. 1994. *Re-conceiving decision-making in democratic politics*. Chicago: University of Chicago Press.

Jones, B. D., and F. M. Baumgartner. 2005. *The politics of attention*. Chicago: University of Chicago Press.

Kahneman, D. 2003. Maps of bounded rationality: Psychology for behavioral economics. *The American Economic Review* 93:1449-1475.

Kahneman, D., and A. Tversky. 1979. Prospect theory: An analysis of decision under risk. *Econometrica* 47:263-91.

--------. 1984. Choices, values and frames. *American Psychologist* 39:341-50.

Kelly, H. H. 1972. *Causal schemata and the attribution process*. Morristown, N.J.: General Learning Press.

--------. 1973. The process of causal attribution. *American psychologist* 28:107-28.

Kernell, S. 1978. Explaining presidential popularity. *American Political Science Review* 72:506-22.

--------. 1986. *Going public*. Washington, D.C.: Congressional Quarterly Press.

Key, V, O., Jr. 1961. *Public opinion and American democracy*. New York: knopf.

Kiewiet, D. R. 1983. *Macroeconomics and micropolitics*: *The electoral effects of economic issues*. Chicago: Univ. of Chicago Press.

Kinder, D. R. 1983. Diversity and complexity in American public opinion. In *The state of the discipline*, ed. by A. Finifter. Washington, D.C.: APSA.

--------. 1985. Presidential character revisited. In *Cognition and political behavior*, ed. by R. Lau and D. O. Sears. Hillsdale, N.J.: Erlbaum.

--------. 2007. Curmudgeonly advice. *Journal of Communication* 57:155-62.

Kinder, D. R., and R. P. Abelson. Appraising presidential candidates: Personality and affect in the 1980 campaign. Paper delivered at the Annual Meeting of the American Political Science Association, New York City.

Kinder, D. R., G. S. Adams, and P. W. Gronke. 1985. Economics and politics in 1984. paper delivered at the Annual Meeting of the American Political Science Association, New Orleans.

Kinder, D. R., and K. W. Drake. 2008. Myrdal's prediction. *Political Psychology* 30:539-68.

Kinder, D. R., and C. D. Kam. 2009. *Us against them: Ethnocentric foundations of American opinion.* Chicago: University of Chicago Press.

Kinder, D. R., and D. R. Kiewiet. 1979. Economic discontent and political behavior: The role of personal grievances and collective economic judgments in congressional voting. *American Journal of Political Science* 23:495-527.

--------. 1981. Sociotropic politics. *British Journal of Political Science* 11:129-61.

Kinder, D. R., and W. R. Mebane, Jr. 1983. Politics and economics in everyday life. *The political process and economic change*, ed. by K. Monrow. New York: Agathon Press.

Kinder, D. R., and L. A. Rhodebeck. 1982. Continuities in support for racial equality, 1972 to 1976. *Public Opinion Quarterly* 46:195-215.

Kinder, D. R., and L. M. Sanders. 1996. *Divided by color: Racial politics and democratic ideals.* Chicago: University of Chicago Press.

Kinder, D. R., and D. O. Sears. 1981. Prejudice and politics: Symbolic racism versus racial threats to the good life. *Journal of Personality and Social Psychology* 40:414-31.

--------. 1985. Public opinion and political behavior. Vol. 2, in *Handbook of social psychology*, 3d ed., ed. by G. Lindzey and E. Aronson. New York: Random House.

Kingdon, J. W. 1984. *Agendas, alternatives, and public policies.* Boston: Little Brown.

Klapper, J. 1960. *The effects of mass communications.* Glencoe, IL: Free Press.

Kramer, G. H. 1971. Short-term fluctuations in U.S. voting behavior, 1896-1964. *American Political Science Review* 65:131-43.

Krosnick, J. A., and D. R. Kinder. 1990. Altering the foundations of popular support for the president through priming: Reagan and the Iran-Contra Affair. *American Political Science Review* 54:495-512.

Lane, R. E. 1978. Interpersonal relations and leadership in a "cold society." *Comparative*

Politics 10:443-59.

Lau, R. R., T. A. Brown, and D. O. Sears. 1978. Self-interest and civilians' attitudes toward the Vietnam War. *Public Opinion Quarterly* 42:464-83.

Lazarsfeld, P. F., B. Berelson, and H. Gaudet. 1948. *The people's choice*, 2d ed. New York: Columbia Univ. Press.

Lazarsfeld, P. F.,and R. K. Merton. 1948. Mass communication, popular taste, and organized social action. In *The communication of ideas*, ed. by L.Bryson. New York: Harper

Lenz, G. S. 2009. Learning and opinion change: Reconsidering the priming hypothesis. *American Journal of Political Science* 53:821-37.

Levendusky, M. 2009. *The partisan sort: How liberals became Democrats and conservatives became Republicans.* Chicago: University of Chicago Press.

Lindblom, C. E. 1977. *Politics and markets.* New York: Basic Books.

Lippmann, W. 1920. *Liberty and the news.* New York: Harcourt, Brace, and Howe.

--------. 1922. *Public opinion.* New York: Macmillan.

--------. 1925. *The phantom public.* New York: Harcourt Brace Jovanovich.

MeCarty, N., K. T, Poole, and H. Rosenthal. 2006. *Polarized America: The dance of ideology and unequal riches.* Cambridge, MA: MIT Press.

McCombs, M. E. 1981. The agenda-setting approach. In *Handbook of political communication*, ed. by D. D. Nimmo and K. R. Sanders. Beverly Hills: Sage.

McCombs, M. E., and D. Shaw. 1972. The agenda-setting function of the mass media. *Public Opinion Quarterly* 36:176-87.

McConnell, G. 1966. *Private power and American democracy.* New York: Random House.

McGuire, W. J. 1968. Personality and susceptibility to social influence. In *Handbook of personality theory and research*, ed. by E. F. Borgatta and W. W. Lambert. Chicago: Rand McNally.

--------. 1985. Attitudes and attitude change. Vol.2, in *The handbook of social psychology*, 3d ed., ed. by G. Lindzey and E. Aronson. New York: Random House.

MacKuen, M. 1981. Social communication and the mass policy agenda. In *More than news: Media power in public affairs*, ed. by M. MacKuen and S. L. Coombs, 19-144. Beverly Hills: Sage.

--------. 1983. Politicl Drama, economic conditions, and the dynamics of presidential popularity. *American Journal of Political Science* 27:165-92.

--------. 1984. Exposure to information, belief integration, and individual responsiveness to agenda change. *American Political Science Review* 78:372-91.

Mann, T. E. 1978. *Unsafe at any margin: Interpreting congressional elections*. Washington, D.C.: American Enterprise Institute.

Mann, T. E., and R. E. Wolfinger. 1980. Candidates and parties in congressional elections. *American Political Science Review* 74:617-32.

Markus, G. B. 1979. *Analyzing panel date*. Beverly Hills: Sage.

Matthews, D. R. 1978. "Winnowing": The news media and the 1976 presidential nominations. In *Race for the presidency*, ed. by J. D. Barber. Englewood Cliffs, N.J.: Prentice-Hall.

Mayhew, D. R. 1974. *Congress: The electoral connection*. New Haven: Yale Univ. Press.

Mendelberg, T. 2001. *The race card*. Princeton, NJ: Princeton University Press.

Miller, A. H., P. Gurin, G. Gurin, and O. Malanchuk. 1981. Group consciousness and political participation. *American Journal or Political Science* 25:494-511.

Miller, A. H., and W. E. Miller. 1976. Ideology in the 1972 election: Myth and reality. *American Political Science Review* 70:832-49.

Nelson, T. H., R. A. Clawson, and Z. M. Oxley. 1997. Media framing of a civil liberties conflict and its effect on tolerance. *American Political Science Review* 91:567-83.

Neustadt, R. E. 1960. *Presidential power: The politics of leadership.* New York: Wiley.

Nisbett, R. E., and L. Ross. 1980. *Human inference: Strategies and shortcomings of social judgment.* Englewood Cliffs, N.J.: Prentice-Hall.

Nisbett, R. E., and T. D. Wilson, 1977. Telling more than we can know: Verbal reports on mental processes. *Psychological Review* 84:231-59.

Oberdorfer, D. 1971. *Tet!* New York: Doubleday & Co.

Orne, M. T. 1962. On the social psychology of the psychological experiment: With particular reference to demand characteristics and their implications. *American Psychologist* 17:776-83.

Ostrom, C. W., and D. M. Simon, Jr. 1985. Promise and performance : A dynamic model of presidential popularity. *American Political Science Review* 79:334-58.

Page, B. I. 1978. *Choices and echoes in presidential elections.* Chicago: Univ. of Chicago Press.

Page, B. I., and R. P. Shapiro. 1983. Effects of public opinion on policy. *American Political Science Review* 77:175-90.

Patterson, T. 1980. *The mass media election: How Americans choose their president.* New York: Praeger.

Patterson, T., and R. McClure. 1976. *The unseeing eye: The myth of television power in national election.* New York: G. P. Putnam.

Petrocik, J. R. 1996. Issue ownership in presidential elections, with a 1980 case study. *American Journal of Political Science* 40:825-50.

Petrocik, J. R., W. L. Benoit, and G. J. Hansen. 2004. Issue ownership and presidential campaigning, 1952-2000. *Political Science Quarterly* 118:599-626.

Polsby, N. 1983. *Consequences of party reform*. New York: Oxford Univ. Press.

Poole K. T., and H. Rosenthal. 1997. *Congress: A political-economic history of roll call voting*. New York: Oxford University Press.

Popkin, S.,J. W. Gorman, C. Phillips, and J. A. Smith. 1976. Comment: What have you done for me lately? Toward an investment theory of voting. *American Political Science Review* 70:779-805.

Postman, N. 1985. *Amusing ourselves to death*. New York: Viking.

Prior, M. 2007. *Post-broadcast democracy: How media choice increases inequality in political involvement and polarizes elections*. Cambridge, UK: Cambridge University Press.

Public Opinion. 1981. A conversation with the President's Pollsters-Patrick Caddell and Richard Wirthlin. *Public Opinion* 3 (Dec./Jan.): 2-12, 63-64.

Ranney, A. 1983. *Channels of power*. New York: Basic Books.

Riker, W. H. 1993. Rhetorical interaction in the ratification campaigns. In *Agenda formation*, ed. by W. H. Riker, 81-123. Ann Arbor, MI: University of Michigan Press.

Rivers, D., and N. L. Rose. 1985. Passing the president's program: Public opinion and presidential influence in Congress. *American Journal of Political Science* 29:183-96.

Robinson, M. J. 1976a. Public affairs television and the growth of political malaise: The case of "the selling of the Pentagon." *American Political Science Review* 70:409-32.

--------. 1976b. American political legitimacy in an era of electronic journalism: Reflections on the evening news. In *Television as a social force: New approaches to TV criticism*, ed. by D. Cater and R. Adler. New York: Praeger.

--------. 1977. Television and American politics. *The Public interest* 48:3-39.

Robinson, M. J., M. A. Sheehan. 1983. *Over the wire and on TV*. New York: Russell sage.

Rosenberg, S. 1977. New approaches to the analysis of personal constructs in personal perception. Vol. 24, in *Nebraska Symposium on Motivation*, ed. by D. Levine. Lincoln: Nebraska Univ. Press.

Rothman, S. 1980. The mass media in post-industry society. In *The third century: America as a post-industrial society*, ed. by S. M. Lipset. Stanford, Calif.: Hoover Institution Press.

Rubin, R. L. 1981. *Press, party, and presidency*. New York: W. W. Norton.

Rubin, Z. 1973. *Liking and loving*. New York: Holt, Reinhart and Winston.

Schandler, H. 1977. *The unmaking of a president*. Princeton: Princeton Univ. Press.

Schattschneider, E. E. 1960. *The semi-sovereign people*. New York: Holt.

Schudson, M. 1978. *Discovering the news*. New York: Basic Books.

Schuman, H. 1973. The sources of anti-war sentiment in America. *American Journal of Sociology* 78:513-36.

Schuman, H., and S. Presser. 1981. *Questions and answers in attitude surveys: Experiments on question form, wording, and context*. New York: Academic Press.

Sears, D. O., and S. Chaffee. 1979. Uses and effects of the 1976 debates: An overview of empirical studies. In *The great debates, 1976: Ford vs. Carter*, ed. by S, Kraus. Bloomington: Indiana Univ. Press.

Sears, D. O.,and J. Citrin. 1982. *Tax revolt: Something for nothing in California*. Cambridge: Harvard Univ. Press.

Sears, D. O., T. R. Tyler, T. Citrin, and D. R. Kinder. 1978. political system support and public response to the energy crisis. *American Journal of Political Science* 22:56-82.

Sears, D. O.,and R. E. Whitney. 1973. Political Persuasion. In *Handbook of communication*, ed. by I. Pool, W. Schramm, F. W. Frey, N. Maccoby, and E. B. Parker. Chicago: Rand McNally.

Sigal, L. V. 1973. *Reports and officials*. Lexington, Mass.: D.C. Heath.

Simon, H. A. 1955. A behavioral model of rational choice. *Quarterly Journal of Economics* 69:99-118.

--------. 1979. *Models of Thought*. New Haven: Yale University Press.

Srull, T. K., and R. S. Wyer. 1979. The role of category accessibility in the interpretation of information about persons: Some determinants and implications. *Journal of Personality and Social Psychology* 37:1160-72.

Stokes, D. E. 1966. Party loyalty and the likeligood of deviating elections. In *Elections and the political order*, ed. by A. Campbell, P. E. Converse, W. E. Miller, and D. E. Stokes. New York: Wiley.

Stokes, D. E., and W. E. Miller. 1962. Party government and the salience of Congress. *Public Opinion Quarterly* 26:19-28.

Taylor, S., and S. Thompson. 1982. Stalking the elusive "vividness" effect. *Psychological Review* 89:155-81.

Tuchman, G. 1972. Objectivity as strategic ritual: An examination of newsmen's notions of objectivity. *American Journal of Sociology* 77:660-79.

Tufte, E. R. 1978. *Political control of the economy*. Princeton: Princeton Univ. Press.

Turner, C. F., and E. Krauss. 1978. Fallible indicators of the subjective state of the nation. *American Psychologist* 33:456-70.

Tversky, A., and D. Kahneman. 1974. Judgment under uncertainty: Heuristics and biases. *Science*. 185:1124-31.

--------. 1981. the framing of decisions and the psychology of choice. *Science* 211:453-58.

Tyler, T. R. 1980. Impact of directly and indirectly experienced events: The origins of crime-related judgments and behaviors. *Journal of Personality and Social Psychology* 39:13-28.

Valentino, N. A., V. L. Hutchings, and I. White. 2002. Cues that matter: How political ads prime racial attitudes during campaigns. *American Political Science Review* 96:75-90.

Verba. S., and N. H. Nie. 1972. *Participation in America: Political democracy and social equality*. Chicago: Harper & Row.

Weaver, D. H., D. Graber, M. E. McCombs, and C. H. Eyal. 1981. *Media agenda-setting in a presidential election*, New York: Praeger.

 Weaver, P. H. 1972, Is television news biased? *The Public Interest* 26:57-74.

--------. 1975. Newspaper news and television news. In *television as social force: New approaches to TV criticism*, ed. by D. Cater and R. Adler. New York: Praeger.

Weissberg, R. 1976. *Public opinion and popular government*. Englewood Cliffs, N.J.: Prentice-Hall.

Winkler, R. L., and W. L. Hays. 1975. *Statistics, probability, inference, and decision*, New York: Holt, Reinhart, and Winston.

Winter, N. J. G. 2006. Beyond welfare: Framing and racialization of white opinion on social security. *American Journal of Political Science* 50:400-420.

--------. 2008. *Dangerous frames: How ideas about race and gender shape public opinion*. Chicago: University of Chicago Press.

Wise, S. 1979. Big story. *Journal of Politics* 41:1223-26.

Zaller, J. 1986. The diffusion of political attitudes. *Journal of Personality and Social Psychology* 53:821-33.